Der richtige Weg zur Softwareauswahl

Irene Teich · Walter Kolbenschlag · Wilfried Reiners

Der richtige Weg zur Softwareauswahl

Lastenheft, Pflichtenheft, Compliance, Erfolgskontrolle

Dr. Irene Teich
Hochschule Zittau/Görlitz
Fachbereich Informatik
Brückenstraße 1
02826 Görlitz
iteich@hs-zigr.de

Rechtsanwalt Wilfried Reiners, MBA
PRW Rechtsanwälte
Steinsdorfstraße 14
80538 München
info@prw.de
www.prw.de

Dipl.-Ing., Dipl.-Wirtschaftsing. (FH)
Walter Kolbenschlag
UBK GmbH
Jungmühlhof 2
91207 Lauf
wako@ubkit.de
www.ubkit.de

ISBN 978-3-540-71261-9   e-ISBN 978-3-540-71262-6

DOI 10.1007/978-3-540-71262-6

Bibliografische Information der Deutschen Nationalbibliothek
Die Deutsche Nationalbibliothek verzeichnet diese Publikation in der Deutschen Nationalbibliografie; detaillierte bibliografische Daten sind im Internet über http://dnb.d-nb.de abrufbar.

© 2008 Springer-Verlag Berlin Heidelberg

Dieses Werk ist urheberrechtlich geschützt. Die dadurch begründeten Rechte, insbesondere die der Übersetzung, des Nachdrucks, des Vortrags, der Entnahme von Abbildungen und Tabellen, der Funksendung, der Mikroverfilmung oder der Vervielfältigung auf anderen Wegen und der Speicherung in Datenverarbeitungsanlagen, bleiben, auch bei nur auszugsweiser Verwertung, vorbehalten. Eine Vervielfältigung dieses Werkes oder von Teilen dieses Werkes ist auch im Einzelfall nur in den Grenzen der gesetzlichen Bestimmungen des Urheberrechtsgesetzes der Bundesrepublik Deutschland vom 9. September 1965 in der jeweils geltenden Fassung zulässig. Sie ist grundsätzlich vergütungspflichtig. Zuwiderhandlungen unterliegen den Strafbestimmungen des Urheberrechtsgesetzes.

Die Wiedergabe von Gebrauchsnamen, Handelsnamen, Warenbezeichnungen usw. in diesem Werk berechtigt auch ohne besondere Kennzeichnung nicht zu der Annahme, dass solche Namen im Sinne der Warenzeichen- und Markenschutz-Gesetzgebung als frei zu betrachten wären und daher von jedermann benutzt werden dürften.

MS Office: Ein Produkt der Microsoft Corp., Unterschleißheim; MS Windows: Ein Produkt der Microsoft Corp., Unterschleißheim; MS Project: Ein Produkt der Microsoft Corp., Unterschleißheim; Openmind: Ein Produkt der Matchware A/S; Mindjet: Ein Produkt der Mindmanager GmbH; SYCAT: Ein Produkt der binner IMS GmbH, Hannover; AENEIS: Ein Produkt der Intellior AG, Stuttgart; AENEIS pro Verwaltung: Ein Produkt der GZVL GmbH, Lauf basierend auf AENEIS; ePAVOS: Ein Produkt der UBK GmbH, Lauf; SoMoS: Ein Produkt der MEDAV GmbH, Uttenreuth; Xpert.Ivy: Soreco GmbH, Schwerzenbach, Schweiz

In diesem Werk werden die Marken- und Patentrechte geachtet, auch wenn die Kennzeichnung nicht durchgängig erfolgt ist. Aus dem Fehlen eines Kennzeichens darf in keinem Fall geschlossen werden, dass Begriff, Wort oder Logo frei verfügbar seien einige sind mit Marken- oder Patentrechten belegt, auch wenn das Kennzeichen in diesem Buch fehlt.

Abbildungen und Fotos wurden, sofern keine andere Quelle benannt ist, bereitgestellt von der UBK GmbH, Lauf.

Herstellung: le-tex Jelonek, Schmidt & Vöckler GbR, Leipzig
Einbandgestaltung: WMX Design GmbH, Heidelberg

Gedruckt auf säurefreiem Papier

9 8 7 6 5 4 3 2 1

springer.de

Vorwort

In den sechziger Jahren war es die Hardware, in den siebziger Jahren waren es die IT-Systeme und seit den achtziger Jahren des letzten Jahrtausends rückt aus den verschiedenen Komponenten der Informationstechnologie (IT) zunehmend die Software in den Mittelpunkt.

Heute setzt die softwaregestützte Informationsgewinnung die Benchmarks für die Qualität einer Software. Doch hinkt deren Entwicklung hinterher.

In früheren Zeiten setzte die Technologie die Grenze des Machbaren. Sie beschränkte die Vorgaben durch den Rahmen ihrer Möglichkeiten.

Dagegen sind es heute die aus der Organisation, der Ökonomie und den rechtlichen Rahmenbedingungen abgeleiteten Anforderungen, denen sich die Software zu stellen hat. Dieser Prozess ist weiter im Fluss und wird zu weiteren Veränderungen in der Schwerpunktsetzung führen. Für die nächsten zehn Jahre dürfte die Auswahl der richtigen Software jedoch bestimmend für den IT-gestützten Unternehmenserfolg sein.

Umso wichtiger ist die Qualität dieser Auswahl. Vom Ergebnis hängt zum Teil der Erfolg des Unternehmens ab – und zwar auf längere Sicht. Seit über 20 Jahren ist das beschriebene Verfahren im Praxiseinsatz. Parallel dazu wird es ständig weiter entwickelt. Auf Basis der Geschäftsprozesse und durch den Einsatz neuester Softwaretechnologie lassen sich die Auswahl-Fehler der Vergangenheit vermeiden. Wissenschaftliche Studien haben nachgewiesen, dass diese Vorgehensweise nützlich ist. Dieses Buch soll Sie unterstützen, den richtigen Weg bei der Softwareauswahl zu gehen.

Für die konstruktiven Beiträge und Diskussionen bedankt sich das Autorenteam bei *Willi Seefried*. Außerdem danken wir *Adina und Falk Hinneberg* sowie *Stefan Oestermann* für die vielen nützlichen Tipps zur Verbesserung, Herrn *Hellwig Frank* für die akribische Suche nach Tippfehlern. Und wir vergessen auch Herrn *Lukas Tomasek* und Herrn *Marius Toader-Bogdan* nicht, denen wir für die geduldige Bearbeitung der meisten Grafiken und Zeichnungen danken.

September 2007   Dr. Irene Teich, Walter Kolbenschlag, RA Wilfried Reiners

Inhaltsverzeichnis

Abkürzungsverzeichnis XI

Abkürzungen Anwendungssoftware XXI

1 Softwareauswahl in neuem Licht 1
   1.1 Software-Standards und -Trends 3
   1.2 Hinweise zum Inhalt 6

2 Was den Entscheider angeht 9
   2.1 Softwareauswahl als Chefsache 9
   2.2 Zufall und Verantwortlichkeit 10
   2.3 Neue Herausforderung „unstrukturierte Daten" 11
   2.4 Compliance und Corporate Governance 12
   2.5 Entscheideraufgaben: Softwareauswahl 15
   2.6 Entscheideraufgaben: Software-Einführung 21

3 Maßnahmen im Vorfeld 23
   3.1 IT-Situation heute und morgen 23
   3.2 Strategiebestimmung 32
   3.3 Entscheidungen bestätigen 34
   3.4 Vorbereitungen im suchenden Unternehmen 36
   3.5 Projektgrobplanung am Beispiel von ePAVOS 40
   3.6 Projektkosten anhand des Software-Lebenszyklus 44
   3.7 Interner Projektleiter 52
   3.8 Menschen machen Projekte 53

4 Der Weg zum Pflichtenheft 55
   4.1 Lastenheft oder Pflichtenheft? 55
   4.2 Auswahl des Verfahrens zur Lastenhefterstellung 57
      4.2.1 Lastenheft auf Basis optimierter Geschäftsprozesse 60
      4.2.2 Unternehmenseigene GPO mit Begleitung 85
      4.2.3 Fachexperte 86
      4.2.4 Mischung GPO und Standardanforderungen 86
      4.2.5 Lastenheft durch Hilfsmittel und Coaching 87

4.2.6 Unternehmen erstellt Lastenheft 87
4.2.7 Vordefiniertes Lastenheft 88
4.2.8 Fragenkatalog 88
4.2.9 Kunden-Kurz-Lastenheft 93
4.2.10 Direktnennung von Anbietern 94
4.3 Beraterauswahl zur Vorbereitung des Lastenhefts 94
4.3.1 Regeln zur Beraterwahl 95
4.3.2 Beispiele für Kompetenzprofile der Berater 99

5 Softwareauswahl nach ePAVOS **103**
5.1 Softwareauswahlverfahren 104
5.2 Die Methode ePAVOS 106
5.3 Auswahl der anzusprechenden Software-Anbieter 114
5.4 Ausschreibung im Internet 118
5.4.1 Zur Erstellung der Ausschreibung 118
5.4.2 Das öffentlich zugängliche Projektprofil 121
5.4.3 Das registrierten Anbietern zugängliche Lastenheft 123
5.4.4 Ausschreibungsablauf transparent mitverfolgen 132
5.5 Preisvergleich 134
5.5.1 Lizenzpreise 134
5.5.2 Wartungspreise 139
5.5.3 Kosten des Einführungsprojektes 140
5.6 Beurteilung der Anbieterorganisation 143
5.7 Bearbeiten des Rücklaufs 145
5.7.1 Verfolgen der Eingänge 145
5.7.2 Funktionserfüllung ermitteln 147
5.7.3 Kostenvergleich 149
5.7.4 Kosten-/Nutzenvergleich 150
5.8 Fünf Anbieter auswählen 158
5.9 Präsentationen durchführen lassen 161
5.10 Ausgiebiges Prüfen des Favoriten 163

6 Vertragsgestaltung **165**
6.1 Dokumentenhoheit 165
6.2 Lassen Sie Profis ran 166
6.3 Zuordnung von IT-Verträgen 168
6.3.1 Der Projektvertrag 168
6.3.2 Das Pflichtenheft 171
6.3.3 Fazit zur vertraglichen Zuordnung 172
6.4 Struktur von IT-Verträgen 173
6.4.1 Der Rahmenvertrag 174
6.4.2 Die Leistungsscheine 174
6.4.3 Änderungswunsch (Change Request) 174
6.4.4 Die Welt der Lizenzen 175

6.5 Muster für einen Vertrag..176
    6.5.1 Muster-Rahmenvertrag..177
    6.5.2 Rechtliches Vertragsmanagement 183
    6.5.3 Kosten anwaltlicher Projektbegleitung..184
6.6 Schwerpunkte bei ASP- und Outsourcing-Verträgen 185
6.7 Offshoring...187

7 Das Einführungsprojekt 191
    7.1 Projektphasen der Systemeinführung..191
    7.2 Investitionswirkungen beim Einführungsprojekt..195
    7.3 Kick-Off..197
    7.4 Projektplanung..198
    7.5 Projektsteuerung und -management..200
    7.6 Datenübernahme 203
    7.7 Realisierung/Umsetzung...204
    7.8 Testinstallation der Systeme 205
    7.9 Prozessablaufbezogenes Anwenderhandbuch...206
    7.10 Schulung der Mitarbeiter 206

8 Erfolgskontrolle beim Softwareeinsatz..207
    8.1 Erfolg messen 207
    8.2 Handlungsbedarf erkennen 209
    8.3 Software-Tuning...211
    8.4 Software-Evolution...212
    8.5 Software-Sanierung 217

9 Trends im IT-Einsatz...223
    9.1 Trends der IT-Treiber 223
    9.2 Zukunft der Anforderungen..228
    9.3 Zukunft der Anwendungssysteme...229
    9.4 Ausblick..233

Literatur..235

Stichwortverzeichnis 237

Abkürzungsverzeichnis

In diesem Verzeichnis[1] sind die wichtigsten Abkürzungen und Begriffe zusammengestellt. Für englische Ausdrücke wird eine Übersetzung angeboten. Im Text sind die Worte teilweise mit einem kleinen hochgestellten A als Hinweis markiert. Also zum Beispiel: „COBIT[A]".

Die Abkürzungen und Begriffe der Anwendungssoftware sind wegen der Übersichtlichkeit in einem eigenen Verzeichnis im Anschluss getrennt zusammengestellt.

Add-On System	(Ergänzungssystem). Unabhängig ablaufendes Programm als Zusatz für eine Hauptanwendung, deren Einsatz für den Nutzer erkennbar wird. Letzteres gilt nicht für → Embedded System
AktG	Aktiengesetz – regelt Belange von Aktiengesellschaften
Anbieter	In diesem Buch steht Anbieter für Unternehmen, die bestimmte Software-Systeme vermarkten und beim Käufer einrichten. In der Regel werden außerdem Hardware, Schulungen und Beratung angeboten.
Anwendungssoftware	Anwendung oder Anwendungssoftware ist in diesem Buch Platzhalter für komplexe Anwendungen wie z.B. ERP, PPS, Logistik-Software, SCM, CRM, E-Business-Lösungen, E-Procurement-Systeme, E-Learning-Systeme usw. Es geht nicht um so genannte Box-Software im Handelsregal. → Glossar Anwendungssoftware.
Application	(Applikation, Anwendungsprogramm). Programm zur Lösung einzelner Aufgaben oder zum Erstellen bestimmter Dokumente, wie zum Beispiel Textverarbeitungs- oder Tabellenkalkulationsprogramme.
ASP	Application Service Providing (Bereitstellung von Anwendungsdienstleistungen). Angebot von Dienstleistungen wie Bereitstellen, Wartung und Update, Kontrolle des Zugangs zu Anwendungen und Daten, Einrichten und Pflege von Benutzern, Sicherstellen von Speicherplatz, Datensicherung, Netzzugang, Online-Support, Helpdesk und ggf. auch Datenerfassung sowie das Vermarkten dieser Dienstleistungsbündel an größere Nutzergruppen (one to many services, das heißt Einer zu Vielen-Dienste).
Auswahlberater	Experte für den Umgang mit Software-Anbietern. Er kennt die Stärken und die Schwächen der einzelnen Anbieter. Außerdem ist er darauf vorbereitet, die Präsentation zu führen. So können Sie sich auf das Wesentliche konzentrieren: Ob die Software Ihre Anforderungen erfüllt.

---

[1] Vollständig überarbeitete und erweiterte Fassung des Glossars aus Teich I, Kolbenschlag W, Reiners W (2005) S 415 ff.

Big Bang	(Großer Knall). Zu einem Zeitpunkt wird das alte Software-System vollständig abgeschaltet und gleichzeitig das Neue vollständig in Betrieb genommen.
BITKOM	Bundesverband Informationswirtschaft, Telekommunikation und neue Medien e.V.
Blended Assessment	(Vermischtes Personalstärkenerkennungsverfahren). Methode zur Analyse der richtigen Besetzung von Stellen im Unternehmen. Eine Kombination aus der klassischen Bewertung von Aufgabendurchführungen durch geschulte Beobachter und software-gestützten Tests. Spart gegenüber reinem Assessment Kosten und Zeit ohne dass Abstriche bei den Ergebnissen gemacht werden müssten.
Blended Learning	(Vermischtes Lernen). Gemischtes Schulungsangebot aus Selbstlern-Komponenten per Internet bzw. Intranet und Präsenzschulungen mit einem Tutor.
Branchen-Berater	Spezialist für die Branche, in der das beratene Unternehmen tätig ist. Hilft dem Kunden mit seinem Wissen, das Unternehmen weiter zu bringen.
BSI	Bundesamt für Sicherheit in der Informationstechnik. www.bsi.de.
Business Process Reengineering	(Geschäftsprozess-Veränderung). Nach der Beschreibung von Hammer/Champy[2] umfasst es eine grobe Prozessaufnahme, eine vollständige Prozessneugestaltung auf der „grünen Wiese", das Finden von Kompromiss-Lösungen zwischen den optimalen „grüne Wiese"-Prozessen und dem IST-Zustand und die Ableitung einer gut umzusetzenden Lösung. Das Verfahren erstreckt sich in der Regel auf das gesamte Unternehmen.
Checkliste	Aufzählung von Anforderungen oder Ähnlichem in einer Liste, die Bewertungsspalten enthält. Um ein Thema zu bearbeiten wird die Liste Punkt für Punkt durch gegangen und eine Bewertung vorgenommen.
Clean Slate Reenginieering	(Weißes Blatt-Veränderung). In Deutschland als „Grüne Wiese"-Ansatz bekannt. Veränderungsansatz, der bei „Nichts ist vorhanden" startet.
COBIT	(Control objectives for IT and related technology). Ein international anerkannter Standard für Sicherheit, Qualität und Ordnungsmäßigkeit in der Informationstechnologie.
Compliance	(Befolgung). Selbstverpflichtung zur Einhaltung von Verhaltensmaßregeln, Gesetzen und Richtlinien im Unternehmen; Der Begriff stammt ursprünglich aus der Finanzwelt.
Concurrent User	(Am System arbeitender Nutzer). Anzahl der Mitarbeiter, die gleichzeitig an einem System arbeiten. → Named User.
Corporate Governance	(Unternehmensführung und -kontrolle). Damit wird ganz generell der rechtliche und faktische Ordnungsrahmen für die Leitung eines Unternehmens bezeichnet. Wesentlicher Inhalt ist somit der Aufbau einer angemessenen Unternehmensorganisation zur Umsetzung einer optimalen Unternehmensführung und -kontrolle, unter Beachtung von betrieblich oder gesetzlich vorgegebenen Regeln.

---

[2] Hammer/Champy (1994).

Customizing	(Zuschnitt). Anpassung der Standardsoftware auf die Anforderungen des kaufenden Unternehmens durch Verfügbar machen oder Sperren von Modulen und Bausteinen, durch Einstellen von Parametern und andere Handlungen, ohne in die Programmierung einzugreifen. Der Begriff wird allerdings nicht immer so verwendet. Viele bezeichnen damit generell jede Art von notwendigen Anpassungen wie Erstellen von benötigten Softwareergänzungen.
Daten, unstrukturierte	Dokumente, die nicht vollautomatisch erstellt und nummeriert werden. Das können Geschäftsberichte und Verträge ebenso sein wie Projektfortschrittsberichte, Briefe und Emails oder technische Dokumentationen.
Deutscher Corporate Governance Kodex	Er stellt wesentliche gesetzliche Vorschriften zur Leitung und Überwachung deutscher börsennotierter Gesellschaften (Unternehmensführung) dar und enthält international und national anerkannte Standards guter und verantwortungsvoller Unternehmensführung. → Compliance ist enthalten. Abzurufen unter www.corporate-governance-code.de
DIN	Deutsche Industrie Norm. Organisation, die für Deutschland Standards setzt und Normen herausgibt. Veröffentlicht werden diese im Beuth-Verlag.
Dokumentation, gute	Gemessen wird die Güte einer Dokumentation an folgenden Kriterien: Wie einfach ist es, die Dokumentation zu erstellen? Wie schnell ist ein Dokument abgelegt / wieder aufgerufen? Welche Vorkenntnisse benötigt der Dokumentierende? Welche Kosten verursacht die Dokumentation? Pro Ordner fallen dem Unternehmen 100 € Kosten pro Jahr an.[3] Papierlose Ablage reduziert den Betrag deutlich. Ist das Ergebnis auch für einen Außenstehenden wie einen Auditor transparent? Entspricht der Umfang der Dokumentation dem Informationsbedarf? Wie hoch ist der Automatisierungsgrad der Dokumentation? Wird die Dokumentation in einem integrierten System vorgehalten oder ist sie über mehrere verstreut? Dient die Dokumentation gleichzeitig als Grundlage für eine Zertifizierung z.B. nach DIN/ISO-Standards? Wie gut eine Dokumentation tatsächlich ist, zeigt sich erst im Einsatz: Wird sie regelmäßig angewandt, das heißt gelesen, nachgeschlagen und an neue Gegebenheiten angepasst?
EAI	Enterprise Application Integration (Anwendungsintegration im betrieblichen Umfeld). Die Integration von Anwendungen über unterschiedliche technische und logische Infrastrukturen hinweg. Dabei sind die Techniken und Prozesse von individueller Software und auch von Standard-Software so miteinander kombinierbar, dass Geschäftsprozessdaten im Format und Zusammenhang jederzeit ausgetauscht werden können, ohne dass dabei die Bedeutung der Daten verändert wird bzw. verloren geht.[4]
E-Business	Electronic Business (elektronisches Geschäft). Steht für die Abwicklung der Geschäftsprozesse in und zwischen Unternehmen sowie alle geschäftlichen Anwendungen, die über elektronische Medien wie zum Beispiel das Internet vorgenommen werden.

---

[3] Koenig D (2001).
[4] Dattling (2002).

E-Business-Integration	(Elektronische Geschäftseinbeziehung). Verbindung von Geschäftsprozessen und Informationssystemen mit dem Ziel, eine zusammenhängende Leistung für Teilnehmer einer verteilten Supply Chain zu bieten.
Echtbetrieb	Das Softwaresystem ist für alle Nutzer zugänglich und alle geschäftlichen Vorgänge werden darüber wie vorgesehen durchgeführt. Es werden echte Transaktionen darin vorgenommen.
E-Commerce	Electronic Commerce (elektronischer Handel). Steht für alle über elektronische Medien wie das Internet laufende, handelsbezogenen Dienste. Dazu zählen insbesondere Anbieten, Kaufen und Verkaufen von Waren und Dienstleistungen.
Einführungsberater	Spezialist für die Übernahme der Projektleitung in einem Software-Einführungsprojekt. Er muss sehr erfahren im Umgang mit Softwareanbietern und unternehmensinternen Projektteams und übernimmt die Projektleitung einschließlich der Kosten- und Zeitverantwortung.
E-Market	(Elektronischer Marktplatz). Eine Plattform auf elektronischen Medien, meist dem Internet, die zur Entwicklung, Umsetzung und Vereinfachung von Handelsgemeinschaften eingerichtet wird.
Embedded System	(Eingebettetes System). Bei Software: unabhängige Programmteile von anderen Unternehmen, die für den Nutzer nicht bemerkbar innerhalb eines umfangreichen Programms ablaufen. Siehe auch → Add-On System
ePAVOS	Internetbasierte prozessorientierte Auswahl von Standard-Anwendungssystemen. Methode, die von allen untersuchten Vorgehensweisen den größten Anteil der Anforderungen von Unternehmen abdeckt.
Eskalations-Management	(Management der Steigerung der Aufmerksamkeit). Vordefinierter Ablauf, der in einer bestimmten, aber nicht regelmäßig auftretenden Situation das Eingreifen von Menschen in geeigneten Positionen anstößt. So wird bei einer Überschreitung einer Lieferfrist am selben Tag der Sachbearbeiter, nach einer festgelegten Zeit zusätzlich der Vorgesetzte informiert. Die Regeln legt das Unternehmen selbst fest.
Forecast	(Vorhersage bzw. Prognose). Vorhersage von Entwicklungen, insbesondere bezüglich Verkauf, Einkauf und Geschäftsentwicklung und Ableitung von Maßnahmen und Risiken.
Function Points	(Funktionspunkte). Abrechnungsmethode bei überwiegend automatisch generierten Systemen, die Funktionen zählen, wobei es schwierig ist, eine klare Definition für „Funktion" zu erhalten.
Gauß'sche Streuverteilung	Verteilung von gemessenen Werten nach der Glockenkurve. In der Regel sind am unteren und oberen Ende ca. 10% besonders und müssen genauer betrachtet werden. Die übrigen Werte liegen meist im Toleranzbereich.
GmbHG	Gesellschaft mit beschränkter Haftung Gesetz
GUI	Graphical User Interface (Grafisches Benutzerinterface). Bildschirmoberfläche, auf der ein Nutzer seine Arbeit durchführt.
Hersteller	In diesem Buch steht Hersteller für das Unternehmen, das Software programmiert, dessen Produkt also die Software selbst ist. Zum Teil sind Hersteller gleichzeitig auch → Anbieter. Häufig werden die Aufgaben jedoch von getrennten Unternehmen übernommen.

IDW	Institut der Wirtschaftsprüfer in Deutschland e.V. Freiwillige Vereinigung von Wirtschaftsprüfern und Wirtschaftsprüfungsgesellschaften mit folgenden Aufgaben (www.idw.de): * Interessenvertretung für den Wirtschaftsprüferberuf auf nationaler und internationaler Ebene; * Facharbeit zur Förderung der Tätigkeitsbereiche des Wirtschaftsprüfers; * Ausbildung des beruflichen Nachwuchses und Fortbildung der Wirtschaftsprüfer; * Unterstützung der Mitglieder bei der Tagesarbeit. Veröffentlicht Prüfungsstandards
IDW PS 330	Wirtschaftsprüfungsstandard über Abschlussprüfung bei Einsatz von Informationstechnologie[5]
IDW PS 880	Wirtschaftsprüfungsstandard über Erteilung und Verwendung von Softwarebescheinigungen[6]
ILN-/EAN-Nummernsysteme	International Location Number/European Article Number (Internationale Lokationsnummer/Internationale Artikelnummer). Die Nummernsysteme und Strichcodes ILN/EAN ermöglichen weltweit eine eindeutige, überschneidungsfreie Kennzeichnung und Identifikation von Unternehmen, Waren und Dienstleistungen. Im zwischenbetrieblichen Daten- und Warenverkehr sind das mit die wichtigsten, standardisierten Daten. Weitere Informationen: www.gs1-germany.de
Internet	1973 entworfen als weltweites militärisches Kommunikationsnetz hat sich das Internet inzwischen zum größten Zusammenschluss von Netzwerken entwickelt, die auf Basis des Internet-Protokolls (TCP/IP) arbeiten.
Intranet	Ein Intranet nutzt Internettechnologie, um einer genau bestimmten Anzahl an Nutzern Zugang zu den innerhalb bereitgestellten Dokumenten und Informationen zu gewähren. Meist werden damit Rechnerverbünde innerhalb von Firmen geschaffen.
ISO	International Standardization Organization (Internationale Standardisierungsorganisation). Setzt Normen, die international gültig sind. Ähnlich der → DIN.
ISO 20000	ISO-Standard für das IT Service Management. Enthält die notwendigen Mindestanforderungen an Prozesse, die eine Organisation vorweisen muss, um IT-Services in definierter und prüfbarer Qualität bereitzustellen und zu managen. Ist angelehnt an die ITIL-Vorgaben der OCG.
ISO 9000	Standard-Reihe der → ISO für Qualitätsmanagement. In Deutschland inzwischen weit verbreitet angewandt.
Ist-Ablauf	Vorgehensweise, die aktuell in einem Unternehmen durchgeführt wird, um eine Aufgabe abzuarbeiten.
IT	Informationstechnologie. In manchen anderen Veröffentlichungen auch Informationstechnik.
IT-Compliance	Gesetzes- bzw. rechtskonforme Durchführung elektronischer Geschäftsvorgänge – Vgl. → Compliance
ITIL	IT Infrastructure Library (IT Infrastruktur Bibliothek). Sammlung von Prozessen und Vorgehen für IT Service Management.

---

[5] WPg (2002) S 1167 ff.
[6] WPg (1998) S 1066 ff.

IT-Projekt	Steht für alle Projekte, in denen Hardware, Software sowie unternehmensinterne und/oder unternehmensübergreifende Netze zu gestalten. Dazu gehören der Entwurf und die Umsetzung bis zur Übergabe für den Betrieb. Als Unter-Arten lassen sich folgende Projekte unterscheiden: Netzwerkaufbau, Software-Programmierung, Software-Auswahl, Software-Einführung, Software-Optimierung (Tuning), Software-Sanierung, Katastrophen-Vermeidung (Jahr 2000 etc.), Zustands-Wiederherstellung.
K.O.-Kriterien	Absolut notwendige Anforderungen an das → Softwaresystem. Kann ein Softwaresystem diese nicht erfüllen, ist sie insgesamt nicht geeignet.
KonTraG	Gesetz zur Kontrolle und Transparenz im Unternehmensbereich
Lastenheft	Eine vor der Suche erstellte Zusammenstellung aller sinnvollen und notwendigen Anforderungen des Unternehmens an ein Softwaresystem. → K.O.-Kriterien sind deutlich gekennzeichnet. → Pflichtenheft.
Lizenzkosten-Volumen	Unter Einbezug aller Beteiligten Lieferanten sich ergebende Summe aller zu zahlenden Lizenzkosten. Dabei werden Einzel-Angaben umgerechnet zum Gesamtergebnis, also (€ pro User * Anzahl User) bzw. (€ pro Arbeitsplatz * Anzahl der Plätze) genommen.
Losgröße	Umfang eines Fertigungsauftrags. Es gibt verschiedene Arten, solche Losgrößen zu berechnen. In letzter Zeit wird häufig ganz drauf verzichtet und stattdessen werden Kundenaufträge direkt zu Fertigungsaufträgen gemacht. Wichtig bleibt es bei prozessbedingten Mengen.
Mobile Computing	(Bewegliches Datenverarbeiten). Einsatz von Mobilkommunikationsgeräten und Software zur elektronischen Verarbeitung von Daten. Neben Handys, Scannern oder Handheld-Computern sind inzwischen sogar Computerstifte im Angebot.
Modul	Programmeinheit, die eine abgegrenzte Aufgabe vollständig übernimmt und über Schnittstellen mit anderen zusammenarbeitet. In einem Softwaresystem können sie vom selben Hersteller stammen oder von einem anderen integriert worden sein.
Multimedia	Steht für Aufzeichnung, Wiedergabe und Integration von digitalisierter Musik und bewegten Bildern in andere Softwareanwendungen.
Named User	Für die Nutzung eines Systems mit seinem Namen eingetragener Mitarbeiter. Im Gegensatz zum → Concurrent User greift ein Named User nicht unbedingt gleichzeitig auf dasselbe System zu, wie zum Beispiel bei Schichtarbeit.
OCG	Stabstelle der britischen Regierung, die seit 1989 für die öffentliche Verwaltung geltende Vorgaben für IT Service Management herausgibt unter der Bezeichnung ITIL.
Open-Source-Software	(Offene Quellen-Software). Software, deren Quellcode jedem zugänglich ist, die kostenfrei genutzt werden kann – nur mit der Auflage, Nutzungserfahrungen und Ergänzungsprogrammierungen allen bereitzustellen.
Optimierung	Herstellen des bestmöglichen Zustands. Das ist nicht immer der billigste oder der schnellste. Wichtig ist, dass langfristig betrachtet niedrige Kosten und niedriger Aufwand erreicht werden.
Pflichtenheft	Anbieter und Kaufender schreiben hier alle von dem Softwaresystem zu erfüllenden Aspekte fest. Damit entsteht ein Leistungsverzeichnis der vom Anbieter zu erbringenden Funktionalitäten. Vor allem, wie nicht erfüllte → K.O.-Kriterien umgesetzt werden, muss betrachtet werden. → Lastenheft.

Plausibilitäts-kontrolle	Ob sich ein Sachverhalt nachvollziehen lässt oder nicht, kann mit logischen Überlegungen und Vergleichen überprüft werden.
PRINCE2	Project in Controlled Environment (Projekt in kontrollierter Umgebung). Von der OGC empfohlene Projektmanagement-Methode
Projekt-Ergebnis	Das Szenario, das nach Abschluss des Projekts eingetreten sein soll.
Projektmanagement	Methoden zum Planen, zur Fortschrittskontrolle und für die Rückmeldung in einem Projekt. Ist in unterschiedlicher Form begleitend zu jedem Projekt durchzuführen – auch bei einer Geschäftsprozessoptimierung, einer Software-Auswahl und einer Software-Einführung. Ziel ist, das Optimum zwischen dem Einsatz von möglichst wenig Energie, Kosten und Zeit und möglichst hohem Nutzen zu erreichen.
Prozess	Eine Folge von Tätigkeiten, die in logischer und zeitlicher Reihenfolge aneinander gereiht sind und zu einem gewünschten Ergebnis führen. In dieser Bedeutung wird der Begriff hier eingesetzt. Sie ist abzugrenzen von weiteren Bedeutungen, wie zum Beispiel: • Ablauf der Gerichtsverhandlung (juristischer Bereich). • Ablauf in der Prozessfertigung wie zum Beispiel beim Bier brauen oder in der chemischen Industrie (Bereich Fertigung). • Ablauf in der Kommunikation zwischen Menschen oder beim Aufbau von Beziehungen (sozialer Bereich) Ausführliche Erläuterung: Jeder Mensch ist täglich mit vielen kleinen Prozessen konfrontiert, die er sich selbst organisiert hat. Sobald er das Bett verlassen hat, geht es los: Kaffee kochen, duschen, Zähne putzen, Auto fahren und so weiter. Überall werden bestimmte Handgriffe in einer ähnlichen Reihenfolge nacheinander durchgeführt. Und das ist auch gut so! Zum Beispiel beim Autofahren: Die Schrittfolge beim Starten „Kupplung treten", „Zündschlüssel drehen", „Gang einlegen", „Gas geben und Kupplung kommen lassen" ist jedem Autofahrer so geläufig, dass er nicht mehr darüber nachdenken muss – er tut es einfach und konzentriert sich bereits auf den Verkehr, um so sicher loszufahren. Vorteil: Prozesse erleichtern das Leben, weil sie quasi automatisch ablaufen. Sie entstehen häufig unbewusst durch Einüben bestimmter Verhaltensweisen. Dasselbe wie beim Autofahren passiert auch in Unternehmen. Hier laufen gewissermaßen ganz automatisch immer wieder ähnliche Reihenfolgen an Tätigkeiten ab, zum Beispiel sobald ein Auftrag eingegangen ist. Der Vorteil besteht darin, dass nicht jedes Mal ein umfangreicher Plan gemacht und immer wieder jedes Detail extra bedacht werden muss – es läuft einfach. Außerdem haben die Mitarbeiter dadurch, dass dieser Prozess abläuft, mehr Gedankenfreiheit, sich auf Anderes zu konzentrieren: Wie sich der Autofahrer statt auf die Bedienung seines Autos auf die Straße und die Verkehrssituationen konzentriert, können die Mitarbeiter – statt auf die einzelnen Handgriffe zu achten – auf die Gegebenheiten, die sie bei diesem Auftrag oder Kunden vorfinden, achten und damit umgehen. Nachteil: Die Notwendigkeit der Anpassung wird oft nicht erkannt So nützlich dieses automatische Ablaufen der Prozesse ist – es birgt auch eine Gefahr: Ist ein Prozess-Schema umständlich, verursacht es unnötig Kosten, oder passt es nicht zu den Dingen der Umgebung, verursacht der Ablauf mehr Schaden als Nutzen. Auch hierzu gibt es ein gutes Beispiel vom Autofahren: Bei älteren Modellen musste während des Motoranlas-

	sens Gas gegeben werden. Die neue Elektronik macht das überflüssig – der Autofahrer verschwendet heute nicht nur Benzin durch dieses eingeübte Verhalten, sondern er schadet auch dem Motor.
Prozess-optimierung	→ Optimierung von betrieblichen Abläufen
Prozess-management	Steht für die Planung, Umsetzung und Kontrolle von betrieblichen Abläufen in bewusstem Denken und Handeln. Zuerst müssen die Ziele feststehen, insbesondere bezüglich Produkten, Kosten, Zeiten (für einzelne Tätigkeiten oder insgesamt) und der Steuerungsansichten – z.B. Selbststeuerung oder „Steuerung durch Kontrolle". Daraus lassen sich die Prozesse einschließlich der zur Zielerreichung notwendigen Management-Punkte und –vorgänge ableiten.
Rating	(Bewertung). Ein standardisiertes, weitgehend objektiviertes und nachvollziehbares Verfahren zur Beurteilung der wirtschaftlichen Lage einer Privatperson oder eines Unternehmens und zur Einstufung in eine Kredit-Risiko-Stufe. Zieht die Festlegung für diese Stufe zu zahlender Zinssätze nach sich.
Rationalisierungspotential	Möglichkeit, insbesondere Kosten und Zeiten im Betrieb einzusparen bzw. indirekt über Reduzierung von diese verursachenden Aspekten des Unternehmens wie Beständen, Wege etc. Kosten zu senken.
Ressourcen	(Betriebliche Kapazitäten). Menschen, die Arbeitszeit, Qualifikation etc. für den Betrieb bereitstellen sowie andere Bestandteile des Unternehmens, die Kapazitäten, Funktionsweisen etc. verfügbar halten.
Rollout	Nachdem ein Softwaresystem in einem Pilotbereich eingeführt wurde, werden die Erfahrungen zur Überarbeitung des weiteren Vorgehens herangezogen. Anschließend erfolgt eine sukzessive Einführung in anderen Unternehmensbereichen.
Soft-Skills	(Soziale Kompetenzen). Fähigkeiten und Erfahrungen in der Anwendung von zwischenmenschlicher Zusammenarbeit wie Kommunikation, Teamarbeit, Motivation etc.
Software-Auswahl	Eine Art von IT-Projekten, bei der es insbesondere darum geht wesentlich in das Unternehmensgeschehen eingreifende Software wie z.B. ERP, CRM, PPS, CAD, DMS oder ähnlich umfangreich eingesetzte Werkzeuge auszuwählen.
Software-Haus	Synonym für Anbieter
Software-Sanierung	Eine Art von IT-Projekten, bei der es um die bestehende Software so umzustellen, dass sie die aktuellen Prozesse besser abdeckt und sie gegebenenfalls zu ergänzen. Ziel ist ein für das Unternehmen optimal funktionierendes Zusammenspiel Software-Prozesse zu erreichen.
Software-System	Umfassendes Angebot an Funktionen durch Module eines oder mehrerer Softwarehersteller, die zu einem Ganzen zusammengefasst werden, um die Anforderungen eines Unternehmens zu erfüllen.
Software-Tuning	Eine Art von IT-Projekten, bei der es um die Optimierung vorhandener Software durch Verbesserung von Einstellungen geht. Ziel ist eine schnelleres Arbeiten zu ermöglichen, indem auf technischer Seite Zugriffe optimiert werden etc.
Soll-Ablauf	Ablauf, wie er in der Zukunft durchzuführen ist.

SOX	(Sarbanes-Oxley Act). Amerikanisches Gesetz zur Unternehmensberichterstattung von 2002 als Reaktion auf die großen Bilanzskandale einzelner US-Unternehmen. Alle amerikanischen, börsennotierten Unternehmen sowie all ihre Tochtergesellschaften müssen ein internes Kontrollsystem einrichten und dokumentieren. Damit sollte und soll erreicht werden, dass das Anlegervertrauen wieder hergestellt wird.
StGB	Strafgesetzbuch
Supply Chain	(Lieferkette). Unternehmensübergreifend organisierte Kette zur Gestaltung des Flusses von Materialien, Teilen, Produkten und Waren vom Rohstoffhersteller über die Veredler und Vorfertiger, die Montage- und Verpackungsunternehmen in den Handel beziehungsweise zum Einsatzort beim Kunden.
Technology Enabled Reengineering	(Technologie-getriebener Veränderungsansatz). Die Entwicklung einer neuen Technologie macht eine Verbesserung erst möglich. Voraussetzung ist, dass die Information über die neue Technologie bereitsteht.
Total Cost of Ownership	(Gesamtkosten des Eigentums). Bilder einer Gesamtsumme über alle Kosten einer Investition. Häufig werden dabei die Kosten Investitionsentscheidungsvorbereitung sowie für den Einsatz von Ressourcen zur Umsetzung weggelassen. Weitere Informationen über eine Kostenbetrachtung, bei der nichts fehlt finden Sie unter: www.richtige-software.de.
Transaktion	(Geschäftsvorfall). Eine einzelne Bestellung, Rechnung, Überweisung oder Ähnliches.
Unique Business Processes	(Einzigartige Prozesse). Einzelne Prozesse eines Unternehmens heben es gegenüber dem Wettbewerb besonders heraus. Das erfordert, diese geheim zu halten und diesen Vorteil zu hüten, solange es geht – oder sie weiter zu entwickeln, um einen Abstand vor dem Wettbewerb zu erhalten. Häufig ist hierfür eine spezielle, selbst finanzierte Softwarelösung erforderlich, die nicht aufgegeben werden sollte.
Update	Umfangreiche Änderung einer Software, häufig mit erneutem Übungsaufwand oder sogar Nachschulungen verbunden – in der Regel kostenpflichtig.
Upgrade	Geringfügige Veränderung des Programms, Beheben kleinerer Fehler und Bereitstellen verbesserter Funktionen – häufig kostenfrei.
User Exit	(Ausgang für Nutzer; Schnittstelle zum Zugriff durch externe Programme). Notwendige Daten werden über eine spezielle Übergabesoftware in eine oder zwei Richtungen übergeben. Damit können Add-Ons oder andere Ergänzungen ohne Zugang mit den Originaldaten arbeiten.
Vertragsberater	Dieser Experte kennt sich schwerpunktmäßig mit inhaltlichen Themen von Software-Verträgen aus. Er hat eine hohe Anzahl an Verträgen in den Händen gehalten und beschäftigt sich laufend mit den immer neuen „Vertragsfallen". Er ersetzt auf keinen Fall einen Juristen, der sich auf IT-Verträge spezialisiert hat. Sie binden sich auf lange Zeit und nehmen viel Geld in die Hand. Da sollten Sie unbedingt zusätzlich den IT-Vertrag juristisch prüfen lassen. Allerdings kennen sich die Juristen bis auf extrem wenige so gut wie nicht mit Softwareeinführung und –betrieb aus. Damit es hierbei aus vertraglicher Sicht keine Probleme gibt, lohnt es sich, dieses wichtige Dokument von 2 Experten unabhängig voneinander lesen zu lassen.

Web-Fähigkeit	Die Software bietet Funktionen, die mittels Internet-Technologie durchgeführt und so leichter an verteilten Arbeitsorten eingesetzt werden kann.
Wissensmanagement-Systeme	Die Ressource Wissen wird immer wichtiger. Spätestens wenn ein wichtiger Know-how-Träger das Unternehmen verlässt, wird das deutlich. Um hier mehr Kontinuität und strukturierten Zugang zu schaffen, gibt es Wissensmanagementsysteme. In ihnen wird das Wissen auf eine Weise gespeichert, dass es im Bedarfsfall wieder zugänglich ist.
Work in Process	In Arbeit befindliche Fertigungsaufträge einschließlich der Materialien, Halbfertig- und Fertigprodukte davon. Ist in der Regel daran zu erkennen und abzugrenzen, dass die Materialien und Produkte im Fertigungsbereich liegen und noch nicht ins Lager bzw. an den nächsten Schritt übergeben worden sind. Die Menge hängt meist von der → Losgröße ab.
Workshop	Arbeitssitzung mit dem ausgewählten Software-Anbieter, bei dem ohne Veränderung des Softwaresystems mit Echtdaten der Ablauf des Unternehmens erstmalig in der neuen Software simuliert wird.

Abkürzungen Anwendungssoftware

APS	Advanced Planning und Scheduling (Fortgeschrittene Planung und Reihenfolgebestimmung). Softwaresysteme, die Operations Research-Methoden zur Lösung von Planungsproblemen in den Bereichen Produktion, Logistik und Supply Chain Management eingesetzten. Insbesondere werden Kapazitätsmanagement-Programme angeboten, die in der Regel mit optischen Oberflächen ähnlich Gantt-Diagrammen das Fertigungsgeschehen übersichtlich bereitstellen und Steuerungseingriffe sofort berechnet zurückgeben.
ATLAS	ATLAS heißt ein internes Informatikverfahren der deutschen Zollverwaltung. Mit ATLAS werden schriftliche Zollanmeldungen und Verwaltungsakte (z.B. Einfuhrabgabenbescheide) durch elektronische Nachrichten ersetzt. Dadurch wird die Zollabfertigung und Zollsachbearbeitung automatisiert, vereinfacht und beschleunigt.
BDE	Betriebsdatenerfassung. Sammlung und Bereitstellung von Daten wie fertig gestellte Gutteile, Versandbestätigungen etc. Wird durch die immer stärker geforderte Prozessablauf-Rückverfolgung zumindest bei kritischen Waren immer wichtiger.
CAD	Computer Aided Design (Computergestütztes Design). Spezielle Zeichensoftware für 3D-Darstellungen, Simulationen (Ansichten von allen Seiten), die häufig Weiteres wie Stücklistenerstellung und Ähnliches anbietet sowie Übergabeschnittstellen um das freigegebene Ergebnis direkt an das ERP-System zu übertragen.
CASE	Computer Aided Software Engineering (Computergestützte Softwareentwicklung). Darunter fallen Systeme, die sowohl die Codeerstellung mit Editoren und die Versionsverwaltung unterstützen als auch in einigen Fällen das Projektmanagement.
CMS	Content Management System (Inhaltsmanagement-System). Spezialsoftware, in der die Inhalte von Webseiten erstellt und zur Ansicht und für Berechtigte zur Änderung verfügbar gemacht werden.
CRM	Consumer/Customer Relationship Management (Kundenbindungsmanagement). Vereinigt Adressverwaltung mit umfassender Kundendatenverwaltung, Kundeninformationsplanung, -umsetzung und -verwaltung und anderen Hilfsmitteln, um denjenigen, der Kundenkontakt hat mit möglichst vielen aktuellen Informationen zu versorgen.
DMS	Dokumentenmanagementsystem. System zur strukturierten Ablage und zur Verfügbarhaltung von Dokumenten aller Art. Bringt nur in Verbindung mit einem System zur sicheren Archivierung echten Nutzen.
DSS	Decision Support System (Entscheidungsunterstützungssystem). Software, die für bestimmte Fragestellungen Methoden und Rechenmodelle bereitstellt und einsetzt, um eine Entscheidungsbasis bereitzustellen.

E-Learning-Plattform	Internet- bzw. Intranetportal, über das für selbstgesteuertes Lernen am Computer aufbereitete Inhalte angeboten werden. Lerndauer und -fortschritt kann gemessen werden.
Electronic Banking	(Elektronische Banktransaktionsabwicklung). Software für den Zugang zum eigenen Konto bei einer Bank, gegebenenfalls mit der Möglichkeit, Buchungen auf dem Konto direkt in die Finanzbuchhaltungssoftware zu übernehmen. Der Austausch erfolgt im betrieblichen Einsatz per Datenleitung oder per Datenträger. Letzteres wird noch als sicherer erachtet.
ELSTER	ELSTER bietet allen Unternehmern und Arbeitgebern, aber auch Privatpersonen wie Arbeitnehmern, Rentnern oder Pensionären die Möglichkeit, verschiedene Steuererklärungen elektronisch via Internet an das Finanzamt zu übermitteln.
FiBu	Finanzbuchhaltung. Systeme zur Buchung aller ein- und ausgehenden Beträge und Vorgänge.
HR-Software	Human Resources-Software (Personalverwaltungssoftware). Enthält in der Regel alles, was zur gesamten Abwicklung der Personalverwaltung notwendig ist.
IT-Security	(Informationstechnologie-Sicherheit). Alles was Sicherheit im Zusammenhang mit Datenerfassung, Datenhaltung, Datenverarbeitung und Datenübermittlung sowie denselben Aufgaben für Informationen zusammenhängt. Darin sind Datenschutz und Datensicherheit ebenso enthalten wie elektrischer und physikalischer Schutz der Server und anderer Hardware oder der Schutz vor unbefugten Eingriffen durch Menschen.
LSS	Lagersteuerungssystem. Steuert die Lagertechnik wie Gabelstapler, Hochregalbediengeräte etc. Für Gabelstapler gibt es auch spezielle Gabelstaplerflottensteuer-Programme.
LVS	Lagerverwaltungssystem. Verwaltet die Informationen, welcher Lagerort womit belegt ist und welche Menge dort lagert.
MDE	Maschinendatenerfassung. Sammlung und Bereitstellung von maschinenbezogenen Daten wie produzierte Stücke, Laufzeit, Klimaverhältnisse oder ähnliches.
MES	Manufacturing Execution System (Fertigungsausführungssystem) Bindeglied zwischen Fertigungssteuerungs-Software auf der Fertigungsseite und ERP-Systemen in der Administration.
MIS	Management Information System (Geschäftsführungsinformationssystem). Zusammenfassung von Daten aus unterschiedlichen Quellen und übersichtliche Darstellung der verdichteten Informationen. In der Regel besteht die Möglichkeit, direkt tiefer einzusteigen, sich also auf Wunsch mehr Detailinformationen zu einem Wert anzeigen zu lassen. So kann zum Beispiel der Gesamtumsatz aufgegliedert in Umsatz nach Regionen und eine Region kann wiederum aufgegliedert in Vertriebsniederlassungen in dieser Region gezeigt werden etc.
PLM	Product Lifecycle Management (Produktlebenszyklussteuerung). Ganzheitliche und unternehmensweite Verwaltung und Steuerung aller Daten und Dokumente, die ein Produkt über den gesamten Lebenszyklus hinweg beschreiben und betreffen. Das heißt, dass die komplexen Informationen über Erzeugnisse, die mit PDM-Lösungen (Product Definition Management) verwaltet werden, auch den Geschäftsprozessen Einkauf, Fertigung/Produktion, Logistik, Vertrieb und Service direkt verfügbar gemacht

	werden. Dazu wird eine gemeinsame informationstechnische Basis benötigt, die die Prozesse integriert und die Steuerung und Überwachung des Produktlebenszyklus eines Erzeugnisses ermöglicht.
PPS	Produktionsplanungs- und -steuerungssysteme. Enthalten neben der Fertigungssteuerung und Reihenfolgeplanung oft auch Auftragsverwaltung, Adressverwaltung und ähnliches und kommen damit manchem ERP-System schon sehr nahe. Ihr Nutzen für das Unternehmen ist immer noch umstritten, weil die kurzfristige Abbildung häufig noch nicht gut gelöst ist. Zur längerfristigen Planung sind die meisten Systeme gut aufgestellt.
Projektmanagement-System	Software, die Methoden und Anwendungen enthält, mit denen die Projektleitung unterstützt wird. Neben Zeiterfassung und Projektplanung spielt hier die Projektfortschrittskontrolle eine wichtige Rolle.
Prozessdarstellung + -simulation	Eine grafische Darstellung erleichtert das Besprechen und Verbessern von Prozessen erheblich. Simulationsprogramme ermöglichen zusätzlich, einen Produktionsablauf oder einen Verwaltungsablauf vor dem Umsetzen zu testen.
QS-Systeme	Qualitätssicherungssysteme. Prüfverfahren werden unterstützt, Prüfergebnisse unveränderbar dokumentiert, Prüfpläne und Stichproben bereitgestellt etc.
Rezepturprogramme	Programme, die besondere Mischungen verwalten. Das betrifft sowohl die Mischung von Stoffen wie bei Farben, Pulvern, Lebensmitteln, Getränken etc. als auch mit besonderen Programmen unterstützende Mischung von Atomen und Molekülen zu einzelnen Werkstoffen.
RFID-Sytem	Radio Frequency Identification Device (Radiofrequenz-Identifikationsmittel). Kleine elektronische Schaltung, die an ein Produkt, einen Karton, eine Palette oder eine andere Transporteinheit geheftet wird und berührungslos ausgelesen werden kann. Zum Teil können zusätzliche Daten aufgeschrieben werden. Dient zur Erfassung von auf diese Einheit bezogene Daten und ermöglicht eine rationelle Nachverfolgbarkeit für kritische Produkte.
SCM	Supply Chain Management (Lieferkettenmanagement). Unternehmensübergreifende Planung um systemweit die gesamte Kette optimal zu gestalten. Lässt sich heute auch mit Workflow-Systemen umsetzen.
SPS	Steuerprogrammierbare Systeme. Maschinensteuerprogramme, die direkt an der Technik eingesetzt werden und die Daten an Leitstand und andere Programme weitergeben.
Stücklistenprogramme	Zur Erstellung und Verwaltung umfangreicher Stücklisten gibt es eigene Programme.
Variantengeneratoren	Programme, die aus bestehenden Produkt- oder Modulangeboten lediglich Varianten generieren. Bei einer geringen Veränderung wird somit auf das bestehende Produkt zugegriffen und der Kundenwunsch kann ohne Anlage eines neuen Produkts verwaltet werden. Das verringert die Komplexität der Produktverwaltung erheblich und erlaubt trotzdem Kundensonderwünsche zu berücksichtigen.
VMI	Vendor Managed Inventory (Verkäufergesteuerter Lagerbestand). Um den bereitgestellten, aber im Eigentum behaltenen Lagerbestand verwalten zu können, muss der Lieferant die Bewegungsdaten bereitgestellt bekommen.

1 Softwareauswahl in neuem Licht

Bei der Softwareauswahl stellte sich bis vor kurzem nur eine Frage: „Wähle ich eine Standard- oder eine Individualsoftware". Hierfür wurden Faustregeln entwickelt wie: „Wenn die Standardsoftware 50-60 % der eigenen Prozesse abdeckt, nimm die Standardsoftware". Der Rest wird passend gemacht. Das erschien günstiger, als alles neu zu programmieren und zumindest hat man dann, was den Standard anbelangt, ein weniger fehlerintensives Ergebnis.

Der Ansatz mag früher einmal richtig gewesen sein, er ist aber nicht mehr zeitgemäß. Das bisherige Vorgehen setzte voraus, dass der Auftraggeber seine betrieblichen Prozesse an das Standardprodukt anpassen musste. Die Technologie (T) war somit der Vorlagengeber für die Prozessabläufe und die Organisation (O) im Unternehmen des Auftraggebers. Dabei wurden so gut wie keine Vorgaben von rechtlicher Seite berücksichtigt.

Der Hintergrund für das Fehlen der Rechtshinweise lag darin, dass die Jurisprudenz zum einen nicht als schnelle Disziplin bekannt ist. Zum anderen wartet die Rechtsprechung ohnehin erst am Ende der Kette – Planen, Handeln, Scheitern, Streiten, Rechtsprechung – mit ihren Antworten auf.

Zukünftig werden die betriebswirtschaftlichen Anforderungen aus der Organisation, sowie die zunehmenden rechtlichen Vorgaben den Maßstab für die Gestaltung und die Funktionalitäten der Software bilden. Die Entwicklung dahin ist bereits voll in Gang. Insoweit wird ein grundlegender Wechsel des Denkansatzes, also ein Paradigmenwechsel, stattfinden von Technologie/Technik bestimmt Organisation bestimmt Recht hin zu Organisation und Recht bestimmen die Technologie.

Unser erfolgreiches Credo lautet:

> Die Geschäftsprozesse bestimmen die Software und nicht umgekehrt.

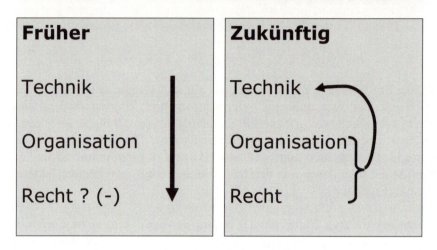

Abb. 1-1. Neue Schwerpunkte im Ansatz. Quelle: PRW

Es wird also nicht mehr ein „TOR" geöffnet und der Softwareanbieter hereingebeten und hofiert. Stattdessen wird ein „ORT" angegeben, an dem eine bestimmte Organisation besteht und wo die dafür passende Software gemeinsam implementiert werden wird.

Damit wird jedoch kein Wandel im Sinne eines Rückschritts von der Standard- zur echten Individualsoftware vollzogen werden. Vielmehr läuft es darauf heraus, dass Standardsoftware noch viel individueller auf die Bedarfe und Anforderungen der Unternehmen angepasst werden wird.

Eine Brücke schafft in diesem Zusammenhang die ServiceOrientierte Architektur (SOA). Durch das nahezu systemunabhängige Anbieten der Bearbeitungsoberflächen für den Prozess mit automatisierter Unterstützung – also mit Workflow-Funktionalitäten –, ist die Individualität des Ergebnisses hoch. Darunter arbeiten die Funktionen von passender Standardsoftware. Das erhöht die Wartungs- und Update-Freundlichkeit.

1.1 Software-Standards und -Trends

Viele Software-Hersteller bieten ein „Standard-Anwendungssystem" an. Doch gibt es keinen allgemein definierten Standard – weder was den Funktionsumfang noch was die Umsetzung von Funktionen betrifft.

Im Zusammenhang mit Software steht „Standard" für „Produkt, das für viele Anwender passt". Jeder Softwareanbieter nimmt auf, was er für richtig hält. Ergebnis ist in jeder Software ein einmaliges Sammelsurium an Funktionalitäten, von denen einige für viele Nutzer passen. Inzwischen haben sich drei Unterarten herausgebildet: Funktionsbezogene Standardsoftware wie z.b. Kostenrechnungssoftware, funktionsübergreifende Software wie z.b. ERP-Systeme oder Branchensoftware wie z.b. ERP-Systeme für Lebensmittelhersteller.

Das bringt eine Reihe an Vorteilen mit sich: Es gibt Informations- und Schulungsunterlagen und es gibt Referenzeinsätze. Durch den hohen Verbreitungsgrad gibt es eine Vielzahl an Unternehmen, mit denen geringe Schnittstellenprobleme auftreten. Die Entwicklungskosten verteilen sich auf viele. Nachteil ist, dass viele Funktionalitäten mit gekauft werden, die gar nicht benötigt werden. Oder – wenn dies abgeschaltet wird – dass viel Rechnerplatz mit nicht benötigten Angeboten belegt wird. Außerdem sind die Systeme starr. Anpassungen sind teuer.

Individualsoftware ist im Gegensatz dazu für genau eine Anwendung extra programmiert. Auch hierbei wird zum Teil auf Standardkomponenten zurückgegriffen – aber die Architektur und die Gesamtheit ist einzigartig. Auch hier gibt es Vorteile: Die Software bildet genau die Geschäftsprozesse des Unternehmens ab. Jede Besonderheit wird programmiert. Der Nachteil ist hier, dass eine hohe Abhängigkeit vom Programmierer entsteht.

Softwaresysteme decken im Gegensatz zu Anwendungen ein ganzes Bündel an Unternehmensaufgaben integriert ab. Alle ERP-Systeme sind deswegen zu den Softwaresystemen zu rechnen. Bei einer Software für die Lohnbuchhaltung ist es dagegen wahrscheinlicher, dass es sich um eine Anwendung handelt. Hier wird nur eine Funktion des Unternehmens – die Abrechnung der Löhne und Gehälter – unterstützt.

Doch der Markt ist in Bewegung gekommen. Zum einen werden immer mehr Details durch Standards geregelt, zum anderen entwickelt sich ein großer Markt an Standard-Komponenten, die flexibel nach den Bedarfen der Unternehmen zusammenkomponiert werden.

Viele branchenunabhängige Anbieter verschwinden vom Markt. Stattdessen etablieren sich nur sehr wenige große, internationale Anbieter und viele spezialisierte Branchen- und Nischenanbieter.

Auch das Kaufverhalten verändert sich: Immer mehr suchende Unternehmen setzen nicht mehr blind auf eine Komplettlösung, sondern suchen gezielt Spezialanbieter. Da der Markt aber unüberschaubar komplex geworden ist, sind die passenden Angebote nur schwer zu finden.

Als Entscheider in einem Unternehmen, das ein Softwaresystem sucht, haben Sie von diesen Entwicklungen einen direkten Nutzen:

Sie werden die für Ihr Unternehmen richtige Standardsoftware finden. Dafür beginnen Sie bei Ihrer eigenen Organisation. Dazu beachten Sie die rechtlichen Anforderungen, wie insbesondere

- Nachweisbarkeit rechtskonformen Verhaltens (Compliance) sowie für Qualitätsmanagement, Gesundheitsmanagement, Risikomanagement etc.,
- IT-Sicherheits-, Datensicherheits- und Datenschutzanforderungen,
- solche aus dem allgemeinen Gleichstellungsgesetz,
- solche, die speziell für Ihr Unternehmen und die Branche gelten,
- weitere und in Zukunft geltende.

Die Hürde der Komplexität lässt sich durch eine gute Ausschreibung und den Einsatz von IT-Markt-Experten nehmen. Ihr Erfolg wird bestimmt durch Ihre Bereitschaft, Zeit und Geld an der richtigen Stelle im Projekt zu investieren. Dann steht dem Erreichen des eigentlichen Ziels – produktiver und effektiver Arbeitsleistung im gesamten Unternehmen – nichts mehr im Weg.

Zunehmend etablieren sich Projektmanagement-Standards für IT-Projekte. Sie sollen die Programmierung und Tests so begleiten, dass ein einwandfreies Produkt entsteht. Doch auch für die Auswahl und insbesondere die Einführung werden Erfahrungen aus der Vergangenheit zusammengestellt. Immer mehr Unternehmen fordern von Ihren Mitarbeiterinnen und Mitarbeitern, dass diese mit den Projektmanagement-Standards vertraut sind und diese auch anwenden.

Die hier vorgestellte Methode ePAVOS (das steht für „**WE**bbasierte **P**rozessoptimierte **A**uswahl **VO**n **S**tandard-Anwendungssystemen") unterliegt seit 1989 einer ständigen Weiterentwicklung durch die UBK GmbH in Lauf. Es handelt sich um eine Projektmethode, deren Umsetzung durch eine Reihe von softwaregestützten Werkzeugen unterstützt wird. Sie reicht von einem Check der IT-Situation im Unternehmen bis hin zur Projektbegleitung bei der Einführung, also bis das Unternehmen ein umfassendes Software-System produktiv einsetzt.

ePAVOS ist älter als die meisten Softwareprojekt-Standards. Im Vergleich zeigen sich viele Ähnlichkeiten. Ausgehend von einer detaillierten Prozessanalyse und –optimierung werden die Inhalte des Lastenhefts in einer Ausschreibung zusammengefasst. Einer von Entscheidungsunterstützungs-Tools begleiteten Prüfung von in Frage kommenden Angeboten folgt die Entscheidung durch Sie – das Entscheidungsgremium im suchenden Unternehmen. Während der Einführung kann ein Projektleiter gestellt werden, der die Verantwortung für Zeit- und Kosteneinhaltung übernimmt.

Professionalität auf allen Seiten garantiert ein zügiges Vorankommen zu akzeptablen Kosten. Diese Seiten sind:

- das suchende Unternehmen – wir nehmen an, dass Sie in entscheidender Position dort agieren – und hier insbesondere das Top-Management und die interne Projektleitung
- der Prozessoptimierungs-Berater
- der Softwareauswahl-Experte
- die Rechts- und Inhalts-Vertrags-Experten
- der Softwareeinführungs-Projektleiter
- der ausgewählte Softwareanbieter
- die Add-On[A]-Anbieter[A], die in der Lösung mit eingesetzt werden

Insbesondere der Prozessoptimierungs-Berater muss ein erfahrener Experte mit doppelter Qualifikation sein: Er muss die Branchenbesonderheiten ebenso kennen wie den neuesten Stand der Softwareentwicklung kennen. Nur dann kann er Hinweise liefern, wie Sie Ihre Prozesse optimal umsetzen.

1.2 Hinweise zum Inhalt

Die folgende Abbildung zeigt, wie der Inhalt entlang des Ablaufes eines Projektes strukturiert ist.

Zu Beginn steht Ihnen ein umfangreiches Abkürzungsverzeichnis zur Verfügung, in dem auch Begriffe erklärt sind. Bei der ersten Nennung des Wortes weist ein ^{A} auf einen Eintrag hin, jedoch nicht durchgängig bei den Abkürzungen.

Dieses erste Kapitel dient als Einstieg in das Thema. Begriffe werden erklärt und ein Überblick über die kommenden Inhalte dargestellt.

Das zweite Kapitel richtet sich direkt an Entscheider und enthält eine Kurzübersicht. Das Top-Management hat bei solchen Projekten mehrere wichtige Entscheidungen zu treffen. Worauf dabei zu achten ist, lesen Sie in Kapitel 2.

Kapitel 3 bis 8 stellen den gesamten Ablauf entlang des Projektverlaufs vor. Ergänzend hierzu finden Sie konkrete Arbeitshilfen und weitere Beschreibungen auf der Diskussionsplattform www.richtige-software.de.

Was Sie bei einer Softwareauswahl bedenken und vorbereiten sollten, lesen Sie in Kapitel 3. Dadurch greifen Sie das Thema auf und sichern Ihr weiteres Vorgehen entsprechend zunehmend geforderter Aktionsbereitschaft.

Auf welchen unterschiedlichen Wegen ein gutes Lastenheft entstehen kann, wird in Kapitel 4 vorgestellt. Am Ende treffen Sie die Entscheidung, was für die Situation Ihres Unternehmens in Frage kommt.

Ein Überblick über gängige Methoden zur Softwareauswahl in Kapitel 5 mündet in einer ausführlichen Vorstellung von ePAVOS. Lernen Sie ein in über 450 Projekten erprobtes Praxis-Verfahren zur Softwareauswahl mit Erfolgsgarantie kennen.

Das Abschließen der richtigen Verträge ist so wichtig, dass ihm ein eigenes Kapitel gewidmet wurde. In Kapitel 6 erfahren Sie aus Sicht des Juristen wie des Softwareauswahlexperten, worauf Sie achten sollten.

Nächster Baustein zum Erfolg des Gesamtprojekts ist die Einführung der Software. Erfahrungen und Tipps zum Vorgehen sind in Kapitel 7 zusammengestellt.

Was viele übersehen: Der Betrieb der Software ist eigentlich die wichtigste Phase des Ganzen. Hier treffen alle Folgen der vorher gestellten Weichen in einer Arbeits- und Kostensituation zusammentreffen. In dieser Phase kann erfolgt auch erst die eigentliche Erfolgskontrolle. Wie Sie erkennen, ob Sie eingreifen müssen, erklärt Kapitel 8. Sie erhalten außerdem Tipps, wie die Software noch besser eingestellt werden kann oder bei Bedarf eine Sanierung erfolgt.

Damit schließt sich der Kreis, denn wenn der Betrieb der Software seinem Ende entgegen geht, wird es Zeit, eine Neue zu suchen und damit beginnt das Ganze wieder von vorne.

Kapitel 9 rundet das Bild mit einem Ausblick ab, wie die aktuellen Trends in der nahen Zukunft sich weiter entwickeln werden.

Stoßen Sie in Ihrer Arbeit auf Fragen, die hier nicht beantwortet werden, dann kontaktieren Sie uns – wir greifen gerne weitere Themen auf und stellen im begleitenden Internetauftritt die Ergebnisse bereit: www.richtige-software.de

2 Was den Entscheider angeht

In der aktuellen Diskussion tritt die Verantwortung der Entscheider immer stärker in den Vordergrund. Gefordert wird eine nachvollziehbare Anwendung definierter Entscheidungsprozesse. Gerade dann ist der Einsatz von Methoden wichtig. Lesen Sie in diesem Kapitel, was für Sie als Entscheider in einem Unternehmen wesentlich ist, wenn es um die Auswahl und Einführung eines neuen Softwaresystems geht.

2.1 Softwareauswahl als Chefsache

Das Recht besteht heute aus einer nahezu unüberschaubar großen Anzahl von Normen, die nach ihren unterschiedlichen Regelungsbereichen eingeteilt sind. Hieran wurde und wird viel Kritik geübt. Der Ruf nach Vereinfachung ist laut, aber in vielen Bereichen ungehört von der Gesetzgebung.

Die Kenntnis der für die IT relevanten Vorschriften ist noch wenig verbreitet. Aus diesem Grund wird hier eine systematische, wenn auch nicht abschließende Betrachtung gewählt. Im Wesentlichen unterscheidet die Jurisprudenz dabei zwischen Öffentlichem-, Privatem- und Straf-Recht. Alle drei Bereiche spielen bei der Softwareauswahl eine erhebliche Bedeutung.

Eine betriebswirtschaftliche Software, die zum Beispiel die von den Finanzbehörden geforderten Anforderungen nicht erfüllt, kann sowohl öffentlichrechtliche, als auch strafrechtliche Tatbestände erfüllen. Es ist auch leicht, sich vorzustellen, dass hieraus zusätzlich zivilrechtliche Schadensersatzansprüche abgeleitet werden können.

In vielen Unternehmen und Einrichtungen hat sich die EDV quasi unbemerkt über die Jahre hinweg „eingeschlichen". Dabei regelt sie heute einen Großteil der wesentlichen Prozessabläufe in den Unternehmen, ohne dass gerade darüber ein entsprechendes Bewusstsein vorhanden ist. Die Auswahl der falschen Software kann auch erhebliche persönliche Haftungsrisiken für das Management eines Unternehmens oder einer Einrichtung mit sich bringen. Zur zentralen Aufgabe des Managements zählt es, über die Sachverhalte und Investitionen zu entscheiden, die für das Unternehmen hohe Abhängigkeiten bedeuten. Ob dies der Fall ist, lässt sich durch eine einfache Fragestellung klären. Wenn Sie die Frage: Ist die EDV für unser Unternehmen / unsere Einrichtung wichtig? mit „Nein" beantworten können, dann ist die Softwareauswahl keine Chefsache. Fällt die Antwort anders aus, wird eine Geschäftsleitung das Thema Softwareauswahl nicht mehr haftungsbefreiend wegdelegieren können.

2.2 Zufall und Verantwortlichkeit

Die rechtliche Relevanz von IT-Infrastukturen ist vielen Unternehmensleitungen noch nicht hinreichend bewusst. Darin liegt ein erhebliches Sicherheits- und Haftungsrisiko für die Unternehmen und die Unternehmensleitungen. Um es kurz und prägnant auszudrücken: Daten im Unternehmen müssen sicher, rechtssicher und verfügbar sein. Diese Anforderungen ergeben sich aus betriebswirtschaftlichen und organisatorischen sowie aus rechtlichen Anforderungen gleichermaßen. Mangelt es daran, hat der Chef die Konsequenzen zu tragen.

Wenn etwas, wie zum Beispiel die Auswahl von Software, noch in der Zukunft liegt, sollte die Zukunft und ihre Planbarkeit kurz auch rechtlich gewürdigt werden. Aussagen über die Zukunft erfolgen notwendig vom gegenwärtigen Standpunkt aus, so dass sich grundsätzlich zwei Möglichkeiten ergeben:
Erstens: der künftige Verlauf wird aufgrund vorliegender Daten erfahrungswissenschaftlich vorausberechnet oder extrapoliert. Dies nennen wir Planung.
Oder zweitens: wir befassen uns mit Dingen, die nicht vorhersehbar sind. Das nennen wir dann das Imaginäre oder Zufall. Imaginär bezeichnet umgangssprachlich etwas Unwirkliches, das nur in der Vorstellung eines Menschen vorkommt, ein Trugbild. Dies hat mit den rechtlichen Aspekten nichts zu tun. Anders beim Zufall. Man spricht von Zufall, wenn ein Ereignis nicht notwendig oder nicht beabsichtigt auftritt. Umgangssprachlich bezeichnet man ein Ereignis auch als zufällig, wenn es nicht absehbar, vorhersagbar oder berechenbar ist. Für Zufall kann keiner etwas. Für Zufall gibt es keinen rechtlich Verantwortlichen, aber für Vorhersehbarkeit. Zufall umfasst also das nicht Vorhersehbare und nicht das nicht Vorhergesehene.

Nach ständiger Rechtsprechung braucht sich die Vorhersehbarkeit nicht darauf zu erstrecken, wie sich der Schadenshergang im Einzelnen abspielt und in welcher Weise sich der Schaden verwirklicht. Es genügt vielmehr, dass die Möglichkeit des Eintritts eines schädigenden Erfolges im Allgemeinen hätte vorausgesehen werden können. An dieser Stelle kommt die Frage des Verschuldens zum Tragen. Es ist schwierig ernsthaft zu behaupten, dass sich irgendetwas bei der betrieblichen IT nicht hätte voraussehen lassen.

2.3 Neue Herausforderung „unstrukturierte Daten"

Die unstrukturierten Daten werden eine gewaltige rechtliche Herausforderung für die Unternehmen und ihre Führungsspitzen werden.

Auch dieser Punkt ist bei der Auswahl von Software besonders zu berücksichtigen. Der weit überwiegende Teil von in Unternehmen vorhandenen Informationen wird heute im Bereich der unstrukturierten Daten erfasst. Typische Beispiele für unstrukturierte Daten sind Geschäftsberichte, Aufstellungen, E-Mails, Präsentationen, etc. Diese unstrukturierten Daten, die zu einem erheblichen Teil z.B. steuerlich relevant sein können, finden sich zum Beispiel in

- ERP Systemen
- Elektronischen Kassenjournalen
- Digitalen Rechnungsdaten (Eingang + Ausgang)
- Buchführungsdaten, Lohnbuchhaltung
- Elektronischen Ablagesystemen
- E-Mails mit relevanten Daten

kurzum, in fast allen Systemen.

Die Speicherung und Archivierung der unstrukturierten Daten erfolgt in vielen Fällen unsystematisch. Dadurch entsteht das Risiko, dass Informationen, die aufgrund gesetzlicher oder vertraglicher Vorschriften bereitgestellt werden müssen, gar nicht oder nicht fristgemäß bereitgestellt werden können. Hieraus kann die Anwendbarkeit von Strafvorschriften, Bußgeldern oder Schadensersatzansprüchen resultieren. In der Regel werden es

Vorlage- oder Auskunftsansprüche sein, die in der rechtlichen Praxis eine Rolle spielen.

2.4 Compliance und Corporate Governance

Die großen börsennotierten Unternehmen haben die Themen „Compliance" und „Corporate Governance" weitgehend im Griff. Die Diskussion um diese Begriffe hat nun auch den Mittelstand erreicht. Dabei herrscht Unklarheit über die Begriffe und ihre tatsächliche praktische Bedeutung.

Das Wort „**Compliance**"[A] , englisch für Befolgung, bedeutet die Einhaltung von Verhaltensmaßregeln, Gesetzen und Richtlinien im Unternehmen.

Mit „**Corporate Governance**"[A] wird ganz generell der rechtliche und faktische Ordnungsrahmen für die Leitung eines Unternehmens bezeichnet. Wesentliche Inhalte sind somit der Aufbau einer angemessenen Unternehmensorganisation zur Umsetzung einer optimalen Unternehmensführung und -kontrolle, unter Beachtung von betrieblich oder gesetzlich vorgegebenen Regeln. Der Deutsche Corporate Governance Kodex stellt wesentliche gesetzliche Vorschriften zur Leitung und Überwachung deutscher börsennotierter Gesellschaften (Unternehmensführung) dar und enthält international und national anerkannte Standards verantwortungsvoller Unternehmensführung. Daraus lassen sich in angemessenem Rahmen auch Regeln für den Mittelstand ableiten. Das alles klingt schwierig, ist es aber nicht. Vor allem ist es nicht neu. Niemand wird ernsthaft behaupten, dass der Mittelstand bisher nicht rechtskonform geführt wurde. Ausnahmen gab es und wird es geben. Daran ändern auch neue Begriffe nichts. Dennoch hat das Recht in der IT-gestützten Welt stärkeren Einzug gehalten. Damit sind neue Regeln hinzugekommen.

Compliance ist nicht gleich Compliance. In nahezu allen Publikationen zum Thema Compliance werden Vorschriften genannt, die es gelte umzusetzen, die jedoch für über 90% der deutschen Unternehmen nicht zutreffen. So wird etwa immer wieder auf die Notwendigkeit verwiesen SOX (Sarbanes-Oxley Act)[A] zu integrieren. SOX ist jedoch nur relevant für Unternehmen, die an US-Börsen notiert sind, oder für deren Tochterunternehmen. Die meisten Mittelständler erfüllen diese Grundvoraussetzung der Anwendbarkeit der SOX Vorschriften nicht.

Zunächst hat ein Unternehmen also einmal festzustellen, welche Compliance Vorschriften für das eigene Unternehmen gelten. Neben den zutreffenden Gesetzen sind zudem die bereits existierenden Richtlinien und Handlungsempfehlungen von BSI^A (IT-Sicherheit) oder OCG^A (ITIL – Gestaltung von IT Service Management). Auch sind internationale Standards wie COBIT^A (für Sicherheit, Qualität und Ordnungsmäßigkeit in der Informationstechnologie) oder ISO 20000^A (Der internationale Standard für IT), Wirtschaftsprüfungsstandards wie IDW PS 330^A (Abschlussprüfung bei Einsatz von IT) und andere zu beachten. Der Weg dahin ist nicht einfach.

Im Haftungsgefüge ist zunächst zwischen einer strafrechtlichen Verantwortlichkeit (z.b. Haftstrafen, Geldstrafen), einer zivilrechtlichen Haftung (z.b. Schadensersatz des Unternehmens oder persönliche Haftung des Verantwortlichen) und einer öffentlichrechtlichen Verpflichtung (z.B. Datenschutz) zu unterscheiden. Sodann ist zu unterscheiden nach den einzelnen Personen und Haftungsträgern, z. B. Geschäftsführung, IT-Leitung, Administratoren, Mitarbeitern und Dritten.

Wenn die IT-Infrastruktur nicht oder nicht mehr ordnungsgemäß funktioniert, entsteht in der Regel ein beträchtlicher Schaden. Für diesen ist natürlich in erster Linie der Schädiger haftbar. Nur – wer ist der tatsächlich Verantwortliche, z.b. bei der falschen Softwareauswahl? Niemand im Management kann heute noch sagen, er habe doch von der ganzen IT keine Ahnung. Den Manager treffen Führsorgepflichten zum Schutz der Mitarbeiter, aber auch zum Schutz des Unternehmens. Dazu zählen auch die Sorgfaltspflichten bei der Auswahl von IT-Infrastrukturmaßnahmen. Wer sich hier nicht genügend einbringt, läuft Gefahr, persönlich zu haften. Die Rechtsprechung dazu ist nicht neu. Sie gewinnt allerdings zunehmend an Bedeutung.

Der Bundesgerichtshof hat sich 1997 umfassend mit dem Thema Haftung für IT-Ausfall befasst.[1] Dieses Urteil ist auch heute noch richtungsweisend. Es ging bei dem Richterspruch um verlorene Daten. Dabei wurden durch das Gericht wichtige Vorgaben zur Managementhaftung getroffen. Ganz generell gilt: unterstützt die IT wichtige Prozesse im Unternehmen, ist die Unternehmensleitung verpflichtet, auch hier für angemessene Sicherheit zu sorgen. Wer dies unterlässt, haftet persönlich. Die Entscheidung ist inzwischen durch eine Vielzahl von Richtlinien und gesetzlichen Anforderungen gestützt. Allen voran steht das Gesetz zur Kontrolle und Transparenz im Unternehmensbereich, kurz KonTraG^A. Demnach ist ein Unternehmen zu einem IT-Risikomanagement und zur Schaffung sicherer IT-Infrastruktur verpflichtet. Ohne ein solches Risikomanagement sind die

---

[1] ARAG-Garmenbeck-Entscheidung des BGH, Urteil vom 21. April 1997, Az: II ZR 175/95.

Vorstände von AGs, beziehungsweise die Geschäftsführer von GmbHs persönlich haftbar. Ähnliches besagt auch das Aktiengesetz (§ 91 Abs. 2 und § 93 Abs. 2 AktG) für Aktiengesellschaften. Im GmbH-Gesetz ist geregelt, dass Geschäftsführer „die Sorgfalt eines ordentlichen Geschäftsmannes" anzuwenden haben (§ 43 Abs. 1 GmbHG).

Hieraus lassen sich konkrete Verpflichtungen für die Gewährleistung einer angemessenen IT-Infrastruktur im eigenen Unternehmen ableiten. Für bestimmte Berufsgruppen, wie Ärzte, Anwälte, Steuerberater, Wirtschaftsprüfer, etc. gibt es darüber hinaus noch höhere Anforderungen, die zum Teil sogar im Strafgesetzbuch (§ 203 StGB) verankert sind. Ein fahrlässiger Umgang mit Informationstechnik kann diesen Tatbestand bereits erfüllen (Stichwort: Tun durch Unterlassen). Spätestens seit Basel II[A] berücksichtigen auch Banken bei der Kreditvergabe die IT-Risiken eines Kreditnehmers mit unmittelbaren Auswirkungen auf die angebotenen Konditionen. Grundsätzlich gilt, dass Vorstände und Geschäftsführer rechtlich verpflichtet sind, Entwicklungen vorzubeugen, aus denen sich ein Risiko für das Unternehmen ergeben könnte – eben auch im IT-Bereich.

Wie gehen Sie an die Umsetzung von Compliance und Corporate Governance heran? Es kommt darauf an, wen Sie als Geschäftsleitung oder Vorstand eines mittelständischen Unternehmens fragen:

Befragter	Antwort
Software-Hersteller	Technische Daten von Geräten und Applikationen
Consultant	Lange und tief greifende Ausführungen, in denen zumindest Begriffe wie Verfügbarkeit, Vertraulichkeit, Authentizität, Autorisierung, Integrität, Rechtkonformität, Zurechenbarkeit, Effektivität und Effizienz - mit Glück in deutscher Sprache - in der Regel aber in Anglizismen verpackt, auftauchen.
IT-Verantwortliche	Ein Lächeln verbunden mit dem Hinweis, dass Sie sich das, was sie gerne hätte, nicht leisten könnten.
Literatur	Diese existiert zwar, ist aber auf die Größe Ihres Unternehmen nicht anwendbar.
Jurist	Droht mit der Haftungskeule.
Banker	Na ja, notwendig erscheint das schon und im Rating wird es ggf. berücksichtigt. Aber finanzieren können wir das nicht - es stellt keinen nachweisbaren Wert dar.

Das was bleibt, sind Frustration und Ärger auf die Gesetzgebung.

2.5 Entscheideraufgaben: Softwareauswahl

Im Folgenden sind die wichtigsten Themen zusammengestellt, mit denen sich ein Entscheider im Projekt Softwareauswahl befassen muss:
Werden Sie sich der Bedeutung der IT-Landschaft in Ihrem Unternehmen bewusst. Einen Wert hat sie nur für Ihr Unternehmen, wenn sie Ihre Prozesse optimal unterstützt.

1. Stellen Sie Ihre Entscheidung auf eine sichere Basis

Eine Geschäftsprozessaufnahme ist zur Einführung einer Software in jedem Fall notwendig. Außerdem dienen Ihnen diese Informationen auch für andere Zwecke: Die Umsetzung von Standards wie zum Beispiel für Qualitätsmanagement der international geltenden ISO 9000 oder auch von Managementsystemen wie beispielsweise einem Risikomanagement. Im Prinzip haben Sie die Wahl zwischen zwei Vorgehensweisen.

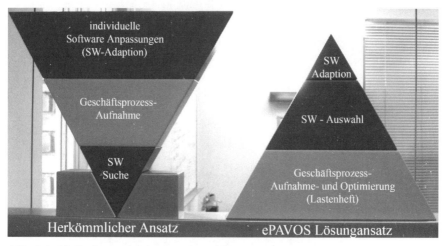

Abb. 2-1. Die Basis entscheidet über die Stabilität des gesamten Vorhabens

Entweder Sie suchen eine Software, lassen dann vom Softwareanbieter die Prozesse aufnehmen und dieser passt die Software, für die Sie sich entschieden haben, an das an, was er erhebt. Oder Sie lassen Ihre Prozesse aufnehmen und optimieren, suchen eine genau dafür passende Software und lassen daran einen kleinen Prozentsatz ändern. Doch selbst in dem unwahrscheinlichen Fall, dass Sie auf diese Weise kein Softwaresystem finden, können Sie auf Basis der bereits erhobenen Prozesse kurzfristig ein Softwareentwicklungsprojekt umsetzen lassen.

2. **Entscheiden Sie zuerst, welches Vorgehen zur Vorbereitung der Auswahl für die aktuelle Situation in Ihrem Unternehmen geeignet ist.**

Hiermit stellen Sie die zentrale Weiche für die Kosten und den Nutzen des gesamten Vorhabens. Deswegen sollten Sie bereits an dieser Stelle auch Kosten und Nutzen über den gesamten Zeitraum bis einschließlich des Betriebs der Software – ja sogar bis zu dem Zeitpunkt, an dem diese Software wieder abgelöst wird – betrachten. Hierbei hilft zum Beispiel ein Entscheidungsbaum oder eine Kosten-/Nutzen-Vergleichsmatrix. Legen Sie eine kurze, aber nicht unrealistische Projektdauer fest.

Wählen Sie ein Verfahren aus, das den Auswahlprozess gut unterstützt. Gleichzeitig sollte es Ihren individuellen Anforderungen gerecht werden. Als Entscheidungshilfe können Sie das Portofolio in Abbildung 2-2 heranziehen.

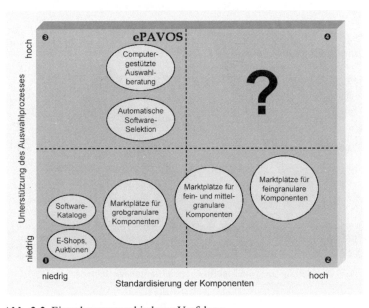

Abb. 2-2. Einordnung verschiedener Verfahren

Die meisten Dienstleistungen unterstützten den Auswahlprozess nur wenig. Dabei reicht das Angebot von Marktübersichten links bis hin zur strukturierten Bereitstellung standardisierter Komponenten rechts. ePAVOS fällt unter computergestützte Auswahlberatung. Eine derartige Unterstützung ist für standardisierte Komponenten noch nicht auf dem Markt vertreten, was das Fragezeichen oben rechts zeigt.

Das bestätigt die Hypothese, dass der Bedarf an Unterstützung bei hoher Standardisierung und den dort vertretenen kleinen Software-Einheiten weniger hoch ist, als bei eher mittlerer Standardisierung bei Softwaresystemen, die eine Vielzahl an Funktionen gleichzeitig liefern. Darunter fallen auch ERP-Systeme.

Einzelne Verfahren schaffen es, sehr objektiv einen Vergleich der vorhandenen Angebote darzustellen. Viele beruhen allerdings auf einer wenig dokumentierten Vorauswahl durch den Berater und dessen individuellen Wissensstand über die Programme. Verlangen Sie von der Beratung, dass sie Ihnen eine aus Ihrer Sicht 100%ig vergleichbar gemachte Entscheidungsvorbereitung vorlegt. Das benötigen Sie, um selbst zu entscheiden.

Voraussetzung für diese Entscheidungsvorbereitung ist ein mit Ihnen abgestimmtes, detailliertes Pflichtenheft, das die Bedarfe Ihres Unternehmens wiedergibt.

Jede Methode macht eine Entwicklung durch. Um den Reifegrad zu bestimmen, müssen Sie Antworten auf zwei Teilfragen fordern: „Wie oft war diese Methode bereits im Einsatz?" UND „Wann und wie ist die Methode entstanden und wie erfolgte ihre Weiterentwicklung seit dem ersten Einsatz?" Achten Sie darauf, dass Ihnen bewusst ist, wenn Sie der Pilotanwender einer neuen Methode sind. Seien Sie vorsichtig bei Methoden, die seit langer Zeit weitgehend unverändert im Einsatz sind. Auch Methoden müssen immer wieder neuen Gegebenheiten angepasst werden.

3. Achten Sie auf eine aussagefähige Vergleichsgrundlage. Für die meisten Software-Bedarfe gibt es mehr als 20 Anbieter für einige sogar mehr als 100.

Lassen Sie sich schriftlich bestätigen, aus welcher Anzahl von Anbietern die Auswahl erfolgen wird.

Wer mit ein bis fünf Software-Anbietern Verträge abgeschlossen hat, wird im größeren Teil der Fälle herausfinden, dass eines dieser Systeme geeignet ist. Durch die Unschärfe der Fragen und daraus entstehende Missverständnisse wird dies begünstigt.

4. Achten Sie auf Aktualität der im Verfahren eingesetzten Ausgangsdaten.

Ihre Anforderungen von heute und der nahen Zukunft müssen mit den Softwaremöglichkeiten von heute verglichen werden. Achten Sie darauf, dass sich die Methode nicht auf „verstaubte" Anforderungen aus den vergangenen Jahren stützt.

5. **Lassen Sie einen neutralen Auswahlberatungs-Dienstleister suchen, dem es um das Wohl Ihres Unternehmens geht.**

Gibt das Auswahlberatungs-Unternehmen eine Garantie, dass es und die eingesetzten Berater keine Provisionen von Anbietern für die Beeinflussung der Auswahlberatung annehmen? Das können Sie prüfen, indem Sie die Auswahlergebnisse aller Projekte vergleichen. Nur wenige Dienstleister veröffentlichen dies. Wiederholen sich oft dieselben Software-Namen liegt nahe, dass eine Provision bei der Empfehlung einbezogen wird.

Darüber hinaus sichern Sie sich im Vertrag ab: Lassen Sie sich eine Erklärung mit 100.000 Euro Schadenersatz unterschreiben, falls sich später das Gegenteil herausstellt.

Wer Sie unterstützt, muss die Technologieunterschiede bei den Softwareangeboten kennen und diese bewerten können. Außerdem muss er wissen, wohin sich die Trends in Zukunft entwickeln. Nur mit diesem Know-how kann er Ihnen die für Sie notwendige Entscheidungsvorbereitung bieten.

Die Kundenorientierung des Beraters messen Sie am zuverlässigsten, indem Sie herausfinden, wie zufrieden die ehemaligen Kunden sind. Nutzen Sie die Referenzliste. Sie geben viel Geld für die Beratung aus. Da ist es angebracht, etwas Zeit zu investieren, um mindestens 5 Kunden anzurufen und deren Erfahrungen abzufragen.

6. **Akzeptieren Sie nur spezialisierte Fachberater, die auf jeden Fall die Methode, aber idealerweise auch Ihre Branche kennen.**

Lassen Sie sich das Erfahrungsprofil des für Sie vorgesehenen Beraters vorlegen. Legen Sie in der Aufgabenaufteilungs-Besprechung genau fest, welcher Anteil von welchen, insbesondere von weniger erfahrenen Mitarbeitern übernommen wird. Spätere Änderungen müssen mit Ihnen abgeklärt werden. Beispiele finden Sie in Kapitel 4.4.2.

7. **Sorgen Sie dafür, dass es auf beiden Seiten je einen Verantwortlichen für alle Phasen gibt.**

So wie Sie eine möglichst integrierte Software wünschen, sollten Sie auch auf eine integrierte Beratung achten. Es ist nützlich, wenn für unterschiedliche Phasen verschiedene Berater eingesetzt werden. Trotzdem muss es sowohl in Ihrem Haus als auch beim Beratungsunternehmen jemand geben, der das Projekt über die gesamte Zeit hinweg begleitet. Nur so ist gewährleistet, dass die wesentlichen Informationen später wieder berücksichtigt werden.

8. Beziehen Sie alle notwendigen Abteilungen von Anfang an mit ein.

Je früher die Abteilungen angesprochen werden, die etwas einbringen, desto besser gelingt die Planung. Das gilt insbesondere für die Finanzabteilung, aber auch für die Personalabteilung wegen der Qualifikationen, für die EDV-Abteilung wegen der Umsetzung und der Hardware sowie weiterem Wissen dort und gegebenenfalls auch für die Sicherheitsabteilung oder für das Qualitätsmanagement und so weiter. Kennt zum Beispiel die Finanzabteilung einen Investitionsbedarf früh, kann sie ihn einplanen und dadurch zu erheblich niedrigeren Kosten bereitstellen.

Gemeinsam lassen sich strategische Entscheidungen leichter vorbereiten. So zum Beispiel, ob eine Anforderung Kauf oder Miete ist. Das Mieten einer Software in Form einer ASP-Lösung wird immer attraktiver. Auch finanztechnisch wirkt es sich ganz anders aus.[2]

9. Lassen Sie von Anfang an viele später betroffene Mitarbeiter einbeziehen, ohne sie lange bei ihrer Arbeit zu stören.

Das wird erreicht durch gute, gemeinsame Planung von internem und externem Projektleiter sowie durch sehr gute Vorbereitung des unterstützenden Beraters. Wollen sich einzelne Mitarbeiter zum Beispiel bei der Prozesserhebung umfangreicher engagieren, ermöglichen Sie das. Sie erhalten die eingesetzte Arbeitszeit, von wenigen Ausnahmen abgesehen, später mehrfach durch höhere Motivation und effektiveres Vorgehen zurück.

10. Seien Sie aktiv – zeigen Sie immer wieder, wie wichtig Ihnen das Thema ist. Nur Sie haben wesentlichen Einfluss. Sie haften.

Interessieren Sie sich für Zwischenergebnisse. Lassen Sie sich regelmäßig berichten – auch Termine, die der Projektleiter bei Ihnen hat, wirken als Signal. Gehen Sie ruhig auch einmal bei den Arbeitsgruppen vorbei und informieren Sie sich vor Ort über die Entwicklung. Nehmen Sie sich uneingeschränkt Zeit für die Abschlusspräsentation. Akzeptieren Sie, dass der höchste Fachvorgesetzte, den die Software betrifft, die Anbieter-Präsentationen vollständig besucht und setzen Sie sich als Top-Manager ebenfalls angemessen lange mit dazu – zumindest in der Abschlussrunde.

---

[2] www.aspomat.de bietet eine Entscheidungsvorbereitungshilfe des Verbandes BITKOM[A], BITKOM (2007).

11. Beachten Sie die Erfolgsfaktoren für IT-Projekte.

Wer die Erfahrungen aus früheren ähnlichen Aufgaben ignoriert, wird dort gemachte Fehler wiederholen. Das ist nicht notwendig. Greifen Sie auf das aus vielen Projekten gesammelte Know-how zurück.

Als wesentliche Erfolgsfaktoren wurden identifiziert:

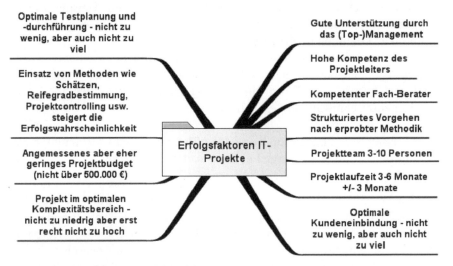

Abb. 2-3. Erfolgsfaktoren von IT-Projekten

Diese Zusammenstellung beinhaltet die wichtigsten Ergebnisse der Studie[3] von Buschmöhle, Eekhoff und Josko. Sie gelten sowohl für die Auswahl als auch für die Einführung. „Kunde" steht hier für den Mitarbeiter im Unternehmen, der im Betrieb mit dem Ergebnis arbeitet.

Zum Methodeneinsatz: So wie der Klang von Musik von der Übung und der Professionalität des oder der Spielenden abhängt, ist das Ergebnis des Einsatzes einer Methode eben in der Übung und speziell darauf abgestimmtem Know-how des Einsetzenden begründet. Ohne ausreichende Erfahrung und geübter Umsetzung wird auch eine geeignete Methode nur wenig zum Projekterfolg beitragen.

Die Studie weist nach, dass sowohl ein „zu wenig" als auch ein „zu viel" bei allen angesprochenen Themen sich nachteilig auf das Projektergebnis auswirkt. In beiden Fällen behindern zu viele Hürden das Vorankommen.

---

[3] Vgl. Buschermöhle R, Eekhoff H, Bernhard J (2006) Kapitel 7.

In den meisten Unternehmen gehören Softwareauswahl- und einführungsprojekte nicht zum Tagesgeschäft. Deswegen sollten Sie das richtige Maß mit erfahrenen Experten gemeinsam erarbeiten.

12. Welche Software eingesetzt wird, ist letztendlich Ihre Entscheidung. Sie tragen die Verantwortung.

Alles was vor der Unterschrift nicht schriftlich als Bedarf festgehalten wird, führt während der Umsetzung zu einer Erhöhung der Kosten. Das Vermeiden solcher nachträglich auftretenden Kosten rechtfertigt für sich genommen schon die Einschaltung eines externen Auswahlberaters.

Treffen Sie als Entscheider bewusst eine gut vorbereitete und dokumentierte Entscheidung darüber, welches Softwaresystem von welchem Anbieter wie eingeführt und anschließend betreut wird. Damit beugen Sie den im Kapitel 2.4 (Compliance) aufgezeigten Nachteilen vor. Treffen Sie diese Entscheidung, indem Sie sich voll hinter die gemeinsam mit Ihren Mitarbeitern erarbeitete Lösung stellen.

2.6 Entscheideraufgaben: Software-Einführung

Auch beim direkt anschließenden Projekt Softwareeinführung liegen eine Reihe von Themen in der Hand des Entscheiders. Wiederum sind die wichtigsten knapp für Sie zusammengestellt:

1. Seien Sie aktiv – zeigen Sie immer wieder, wie wichtig Ihnen das Thema ist. Nur Sie haben wesentlichen Einfluss. Sie haften.

Ebenso wie bei der Softwareauswahl: Lassen Sie sich berichten – auch Termine, die der Projektleiter bei Ihnen hat und Zwischenberichte, wirken als Signal. Gehen Sie ruhig auch einmal bei den neuen Arbeitsgruppen vorbei und informieren Sie sich vor Ort über den Stand der Einführung.

Nehmen Sie sich uneingeschränkt Zeit für die Sie betreffende Schulung. Sprechen Sie über Vorteile und Schwierigkeiten, die Sie selbst beim Einsatz der Sie betreffenden Bereiche erleben.

2. Achten Sie darauf, dass die vereinbarten Funktionen und Bestandteile vorhanden und einsetzbar sind.

Gibt es in Ihrem Unternehmen niemand, der fachlich tief genug in diesem Thema steckt, holen Sie auch hierfür externe, neutrale Beratung hinzu.

3. Berücksichtigen Sie die Komplexität des Projektes: Prozesse, Veränderungen, Technik etc.

Lassen Sie dem Projekt Zeit. Allzu starker Druck und Hektik erzeugen Fehler, die hohe Folgekosten nach sich ziehen. Wenn es sinnvoll und möglich ist, lassen Sie das Projekt in kleinen Schritten ablaufen – dafür stetig vorankommend und mit wenig Aufwand viele Personen einbeziehend. Die Motivation, die ein fordernder aber nicht knapp gesetzter Termin mit sich bringt, ist unschätzbar wertvoll. Sie stellt sich ein, wenn er erreicht oder sogar unterboten wird (letzteres kommt sehr selten vor, dass Projekte die Eigenschaft haben, immer so viel Zeit in Anspruch zu nehmen, wie verfügbar ist – oder mehr).

Die Demotivation, die ein Projekt mit sich bringt, das zu einem unmöglichen Termin nicht abgeschlossen ist, führt zu Folgen wie Krankheiten, hoher Fluktuation usw. Dies zieht insgesamt höhere Kosten für das Unternehmen nach sich, als ein etwas längeres Projekt.

4. Stehen Sie hinter Ihrer Entscheidung.

Die Zeit zum Zweifeln war, bevor Sie die Wahl getroffen haben. Solche Zweifel können nur durch eine gute Entscheidungsvorbereitung vermieden werden. Beobachten Sie kritisch den Vorgang und sammeln Sie in einer persönlichen Liste alles, was Sie zu neuen Zweifeln veranlasst.

Sollte es sich herausstellen, dass die Entscheidung – aus welchem Grund auch immer – falsch war, hilft ein Blick auf Ihre Aufzeichnungen erheblich, sich diesmal richtig zu entscheiden. Zeigen Sie in dieser Phase Ihre Zweifel aber nicht – fordern Sie, dass geeignete Lösungen gefunden und umgesetzt werden. Ihre Entschlossenheit kann gegebenenfalls kleine Berge versetzen.

5. Loben Sie, wo immer es angebracht ist, sofort.

Jetzt hält die Zusatzbelastung für viele im Unternehmen bereits eine Zeit lang an. Da wirkt ein ehrliches, spontanes Lob vom Entscheider noch stärker als sonst. Das motiviert den Projektleiter und die anderen, die sich um alles kümmern, was nicht gut läuft.

Konzentrieren Sie sich vor allem auf alles, was gut läuft.

3 Maßnahmen im Vorfeld

Vorstudien und eine grobe Projektplanung werden in vielen Lehrbüchern als Einstieg in ein Erfolg versprechendes Projektmanagement beschrieben.[1] Bei der Softwareauswahl geht es in diesem Schritt insbesondere darum: Was übernimmt das Unternehmen als Suchender selbst und was wird Beratern anvertraut. Um die Zusammenarbeit so kostengünstig wie möglich zu gestalten, sollte das Unternehmen außerdem Vorbereitungen treffen. Damit kann bereits sehr früh begonnen werden, weil die zusammenzustellenden Informationen in jedem Fall benötigt werden – unabhängig von denjenigen, die in den einzelnen Projektphasen letztendlich aktiv werden.

3.1 IT-Situation heute und morgen

Das Geheimnis einer erfolgreichen Software-Auswahl liegt vor allem in der Nachhaltigkeit des Ergebnisses. Jeder Geschäftsablauf kostet dem Unternehmen Einsatz von Ressourcen. Je besser die eingesetzte Software gerade die in diesem Fall häufigen und notwendigen Geschäftsabläufe unterstützt, desto geringere Kosten entstehen später im Betrieb durch eben diesen Ressourceneinsatz.

Daraus lassen sich zwei Voraussetzungen ableiten, unter denen die Softwarelandschaft nachhaltig gestaltet wird:

1. Der Suchende muss seine Geschäftsabläufe kennen und zwar sowohl die aktuellen als auch die in Zukunft im Vordergrund stehenden. Er muss in der Lage sein, diese aktiv zu gestalten.
2. Und dafür muss er eine Software finden, die genau diese Prozesse so gut wie möglich unterstützt.

Wie Sie die Software finden, lesen Sie später bei der Vorstellung der Vorgehensweisen. Das Herausarbeiten der kommenden Geschäftsprozesse bedarf zunächst einer sinnvollen Zukunftsbetrachtung.

---

[1] Zum Beispiel Madauss (2000).

Ziehen Sie Ihren aktuellen Geschäftsplan heran, um folgende Fragen zu beantworten:

- Wo steht Ihr Unternehmen heute?
- Was soll sich in den nächsten Jahren verändern?

Bedenken Sie: Die Entscheidung für ein Software-Anwendungssystem wirkt in der Regel über 10 Jahre nach. Über diese Zeit gesehen, sollte sie bereits jetzt das notwendige Maß an Flexibilität für später notwendige Ergänzungen und Anpassungen enthalten. Deshalb ist dieser Blick in die Zukunft unerlässlich.

Haben Sie den Eindruck, Ihre vorhandene Geschäftsplanung reicht nicht, um die IT-Landschaft abzustecken, setzen Sie eines der hervorragenden Hilfsmittel zur Zukunftsplanung ein. Viele davon werden von Experten moderiert. Danach liegt Ihnen die Grundlage vor. Der hierbei anwesende Softwareauswahlexperte achtet darauf, dass alle relevanten Fragen zur Beantwortung der Zukunft Ihrer IT-Landschaft gestellt und ausreichend ins Detail gehend beantwortet werden.

Eine weitere Grundlage für diese Sitzung wird die aktuelle Situation der IT-Landschaft in Ihrem Unternehmen sein. Können Sie nicht auf aktuelle Daten und Fakten zugreifen, veranlassen Sie eine Inventur aller vorhandenen Hard- und Software und eine Mitarbeiterbefragung über die Zufriedenheit damit. Nutzen Sie diese Befragung gleich, um den Erfolgsfaktor „Geschäftsleitung steht hinter dem Projekt" einzusetzen: Verbreiten Sie den Fragebogen mit einem von der obersten Geschäftsleitung herausgegebenen Informationsschreiben und machen Sie aus der Beantwortung durch das TOP-Management einen Termin, der im Unternehmen bekannt wird. Falls eine Mitarbeiterzeitung oder ähnliches vorhanden ist, kann zum Beispiel hier darüber informiert werden. Das erhöht zum einen die Rücklaufquote – zum anderen wird sichergestellt, dass alle Mitarbeiter von Anfang an über das Projekt informiert sind und zusätzlich in Maßen eingebunden werden. Die Mitarbeiter sind hier die Kunden, die in den Erfolgsfaktoren als „mit einzubinden" erkannt wurden.

Selbst-Test: Wo steht Ihr Unternehmen?
Gewinnen Sie anhand der Fragenliste auf der nächsten Seite einen Eindruck, worum es bei dieser Vorbereitung geht. Bitte setzen Sie sich auch selbst mit der in der Abteilung oder im Unternehmen eingesetzten EDV-Ausstattung auseinander. Sie können die Antworten in der EDV-Abteilung

vorbereiten lassen. Zur Einstimmung auf das Projekt sollten Sie aber zumindest die Ergebnisse einmal präsentiert bekommen oder gemeinsam durchgehen.

Beantworten Sie die folgenden Fragen zur Einschätzung der Situation bitte mit „JA", wenn Sie sich sicher sind, mit
„TW" für Teilweise, wenn es Unsicherheiten gibt und mit
„NEIN", wenn es nicht zutrifft,
und tragen Sie Ihre Antwort in der Spalte Einschätzung ein.

Unabhängig von der „Einschätzung" bewerten Sie bitte außerdem die zeitliche Dringlichkeit bei jeder Frage. Wann müssen Sie sich mit dem Thema der Frage beschäftigen? „Jetzt" – also kurzfristig im nächsten halben Jahr, oder „Später" – also längerfristig in ein bis zwei Jahren. Setzen Sie sich selbst einen realistischen Termin, wann Sie diese Fragen erneut angehen. Haben Sie zum Beispiel vor zwei Jahren ein komplettes System eingerichtet, dann ist „Später" = im November 2010. Gründen Sie gerade ein neues Unternehmen, dann ist bei denselben Voraussetzungen „Später" = November 2007. Ergänzen Sie Ihr zur Einschätzung in der Spalte Dringlichkeit.

Ergänzen Sie eigene Fragen, die Sie für wichtig halten.

Schätzen Sie die IT-Situation Ihres Unternehmens mit folgender Liste[2] ein

Tabelle 3-1. Selbstcheck Unternehmenssituation

Analyse der Ausgangssituation	**Einschätzung**	**Dringlichkeit**
1. SOFTWARE		
Welche Software ist im Eigentum des Unternehmens und welche kann aus anderen Gründen wie z.B. Miete genutzt werden? Lassen Sie eine Liste erstellen, in der jede Software aufgeführt ist, die im Unternehmen vorhanden ist – aktive ebenso wie nicht aktive. Unter bestimmten Umständen kann ein Teil davon verkauft werden.		
Funktioniert das Gesamtgefüge Software / Organisation gut?		
Gibt es Vorgänge, die sich mit Ihrer Software nur sehr umständlich durchführen lassen?		

---

[2] Vgl. Teich I, Kolbenschlag W, Reiners W (2004) S 42-44 und *) Vgl. Farell (2004) S 89.

Tabelle 3-1. Selbstcheck Unternehmenssituation (Fortsetzung)

Analyse der Ausgangssituation	Einschätzung	Dringlichkeit
Gibt es auffallende Schwierigkeiten?		
Fehlt etwas vollständig? Zum Beispiel ein rechtssicheres Dokumentenmanagement-Modul?		
Unterstützt ein Workflow die Aufgaben, damit sie nachvollziehbar und mit wenig Aufwand abgearbeitet werden? Soll etwas vereinfacht werden?		
Erscheint Ihnen etwas, wovon Sie gehört haben, nützlich, steht Ihnen aber noch nicht zur Verfügung?		
Müssen Daten aus einer Software mühsam in eine andere übertragen werden?		
2. HARDWARE		
Sind die bestehenden Anlagen drei Jahre oder älter?		
Wurden die bestehenden Anlagen intensiv gewartet?		
Befürworten Sie aktuell einen Ersatz?		
Spricht nichts gegen einen Ersatz?		
Benötigen Sie RFID oder eine andere Technologie? Haben Sie Ihre Geschäftstätigkeit auf Rationalisierungspotentiale durch den Einsatz neuer Technologien geprüft?		
Gibt es eine neue Technik, die Sie nutzen möchten? (zum Beispiel Kopfhörer, Sprachsteuerung, Telefonverwaltungssysteme, RFID usw.)		

Tabelle 3-1. Selbstcheck Unternehmenssituation (Fortsetzung)

Analyse der Ausgangssituation	Einschätzung	Dringlichkeit
3. UMFELD		
Überprüfen Sie Ihre Entschlossenheit: Werden Sie das umfangreiche Projekt bis zu Ende begleiten?		
Überprüfen Sie die finanzielle Machbarkeit: Wissen Sie, wie das Projekt finanziert werden wird?		
Hängt das Überleben des Unternehmens vom Erfolg dieses Projekts ab?		
Hat das Projekt Einfluss auf das Rating des Unternehmens?		
Stehen Kundenforderungen hinter der Notwendigkeit? Prüfen Sie dann genau, wie wichtig dieser spezielle Kunde ist und welche weiteren Chancen sich für Sie ergeben, wenn Sie es umsetzen.		
Ist Ihre bisherige Lösung am Ende Ihres Investitionszyklus angekommen? (Das tritt ca. alle 10 Jahre ein.)		
Steht Ihnen ein kompetenter Projektleiter zur Verfügung?		
Können Sie selbst mitreden? Falls nicht, nutzen Sie das Glossar oder lassen Sie sich coachen.		
Gibt es Änderungen in der Rechtslage oder in der Rechtsanwendung, die für Ihr Unternehmen berücksichtigt werden müssen?		
4. UNTERNEHMENSKULTUR*)		
Ist das Unternehmen risikofreudig?		
Soll die neue IT-Landschaft zu einem deutlichen Wettbewerbsvorteil verhelfen?		

Tabelle 3-1. Selbstcheck Unternehmenssituation (Fortsetzung)

Analyse der Ausgangssituation	Einschätzung	Dringlichkeit
Fand die letzte umfassende Organisationsveränderung vor mehr als einem Jahr statt?		
Bezog die letzte umfassende Organisationsveränderung alle Mitarbeiter von Anfang an mit ein?		
5. TECHNOLOGIE		
Ist Ihnen die neueste Technologie für Internet-Zusammenarbeit bekannt?		
Gibt es Aufgaben, deren Erfassung durch RFID automatisiert werden könnte?		
6. ORGANISATION		
Wie viele Abteilungen sind betroffen?		
Wie viele Mitarbeiter müssen in welcher Abteilung an welchem Programm(teil) arbeiten? – Wie viele davon müssen (in Zukunft) gleichzeitig auf dieses Programm(teil) zugreifen?		
Wie viele Mitarbeiter sind zu schulen? – Wie viele davon intensiv und wie viele nur für welche Anwendungen?		

Haben Sie überwiegend „JA" eingetragen, weist das darauf hin, eine Softwareauswahl kurzfristig einzuplanen. Legen Sie fest, wann Sie sich mit

dem Thema wieder auseinandersetzen, wenn Sie überwiegend „NEIN"
aufgeschrieben haben.
Sind die vor allem „Teilweise" zu zählen, studieren Sie intensiv, was Sie
in den rechten Spalten eingetragen haben. Daraus leiten Sie ab, wann die
Entscheidung über ein Projekt zu treffen sein wird. Setzen Sie sich rechtzeitig vorher einen Termin, wann Sie mit der Planung beginnen.

Typische Ergebnisse der Auswertung sind:

- Alles bleibt wie es ist und wird zum festgelegten Termin erneut geprüft.
- Sie wollen die Geschäftsprozesse optimieren. Danach wird das vorhandene Softwaresystem an das Ergebnis anzupassen sein.
- Es zeigt sich, dass die vorhandene Software zu optimieren ist. Dann bietet sich ein Sanierungsprojekt an. (Kapitel 8.3).
- Es gibt heterogene IT-Landschaft alter Systeme, die weiterhin im Einsatz bleiben, aber ergänzt werden sollen. Außerdem sollen sie durch eine einheitliche Oberfläche für die Anwender leichter bedienbar gemacht werden. (Kapitel 8.4).
- Eine Ablösung des eigenen Systems durch Standardsoftware erscheint zu risikoreich (weil der Anpassungsaufwand zu hoch wird oder weil diese Geschäftsprozesse Betriebsgeheimnis sind), aber die Wartung und Erweiterung des bestehenden Systems ist nicht mehr gewährleistet. Dann wählen Sie eine Softwareentwicklungsplattform aus, die auf aktuellster Technologie basiert. Damit kann das Unternehmen das alte System durch eigene IT-Kräfte nachbilden. (Kapitel 8.2 Software-EVOLUTION).
- Eine neue Funktion, ein neues Modul oder eine neue Software soll gekauft werden. (Kapitel 4 bis 6).
- Ein IT-Investitions-Projekt läuft bereits.

Es gibt inzwischen ein so umfangreiches Angebot an Standardsoftware, so dass in fast jedem Fall eine Mischung aus Kauf und Programmierung angesagt ist.

Die folgende Tabelle zeigt, für welchen Themenbereich im Unternehmen welches Softwareangebot geeignet ist. Erläuterungen zu den Abkürzungen finden Sie im Anhang im „Glossar Anwendungssoftware".

Tabelle 3-2. Überblick Standardanwendungen

Thema	Aufgaben im Unternehmen	Angebote an Standardanwendungen
Produkte	Entwicklung, Verwaltung, Bereitstellung zur Vermarktung, Lagerung, Informationsbereitstellung nach außen, Informationsbereitstellung für Entwicklung Häufig ist für das Produkt selbst zusätzlich eine Software zu entwickeln, bei der auf Standards zurückgegriffen werden kann Zur Kennzeichnung kann auf den EAN-Code zurückgegriffen werden	Produkt-Stammdaten Variantengeneratoren Produkt-Entwicklung mit CAD oder CASE Rezepturprogramme Stücklistenprogramme Prozessdarstellung/-simulation Wissensmanagement-System Projektplanungs- und Steuerungssyteme PLM Katalogsysteme Etc.
Markt	Überblick, Trends und Entwicklungen	Marktforschung Prognoseprogramme
Kunden	Erfassen, Verwalten, Kontaktpflege, Betreuen, Adresspflege, Informationssteuerung, Zielgruppendefinition und -beobachtung, Auftragsprüfung und -verwaltung	Kunden-Stammdaten CRM Workflowsysteme Auftragsmanagement Tourenplanung für Besuche Reisekostenabrechnung Web-Portal / Web-Shop CMS Wissensmanagement
Material / Einkauf	Rohstoff-Verwaltung, Einkauf, Lager, Bewertung, Stücklisten, Umweltbetrachtung	Material-Stammdaten LVS / LSS Bewertungssystem Informationen für VMI E-Procurement-Plattform mit Katalogsystem und Ausschreibungssytem APS; RFID-System Vertragsmanagement
Lieferanten	(Teil-)automatisierter Einkauf, Kontaktpflege, Zusammenarbeit, Informationsaustausch, Verhandlungsvorbereitung, Bewertung	Lieferantenstammdaten CRM für Kontaktpflege Tourenplanung für Besuche Reisekostenabrechnung Lieferantenbewertung Wissensmanagement
Lenkung	Vision, Mission, Ziele definieren, Zielverfolgung, Maßnahmenfestlegung und –verfolgung, Projektmanagement, Verfolgung der Geschäftsentwicklung	Unternehmens-Stammdaten MIS Kostenrechnungssysteme Controllingsysteme Projektplanungssysteme Informationssysteme Intranet und internes Portal FiBu Prozessdarstellung und –Simulation QM

Tabelle 3-2. Überblick Standardanwendungen (Fortsetzung)

Thema	Aufgaben im Unternehmen	Angebote an Standardanwendungen
Kommunikation	Dokumente erstellen, Eingang festhalten, Dokumente verwalten, Geschäftsvorgänge nachvollziehbar halten, Dokumente verfügbar halten	DMS Web-Portal Einkaufsplattform Workflowsystem Netzwerksoftware IT-Security-Software Archivierungssyteme
Personal	Einstellen, Verwalten, Ausstellen, Informieren, Qualifizieren	Elektronische Bewerbungsplattform HR-Software E-Learning-Plattform Mitarbeiter-Plattform Interne Hauspost per Email Lohn- und Gehaltssoftware ELSTER Reisekostenabrechnungssoftware
Produktion	Steuerung der Operationen, Investitionsplanung, Materialzufluss und Warenabfluss-Planung, Leitstand, Maschinensteuerung, automatische Datenerfassung, Qualitätskontrolle	PPS SCM Leitstand / Kapazitätsdisposition MES SPS BDE MDE Werkzeugverwaltungssystem Prüfsysteme APS QS-Systeme
IT	Verwaltung von Hardware, Software, Nutzungsrechten etc. Umsetzung von IT-Sicherheit	Netzwerkadministrationssoftware Benutzerverwaltung Betriebssystem Etc.
Logistik	Zu- und Auslieferungen planen, verwalten und dokumentieren, Transportkapazitäten einkaufen bzw. Fuhrpark verwalten	Tourenplanung Fuhrparkverwaltung Frachtraumdisposition Frachtenverfolgung / RFID-System Standortoptimierung
Externe Partner	Steuerbehörden, Finanzbehörden, Banken, Zollbehörden etc.	ATLAS Steuerdaten-Austausch Elektronic Banking
Wettbewerb	Marktübersicht und Trends, aktuelle Nachrichten	Informationsdienste Broker Marktanalysen

ERP-Systeme bieten einen großen Teil der hier rechts genannten Standardsoftware-Einzelprodukte integriert in einem großen System an.

Haben Sie das Endergebnis beschrieben, dann fehlen noch die Strategie, die in diesem Projekt verfolgt werden soll, und die Abstimmung des Vorhabens mit der Unternehmensstrategie.

3.2 Strategiebestimmung

Zusätzlich zu den eigentlichen Projektzielen sind die langfristigen Ziele des gesamten Unternehmens zu berücksichtigen. Nur dann kann die Software auch nachhaltig dabei unterstützen, dass eben diese Strategie umgesetzt wird.

Das MindMap erweist sich hierbei als nützliche Hilfe, die verschiedenen Überlegungen strukturiert auf einem Blatt Papier anzuordnen. Das Festhalten dieser Strategie erfolgt in einem Workshop. Je nach Vorbereitungsgrad im Unternehmen kann das bis zu zwei Tage in Anspruch nehmen.

Durch die Anwesenheit eines Softwareauswahl-Experten oder -Beraters wird sichergestellt, dass die wesentlichen Antworten auf Ziele für die neue Software umgearbeitet werden. Außerdem kann der Externe die Formulierungen hinterfragen und so die auswahlrelevanten Gegebenheiten in geeigneter Form festhalten.

Relevante Fragestellungen sind zum Beispiel:

- Wo gibt es internationales Engagement in der Form, das eine zukünftige Niederlassung mit der Software ausgestattet werden soll?
  Dies ist relevant um zu bestimmen, in welchen Sprachen die Software standardmäßig angeboten wird und wann gegebenenfalls eine bestimmte Sprache zur Verfügung stehen muss. Hierbei sind die Gegebenheiten vor Ort genau zu prüfen. Nicht immer ist es sinnvoll, sofort dieselbe Software einzuführen wie in Deutschland. Auf jeden Fall sollte aber schon jetzt darauf geachtet werden, dass die Software für dieses Land zur Verfügung steht.
- Sind Firmenverkäufe oder -zukäufe geplant?
  Daraus ergeben sich in der Zukunft Anforderungen wie zum Beispiel besondere Schnittstellen oder Konsolidierungsrechnungsverfahren an die Software.
- Welche Änderungen im Sortiment beziehungsweise im Produktionsprogramm sind in absehbarer Zeit geplant? Entsteht daraus eine Änderung der Anforderungen an die Software?

- Welche Änderungen bezüglich der Vertriebswege sind geplant? Soll etwa in einem Jahr eine E-Shop-Plattform eingerichtet werden? Hier stellt sich sogar die Frage, ob das Projekt nicht vorgezogen und gleich mit in die Software-Auswahl integriert werden soll.
- Und viele weitere Fragen.

Die folgende Abbildung[3] zeigt ein mögliches Ergebnis dieser Sitzung:

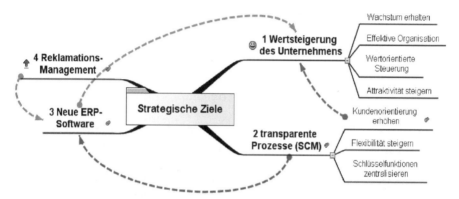

Abb. 3-1. MindMap: Strategische Ziele (erstellt mit OpenMind von Matchware)

Oberstes Ziel des erstellenden Unternehmens ist: „Die Wertsteigerung des Unternehmens". Erreicht wurde das in der Vergangenheit mittels Flexibilität in der Kundenorientierung. Das soll in Zukunft fortgesetzt werden. Daraus wird abgeleitet: Die schnelle Umsetzung aller Kundenwünsche hat oberste Priorität. Und deswegen steht das Thema Reklamationsmanagement in diesem Unternehmen im Vordergrund. Hierbei muss die Software ganz besondere Anforderungen erfüllen.

Die strategischen Ziele sind so zu formulieren, dass nach der Auswahl eine Überprüfung möglich ist. Ein guter Berater ermöglicht Ihnen, sich zunächst wirklich ein klares Bild davon zu machen, wie Ihr Unternehmen zurzeit dasteht und wohin es will. Daraus können Sie gemeinsam leicht entsprechende Maßnahmen ableiten.

In diesem Workshop kann es auch zu einem unerwarteten Ergebnis kommen: Gegebenenfalls rät Ihnen der Berater danach, das Softwareauswahlprojekt zunächst zu verschieben und stattdessen zuerst ein Organisationsveränderungsprojekt durchzuführen.

---

[3] Vgl. Teich I, Kolbenschlag W, Reiners W (2004) S 85.

Bei der Kunst, ein Unternehmen zu führen, lautet eine „Goldene Regel":

> Erst organisieren, dann automatisieren.

Eine neue Software führt dazu, dass die Organisation über mehrere Jahre so beibehalten wird, wie sie zum Startzeitpunkt eingerichtet wird. Werden die Abläufe im Unternehmen vorher so gestaltet, dass sie für das Unternehmen Erfolg bringend ablaufen, schlägt sich das sofort in der Software nieder und die Kosten bleiben langfristig niedrig. Es werden höchstens kleinere Anpassungen notwendig.

Wird dagegen auf die Umsetzung einer geschickten, logisch aufgebauten und die Mitarbeiter respektierenden Organisation verzichtet, werden scheinbar konträre Ziele wie „Niedrige Kosten" und „Hohe Kundenorientierung" auf keinen Fall gleichzeitig erreicht.

Deswegen darf eine Softwareauswahl erst dann in Angriff genommen werden, wenn der Dreh- und Angelpunkt des Unternehmens bestimmt worden ist. Dabei handelt es sich um den einen einzigartigen Aspekt auf dem der Erfolg Ihres Unternehmens beruht. Würde die neue Software gerade dieses Thema in negativer Weise beeinflussen, ist der Erfolg, manchmal sogar das Überleben des Unternehmens, gefährdet. Dieser Dreh- und Angelpunkt ist deswegen an dieser Stelle parallel zu den Zukunftsentwicklungen herauszuarbeiten.

Ein Beispiel für die Wichtigkeit dieses Punktes ist die Geschichte eines Herstellers von Verbrauchsmaterial für Bearbeitungsmaschinen. Schon nach 6 Jahren wurde die Software getauscht, weil diese nicht in der Lage war, den Dreh- und Angelpunkt zu unterstützen. Die Kunden fordern klare Aussagen über Liefertermine. Dafür muss die Verfügbarkeit der Ware sofort sichtbar sein. Nur eine gemeinsame Darstellung von Lagerbestand und „Work in Process" kann das leisten. Ist die Ware nicht auf Lager, muss eine Reservierung der Fertigungsaufträge möglich sein. Hier ist die „verbindliche Lieferzusage" der Dreh- und Angelpunkt des gesamten Unternehmens.

3.3 Entscheidungen bestätigen

Auf Basis der groben Ist-Analyse und der abgestimmten Projektziele ist es notwendig, dass sowohl die Entscheider als auch die Projektleitung die ersten Erkenntnisse bestätigen und dokumentieren:

Tabelle 3-3. Entscheidungen bestätigen

Zu prüfen	Entscheidung	Bemerkung
1. Wollen Sie das Projekt wirklich? Falls Ja, bitte begründen.		
2. Ist das Projekt klar definiert? Wenn Ja, wie?		
3. Welche externe Unterstützung benötigen Sie?		
4. Welches Vorgehen setzen Sie für die Auswahl ein?		

Die zwei zuletzt genannten Entscheidungen hängen eng miteinander zusammen. Je mehr Know-how in Ihrem Unternehmen vorhanden ist, desto weniger externe Beratung werden Sie einplanen. An folgenden Stellen bringt eine externe Unterstützung jedoch in jedem Fall Vorteile:

- Bei der Strategie-Diskussion ein Moderator.

- Bei der Marktanalyse ein neutraler Berater, der einen umfassenden Überblick über den Markt hat.

- Bei der Auswahl ein neutraler Moderator, der bei der Präsentation auf eine aussagefähige Vorstellung achtet.

- Bei dem Vertragsabschluss einen Fachexperten und einen IT-Rechtsexperten.

- Bei der Einführung der Software einen Zeit- und Budgetcontroller als neutrale Aufsicht.

Lassen Sie nicht den externen Berater alleine die Software bestimmen, von der Ihr Unternehmen abhängt. Das ist allein Ihre Aufgabe! Ein seriöser neutraler Berater legt Ihnen eine Entscheidungsunterstützung vor und beantwortet Ihre Fragen. Er fordert von Ihnen, die Entscheidung in einem geeigneten Gremium aus Mitarbeitern Ihres Hauses zu treffen.

Lassen Sie die internen Vorbereitungen rechtzeitig beginnen.

3.4 Vorbereitungen im suchenden Unternehmen

Sind die Entscheidungen positiv ausgefallen, startet jetzt das Projekt. Die interne Organisation kann mit den ersten Vorbereitungen bereits beginnen, bevor ein externer Partner feststeht. Das führt dazu, dass der externe Partner kostengünstig und effektiv eingesetzt wird.
Bewährt hat sich, zumindest folgende Informationen bereitzustellen:

- Ein Organigramm der Mitarbeiterstruktur bis zur Ebene der Sachbearbeiter.

- Einen groben Zeitplan.

- Eine Liste mit Mitarbeitern, die telefonisch befragt werden können und dürfen, deren Funktionen sowie Abteilungszuordnung und den E-Mail-Adressen. Steht diese Liste als EXCEL-Datei bereit, kann Sie von den meisten weiterverarbeitenden Softwareprogrammen (zum Beispiel zur Geschäftsprozessaufnahme) automatisch übernommen werden.

- Eine Übersicht über die vorhandene Hardware mit technischen Daten und Alter.

- Eine Übersicht der eingesetzten Software mit Firmenanschriften, Ansprechpartnern sowie deren Telefonnummern und/oder E-Mail-Adressen. Die ist wichtig die richtige Ansprache des bestehenden Partners bei der Ausschreibung und später gegebenenfalls für Schnittstellen- oder Datenübernahme-Abstimmungen.

- Eine Liste aller Software-Anbieter mit Firmenanschriften, Ansprechpartner sowie deren Telefonnummern und/oder E-Mail-Adressen, mit denen das Unternehmen bereits Kontakt hatte im Sinn von Informations- oder Einkaufsgesprächen.

- Eine Liste mit den Adressen der Verbände Ihrer Branche und Ihrer Meinung zu diesen Verbänden. Von diesen können gegebenenfalls weitere, nur Mitgliedern zugängliche Informationen über Softwareangebote eingeholt werden.

- Alle bereits vorhandenen Geschäftsprozess-Darstellungen sowie gegebenenfalls das Qualitätshandbuch und/oder andere Organisationshandbücher.

- Alle bereits vorhandenen elektronischen Dateien zu Geschäftsprozessen, Ihrem Unternehmen etc., die relevant sein können, so dass rasch darauf zugegriffen werden kann. Drucken Sie von jedem ein Beispiel aus und sortieren Sie es nach Abteilungen.

- Ebenso verfahren Sie mit allen Formularen und anderen Arbeitsdokumenten. Planen Sie eine neue Optik hierfür, verschieben Sie die Umsetzung bis feststeht, was in Zukunft alles eingesetzt wird. Das spart Ihnen viel Aufwand.

- Eine Befragung aller Mitarbeiter zu Schwächen des derzeitigen Systems. Nutzen Sie diese auch, um die Mitarbeiter von dem Vorhaben zu informieren. Dadurch, dass Sie dies mit der Befragung verbinden, steigern Sie die Motivation, das neue Produkt später zu nutzen.

- Berichte und Unterlagen der Beratungen aus den letzten fünf Jahren, falls welche vorhanden sind.

- Alle weiteren Informationen, die für das Projekt relevant sind.

- Eine intern abgestimmte, schriftliche Formulierung des Projektvorhabens. Damit vermeiden Sie Missverständnisse bei der Suche nach externer Unterstützung.

Über diese Liste hinaus wird der Projektmanager einen Projektplan aufstellen. Dieser dient als Grundlage für einen Abgleich mit dem Vorschlag der externen Beratung. Durch die gute Vorbereitung dauern die Abstimmgespräche nicht lange. Außerdem kommt es zu weniger Missverständnissen. Stattdessen fallen Fragen sofort auf und können geklärt werden.

Bevor Sie in das erste Gespräch mit einem externen Berater gehen, sollte der Projektleiter intern bereits eine Liste aufgestellt haben, was von Mitarbeitern Ihres Unternehmens durchgeführt werden soll, idealerweise mit einer Begründung, warum gerade diese Aufgaben – und was extern vergeben werden soll.

Übernimmt das Unternehmen die für seine speziell Organisation richtigen Aufgaben selbst, spart es Kosten. Darüber hinaus hat es weitere Effekte: Die Motivation der Beteiligten steigt oft, das Ergebnis wird besser akzeptiert und es verbleibt erheblich mehr Wissen da, wo es in Zukunft benötigt wird: In Ihrem Unternehmen. Nehmen Sie aber in Kauf, dass sich die geeignet erscheinende Aufteilung in den Gesprächen noch ändern kann. Je klarer aber die Vorstellungen sind, was das Unternehmen selbst übernehmen könnte, desto treffender wird die Auswahl eines oder mehrerer Beraters werden.

In der folgenden Tabelle[4] entspricht „OK": „Ist erledigt/vorhanden", „INHOUSE" entspricht: „Soll intern umgesetzt werden, ist jedoch noch nicht fertig – Es gibt noch keinen Verantwortlichen, eine Schulung muss noch stattfinden oder ähnliches" und „EXTERN" entspricht: „Soll externer Dienstleister übernehmen". Tragen Sie hier ein, welcher das sein könnte oder welche Art Dienstleister hierzu benötigt wird.

Erscheint es dem Projektleiter oder dem damit betrauten Team sehr schwierig, diese Liste zu füllen, dann ziehen Sie hierzu einen speziellen Dienstleister heran, der Ihnen bei dieser wichtigen Vorbereitung des Projekts behilflich ist.

Tabelle 3-4. Erfolgsfaktoren internes Projektmanagement

Erfolgsfaktoren	OK	INHOUSE	EXTERN
Unterstützt die oberste Geschäftsleitung das Projekt uneingeschränkt?			
Liegt das Ziel des Projekts schriftlich formuliert vor?			
Welche Komponenten soll es vordringlich abdecken: * „Kosten senken" * „Funktionen erweitern" * „Produktivität steigern" * „Kunden besser bedienen" * Welche weiteren?			
Sind die erwarteten Ergebnisse schriftlich formuliert?			
Liegt ein Zeit- und Kostenbudget vor?			
Passt das Zeit- und Kostenbudget zur Aufgabenstellung?			Prüft
Ist das Ziel im gesteckten Zeitrahmen erreichbar?			Prüft
Sind die Schlüsselpersonen für die Umsetzung informiert? An erster Stelle sind zu nennen: * der Betriebsrat, der von Anfang an eng mit eingebunden werden sollte, aber auch * formelle wie informelle Führungskräfte oder * Wortführer.			

---

[4] Vgl. Teich I, Kolbenschlag W, Reiners W (2004) S 78 – 82.

Erfolgsfaktoren	OK	INHOUSE	EXTERN
Ist der Projektleiter mit ausreichenden Befugnissen ausgestattet, damit er Entscheidungen auch sofort treffen kann? – Oder sind die Wege zum Entscheider so kurz, dass jederzeit reagiert werden kann?			
Gibt es eine Persönlichkeit im Unternehmen, die von der Umsetzung so überzeugt ist, dass sie als Motor für das Thema über lange Zeit die Patenschaft übernimmt?			
Ist diese Persönlichkeit im Unternehmen anerkannt oder gibt es Probleme zwischen ihr und anderen Schlüsselpersonen?			

Tabelle 3-4. Erfolgsfaktoren internes Projektmanagement (Fortsetzung)

Erfolgsfaktoren	OK	INHOUSE	EXTERN
Sind alle Aufgaben an die jeweils Verantwortlichen eindeutig verteilt?			Ergänzt ggf.
Ist das Projekt so terminiert, dass die Spitzenzeiten des Projekts in eine umsatzschwache Zeit fallen?			Prüft
Ist das Projekt überschaubar angelegt? Kann es in kleinere Unterprojekte zerlegt werden, die überschaubar bleiben?			Prüft
Sind die Rollen zwischen den Projektbeteiligten ganz klar verteilt – insbesondere zwischen innerbetrieblichen und externen Partnern?			Klärt ggf.
Sind die Personen für ihre Rollen ausgebildet oder müssen sie sich noch vorbereiten?			Prüft / Ergänzt / Schult ggf.
Sind alle Mitarbeiter ausreichend informiert, warum und wie die Erhebung stattfindet und inwieweit sie betroffen sind?			Prüft
Werden alle betroffenen Mitarbeiter von Anfang an einbezogen?			Unterstützt ggf.
Führt der Projektleiter ein dem Projektumfang angepasstes Projektmanagement durch?			Unterstützt ggf.
Steht genügend Kapazität zur Verfügung, dass die Schulung der betroffenen Mitarbeiter ausreichend vorgenommen werden kann?			Prüft / Ergänzt / Schult ggf.

Sind ein oder mehrere Projekt-Arbeitsräume vorhanden?			
Kann ein Beamer bereitgestellt werden, um die Prozesse während der Aufnahme vom PC an die Wand zu projizieren?			Ergänzt ggf.
Sind Praktikanten/Lehrlinge/Hilfskräfte kurzfristig verfügbar?			

Ergänzen Sie ruhig weitere Erfolgsfaktoren, die Ihnen auffallen. Diese Liste verändert sich wie alle Projektdokumente bis zum Abschluss immer wieder. Als nächstes folgt eine erste Planung:

3.5 Projektgrobplanung am Beispiel von ePAVOS

Auch wenn Sie noch nie ein derartiges Projekt durchgeführt haben, können Sie mit der folgenden Übersicht eine erste Liste der Aufgaben zusammenstellen. Ziehen Sie dazu das Beispiel aus den Erfahrungen mit ePAVOS heran. Alle Aufgaben lassen sich einteilen in:

1. selbst durchzuführende Aufgaben,
2. gegebenenfalls an Externe zu übertragende Aufgaben und
3. nur von externen Experten sinnvoll erledigbare Aufgaben.

Die folgende Tabelle[5] zeigt Ihnen, welche Aufgaben anstehen und wer diese Aufgaben übernehmen sollte. Bevor Sie eine Aufgabe selbst übernehmen, überlegen Sie genau, ob die notwendige Qualifikation in Ihrem Unternehmen vorhanden ist sowie ob die Personen, die die Qualifikation haben, auch die Zeit aufbringen können. Führen Sie jeweils eine grobe Nutzen-/Kosten-Analyse durch. Bringt es Ihrem Unternehmen etwas, wenn ein Mitarbeiter diese Qualifikation einübt oder erwirbt?

---

[5] Ein Exemplar zum Download und zum Ausdrucken finden Sie unter www.richtige-software.de.

Tabelle 3-5. Aufgabenverteilung ePAVOS-Projekt. GL = Geschäftsführer, IPL = Interner Projektleiter, OB = Organisationsberater, AE = Softwareauswahlexperte

Phase	Aufgabe	GL	IPL	OB	AE
Projektanstoß	Software-Problem ist erkannt oder kam bei Kurz-Check durch externe Berater ans Licht				
	Berater nach Anforderungsprofil auswählen				
	Projektinitiator festlegen; Sehr grobe Darstellung Ihres Ziels und der Inhalte				
	Die Schritte Ihres Projekts grob aufteilen in „mit" und „ohne" externe Hilfe				
Kernziele festlegen	Strategie, Ziele und Wünsche aus Sicht Ihrer Geschäftsleitung konkret feststellen				
	Sie führen Strategieworkshop durch				
	Abstimmung Ihrer Haupt-Funktionsbereiche				
	Ihre Schwachstellen aufnehmen				
	Budget-Kalkulation für Ihr Gesamtprojekt				
	Zeitplan Ihres Gesamtprojekts und des Beratereinsatzes				
Prozess-Erhebung vorbereiten	Ihre vorbereitende Maßnahmen				
	Festlegen Ihrer Projektleitung				
	Abstimmung Ihres Projektplans inkl. Terminplan				
	Betroffene Abteilungen kennen lernen				
	Strategische Anforderungen ergänzen				
GPO-Tool einsetzen	Aufnahme Ihrer gegebenenfalls optimierten Geschäftsprozesse				
	Grafische Darstellung Ihrer Abläufe				
	Einarbeiten funktionaler Anforderungen über Geschäftsprozessaufnahme auf Arbeitsschrittebene				
	Optionale Grundbausteine der Abläufe (Funktionen und Arbeitsschritte) aus Wissensdatenbank ergänzen				
	Gewichtung der Anforderungen mit den Fachbereichen				
	Methodische Dokumentation Ihres aufgenommenen Wissens				
	Ermittlung Ihres Rationalisierungs-Potentials und dessen Dokumentation				
	Abnahme Ihrer Anforderungen durch alle Beteiligten				

Tabelle 3-5. Aufgabenverteilung ePAVOS-Projekt. GL = Geschäftsführer, IPL = Interner Projektleiter, OB = Organisationsberater, AE = Softwareauswahlexperte (Fortsetzung)

Phase	Aufgabe	GL	IPL	OB	AE
Hardware prüfen	Die IST/SOLL-Aufnahme der Hardware-Anforderungen				
	Aufnahme Ihrer Hardware-Umgebung				
	Aufnahme Ihrer Betriebssysteme und Datenbanken				
	Abschätzen Ihrer Datenvolumina				
	Diskussion alternativer Technologie-Strategien				
ePAVOS	Vor-Auswahl schwerpunktbezogener Anbieter				
	Qualitätsprüfung und Verdichtung Ihrer Anforderungen auf das Wesentliche				
	Überprüfung der Gewichtung je Funktion und je Modul				
	Erarbeitung der idealen Ziel-Anbieter aus ePAVOS heraus (Adressliste für E-Mail-Versand)				
	Erstellung von individuellen Anschreiben an die Anbieter				
	E-Mail-Versand der Anschreiben an alle in Frage kommenden Anbieter				
Ausschreibung	Bereitstellen der Kommunikationsumgebung für Anbieter				
	Darstellung Ihres Firmenprofils im Internet				
	Erstellung der Internet-Seiten mit Ihren Anforderungen (= Lastenheft)				
	Fragen des Anbieters per E-Mail beantworten				
	Plausibilitätskontrolle der Antworten von Anbietern				
	Gegebenenfalls Rücksprache mit Anbietern zur Schaffung der Vergleichbarkeit				
	Erstellung der Kostenstruktur nach Modulen je Anbieter				
Vergleichen	Auswertung der Anforderungen				
	Berechnung der Erfüllungsgrade				
	Erstellung von Internetgrafiken der Erfüllung				
	Erstellung einer Übersicht der funktionalen Erfüllung jeder Anforderung und Anbieter nach der Pfeilmethode				

Tabelle 3-5. Aufgabenverteilung ePAVOS-Projekt. GL = Geschäftsführer, IPL = Interner Projektleiter, OB = Organisationsberater, AE = Softwareauswahlexperte (Fortsetzung)

Phase	Aufgabe	GL	IPL	OB	AE
	Erarbeitung der weichen Faktoren				
	Erstellung einer Management-Matrix mit Entscheidungskriterien				
	Erarbeitung von Empfehlungen				
	Erstellung des Abschlussberichts				
	Präsentation des Ergebnisses bei Ihnen				
Geführte Präsentation vorbereiten	Präsentationsvorbereitung ausgewählter Kernprozesse				
	Erarbeitung eines Präsentationsfahrplans				
	Bereitstellung Ihrer Testdaten				
	Bestätigung der Teilnahme				
	Dokumentation und Versand der Testabläufe an Anbieter				
Vorbereiten	Erarbeitung von Verhaltensregeln für die Präsentation				
	Vorgespräche der Präsentationsvorbereitung mit Anbietern durch Sie				
	Detailunterlagen der Einzelheiten zur Präsentation				
Präsentationen	Präsentation von 5 Systemen nach Demo-Fahrplan				
	Teilnahme, Führung und Auswertung der Präsentationen (mit einem Audit-Tool)				
	Organisation von Referenzbesuchen				
	Vorbereiten der Management-Entscheidungsmatrix				
	Durcharbeiten der Management-Entscheidungsmatrix				
Test-Workshop	Workshop mit dem einen ausgewählten Anbieter (in ganz seltenen Fällen mit zwei)				
	x - Tage Workshop zur Feinabstimmung und Kostenermittlung				
Verträge	Vorprüfung der Verträge				
	Rahmenvertrag, Lizenzvertrag, Wartungsvertrag, Kaufvertrag				
	Pflichtenheft als Vertragsbestandteil erstellen und verabschieden				
	Empfehlung der Einschaltung eines DV-Juristen J/N				
	Ggf. Vertragsprüfung durch DV-Juristen				
	Vertragsverhandlungen				

Tabelle 3-5. Aufgabenverteilung ePAVOS-Projekt. GL = Geschäftsführer, IPL = Interner Projektleiter, OB = Organisationsberater, AE = Softwareauswahlexperte (Fortsetzung)

Phase	Aufgabe	GL	IPL	OB	AE
Einführen	Externer Berater als Mittler zwischen Ihnen und dem Anbieter				
	Budget-Controlling (unter Nutzung des erstellten Pflichtenheftes)				
	Termin-Controlling				

Zur Unterstützung des Projektmanagements kann eine webfähige, für alle zuständigen Beteiligten zugängliche Projektplattform eingesetzt werden.[6]

3.6 Projektkosten anhand des Software-Lebenszyklus

Häufig werden in der Praxis zur Entscheidung über die Software nur die Lizenzkosten, Einführungskosten und Wartungskosten herangezogen. Vergessen werden die Programmanpassungskosten und die Wartungskosten für diese Anpassungen beim nächsten Release oder Update. Dabei handelt es sich meist um nicht unerhebliche Beträge.

Manchmal rechnen die Planer auch die Kosten des Einführungsprojektes dazu. Die Kosten für die Auswahl bleiben unberücksichtigt, da dieses Projekt bei der Entscheidung als abgeschlossen angesehen wird. Später anfallende Kosten werden in der Regel überhaupt nicht in Betracht gezogen.

Ein Vergleich der Gesamtprojektkosten sollte jedoch nicht erst vorgenommen werden, wenn es um die Software-Einführung geht, sondern bereits vor Beginn der Suche. Das leistet ein erweiterter „Total Cost of Ownership"-Ansatz (TCO). Die Erweiterung bezieht sich auf die Kosten zur Erlangung des Eigentums. Dabei werden alle Projektphasen mit einbezogen. (Siehe Tabelle 3-6 und Abbildung 3-2).

---

[6] Ist z.B. Bestandteil von ePAVOS oder bei einer Reihe von Anbietern mietbar. Vgl. Liste im Internet www.richtige-software.de.

Tabelle 3-6. Phasen von Auswahl und Einführung

	Systemauswahl		Systemeinführung
A	Projekt vorbereiten	H	Einführung planen
B	Geschäftsprozesse und Anwender-Motivation erheben	I	Hardware und/oder Software installieren
C	Geschäftsprozesse verbessern und zur Umsetzung motivieren	J	Anwender und Wartungspersonal schulen
D	Anforderungen bestimmen/Lastenheft	K	Testläufe durchführen
E	Alternativen herausarbeiten	L	System einschwingen
F	Alternativen auswerten	M	System betreiben sowie periodisch erweitern bzw. anpassen
G	Sich für ein Angebot entscheiden	N	System ersetzen und abschalten

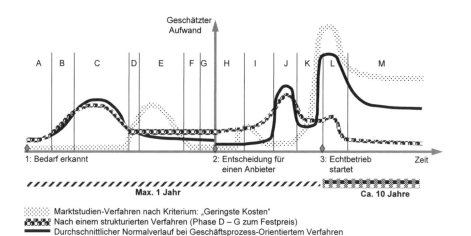

Abb. 3-2. Aufwand über den Projektphasen einer Software im Unternehmen bei Auswahl auf Basis von verbesserten Geschäftsprozessen (häufig zu beobachtender Verlauf)

Lebenszyklen beschreiben die über lange Zeit beobachtbare Entwicklung zum Beispiel für Produkte. Geoffrey Moore stellte den Technologie-Lebenszyklus vor, den er aus seinen Beobachtungen des IT-Marktes (insbesondere der Aktivitäten im Silicon Valley) ableitete. Auch ganze Technologien wie Programmiersprachen, Laserprinter, Internet etc. unterliegen über lange Sicht einem Lebenszyklus.

Die „Lebensphasen" einer Software[7] in Ihrem Unternehmen lassen sich mit einer ähnlichen Darstellung abbilden. Vorrangig in einer Phase anfallende Kosten werden hier als „Aufwand" aufgezeigt.

Die interessante Aussage liefert die Fläche unter der Kurve – sie gibt den Gesamtaufwand des betrachteten Abschnitts wieder. Beachten Sie vor allem, dass die Phasen A-K einen Zeitraum von etwa 0,5 - 2 Jahren (je nach Größe des Projekts) einnehmen. Dagegen ziehen sich die Phasen L – N in der Regel über 5 – 10 Jahre hin. Die Gesamtfläche dort ist deswegen die entscheidende. Und sie ist fast in allen Fällen deutlich größer als der Gesamtaufwand für Sofware-Auswahl und –Einführung.

Bei einzelnen Softwareauswahlprojekten bereitet die lange Betriebsdauer ein sehr großes Problem. Nehmen Sie ein Unternehmen, das in 15 Ländern jeweils mehrere Niederlassungen besitzt. Es will die Software in einem Land nach dem anderen einführen lassen. Daraus ergeben für den Auswahlberater sich Herausforderungen ähnlich der Folgenden: „Suchen Sie mir eine Software, die einen langen Lebenszyklus hat, damit ich nicht bei der Einführung im 10. Land im 1. schon wieder neu beginnen muss!". In diesem Fall sollte die Software insgesamt eher 20 – 25 Jahre im Einsatz sein. Das verdoppelt die Auswirkungen auf die Gesamtkosten des Betriebs und durch den Betrieb noch einmal. Jede zusätzliche Sekunde für eine Transaktion wirkt sich aus.

Achten Sie bei dieser Entscheidungsvorbereitung auf zwei Dinge:

Die **Verursachung von Kosten** und die **Auswirkungen von Investitionen auf spätere Phasen**.

Bei dieser umfassenden Kostenbetrachtung sind alle tatsächlich im Zusammenhang mit dem Softwarekauf- und -einsatz entstehende Kosten ebenso zu berücksichtigen, wie der Einkauf eines zusätzlichen Werkzeugs, von Betriebsgeräten oder ähnliches sowie insbesondere Kosten für Arbeitszeiten.

Das führt zu einer langen Liste an Einzelpositionen[8]. Viele Annahmen sind zu treffen. Im Vorhinein kann nur in seltenen Fällen zu 100% genau geplant werden. Trotzdem lohnt sich der Aufwand. Er dient später als Vergleichsbasis zur Steuerung.

---

[7] Vgl. Teich I, Kolbenschlag W, Reiners W (2004) S 89-92.
[8] Eine EXCEL-Datei als Unterstützung finden Sie unter www.richtige-software.de.

Zu berücksichtigen sind insbesondere:

Bewertete Zeiten:

- Wie viel Arbeitszeit Ihrer Mitarbeiter wird in dieser Phase eingesetzt? Was kostet die Arbeitszeit des eingesetzten Mitarbeiters?
- Für wie viel Zeit werden Ressourcen in Anspruch genommen? Was kostet diese Inanspruchnahme?
- Als Beispiel für einen **Sachbearbeiter** inklusive Arbeitsplatzkosten Ca. 32,46 €/Stunde = 50.000 €/220 Arbeitstage/7 Stunden pro Arbeitstag
- Für einen **Projektleiter** inklusive Dienstwagen und Arbeitsplatzkosten Ca. 151,52 €/Stunde = 300.000 € / 220 Arbeitstage / 9 Stunden pro Arbeitstag

Hier ist die Controlling-Abteilung gefordert, die Kosten bereitzustellen.

Notwendige Investitionen:

- Sind zur Durchführung des Projektes bereits Investitionen notwendig?
- Ein neuer Laptop für den Projektleiter, eine Software zur Projektunterstützung, sonstiges?
- Werden Ressourcen beansprucht? Ein Raum, Serverplatz oder sonstiges?

Indem Sie die Mühe auf sich nehmen, eine solche, zugegeben umfangreiche Kostenaufstellung zusammenzustellen, erarbeiten Sie sich gleichzeitig eine Reihe von Vorteilen:

- Sie können die Vorgehensweisen insgesamt vergleichen und haben so eine bessere Entscheidungsgrundlage. Allein die Sicherheit, die daraus erwächst, ist den Aufwand wert.
- Sie haben bereits den größten Teil der Projektkostenplanung erledigt – nach dem Projektstart muss die ausgewählte Variante nur überarbeitet werden, was erheblich schneller geht, als neu anzufangen.
- Sie haben gleichzeitig eine hervorragende Grundlage zur langfristigen Liquiditätsplanung über den gesamten Projektzeitraum geschaffen. Die Finanzabteilung wird es Ihnen danken.

Abbildung 3-2 zeigt noch etwas: Den Zusammenhang zwischen Investitionen in den Phasen der Kostenfestlegung am Anfang und langfristig wirksamen Kosten während des Betriebs des Systems.

Nehmen Sie aktiv Einfluss, indem Sie folgende 3 Punkte besonders beachten:

1. Genauigkeit der Zielorientierung

Jede Entscheidung in einer früheren Phase hat Auswirkungen auf alle danach kommenden. Gerade deswegen hat eine bis ins Detail ausgearbeitete Überlegung, wie im Betrieb alles ablaufen soll, einen so hohen Wert. Je genauer das Ergebnis bekannt ist, desto zielgerichteter wird jeder Euro in das Projekt gesteckt. Damit lassen sich viele sonst notwendige Ausgaben, die sich im Nachhinein als nicht zum Ziel führend erweisen, vermeiden. So wird das Projekt auf das Wesentliche konzentriert. Die Geschäftsprozessaufnahme führt automatisch dazu, dass alle Betroffenen diese Überlegungen sehr genau durchführen.

Nur durch eine klare Vorstellung von der Situation nach der Softwareeinführung können die Weichen bereits bei den ersten Entscheidungen richtig gestellt werden. Das gilt für jede Investition – in besonderem Maße aber für Software, die sehr viele Mitarbeiter im Unternehmen betrifft.

2. Zeitpunkt der Kostenfestlegung

Die wesentlichen Entscheidungen, wie zum Beispiel welches Vorgehen für das Projekt insgesamt umgesetzt wird oder welche Software gekauft wird, legen alle nachfolgenden Kosten auf diese Schiene fest. Das ist vergleichbar damit, ein Zugsystem auszusuchen. Die Zahnradbahn benötigt ein anderes Gleisbett als ein ICE. Was als Gleis zu bauen ist, wird automatisch festgelegt, wenn die Entscheidung für das System bzw. das Vorgehen gefällt wird.

Aber auch viele kleine Entscheidungen im Projekt führen dazu, dass Kosten, die später regelmäßig anfallen, festgelegt werden. Bei jeder Entscheidung, ob ein Geschäftsprozess auf Papier oder/und elektronisch archiviert werden soll, wird automatisch festgelegt, ob die Kosten für Druck, Lochen, Ablage, Ordnerlagerung und Ordnerarchivierung mit langfristigen Lagerkosten anfallen oder nicht. Gleichzeitig wird festgelegt, welche Kosten für die Sicherheit elektronischer Archivierung investiert werden. Ein interessanter Wert in diesem Zusammenhang ist, dass ein Ordner pro Jahr ca. 200 € kostet[9].

---

[9] Laut einer Studie des ORGENDA Verlag. Koenig D (2001) Magazin.

3. Veränderlichkeit der Kosten

Fixe Kosten sind über den betrachteten Zeitraum nicht veränderbar. Variable Kosten passen sich den sie auslösenden Gegebenheiten an. Achten Sie darauf, den Anteil an Fixkosten so gering wie möglich zu halten. Damit ist Ihr Gesamtsystem flexibler. Sie können leichter auf von außen auf das Unternehmen zukommende Veränderungen reagieren, ohne bei sinkenden Einnahmen auf größere Investitionen für Anpassungen angewiesen zu sein. Das ist ein wesentlicher Schritt, um langfristig erfolgreich zu sein. Streben Sie an, möglichst viele Kosten flexibel zu halten.

Wirklich erwähnenswerte Kosten entstehen nicht etwa beim Kauf oder bei der Einführung, sondern während des Betriebs! Es kommt darauf an, ob…

- ein Vorgang täglich 10 Minuten oder 30 Minuten Zeit eines Mitarbeiters bindet. Das klingt wenig. Bei 220 Arbeitstagen summieren sich diese 20 Minuten Unterschied bereits auf 4.400 Minuten, also fast 75 Stunden oder mehr als zwei Arbeitswochen. Und was viel wichtiger ist: Derselbe Mitarbeiter könnte drei Vorgänge á 10 Minuten bearbeiten anstelle von einem á 30 Minuten. – So könnten zum Beispiel in derselben Zeit statt einer drei Rechnungen verschickt werden.

- ein Mitarbeiter seine Energie auf wertschöpfende (wie Kundengespräche) oder nicht wertschöpfende (wie interne Zahlentabellen umformatieren) Tätigkeiten verwendet.

- eine Führungskraft Entscheidungsgrundlagen auf Knopfdruck erhält, oder erst Wochen später, nachdem sie eine umfangreiche schriftliche Anfrage gestellt hat.

- die Software die Entwicklung des Unternehmens mitmacht oder behindert.

Abgesehen von diesen direkt im Tagesgeschäft auftretenden Effekten sind auch die übrigen, nach der Einführung regelmäßig auftretenden Kosten zu berücksichtigen:

- Kosten für Wartung und internes Betreuungspersonal
- Kosten für Nachschulungen neuer oder versetzter Mitarbeiter
- Kosten für Anpassungen an veränderte Gesetzeslage oder ähnliches
- Kosten für Upgrades (geringfügige Änderungen, manchmal kostenfrei) oder Updates (umfangreichere Änderung der Software häufig mit Nachschulungen verbunden)

Auf der nächsten Seite liefert Tabelle 3-7 die Möglichkeit, dass Sie Ihre Entscheidung festhalten. Es treten unterschiedliche Folgen auf. Eine knappe Zusammenfassung, was wahrscheinlich passiert, steht in der rechten Spalte.

Es ist wichtig, dass diese Entscheidung sehr bewusst getroffen wird. Immerhin hängt davon vieles im Projekt ab. Voraussetzung ist, dass die Situation bekannt ist, aus der heraus entschieden wird. Und auch wenn eine Krise bestehen sollte: Hohe Kosten im Betrieb sollten Sie nicht in Kauf nehmen.

Sie legen jetzt – vor Beginn des ganzen Projekts – fest, wie viel Geld in das Vorhaben investiert werden muss und zu welchem Zeitpunkt. Sparen Sie jetzt, scheint das Ergebnis kurzfristig für Sie positiv und erfolgreich zu sein. Doch rächt sich das später. Bereiten Sie die Investition richtig vor und investieren gezielt da, wo es dem Unternehmen etwas bringt, sparen Sie insgesamt erheblich.

Beachten Sie folgenden Zusammenhang: Hohen Nutzen zieht das Unternehmen aus der Geschäftsprozessoptimierung (nicht einer Aufnahme). Wird hierein investiert sinkt der Aufwand für den zweiten sehr wesentlichen Punkt: Die Schulungen. Werden diese von allen produktiv wahrgenommen, steht einem erfolgreichen Einsatz in den meisten Fällen nichts mehr im Weg.

Tabelle 3-7. Entscheidung über Projektinvestitionen mit möglichen Folgen

Ihre Entscheidung	Die Folgen
Investieren Sie bewusst zu Beginn sehr viel in die Planung?	Das professionell geplante Projekt wird in der Regel insgesamt in deutlich weniger Zeit umgesetzt. Die Kosten für den laufenden Betrieb, die Sie über Jahre tragen müssen, und damit die Gesamtkosten des über den ganzen Lebenszyklus betrachteten Projekts, sinken erheblich.
Wollen Sie über den Projektverlauf immer ähnlich viel investieren?	Vereinbaren Sie mit den Beteiligten regelmäßige Zahlungen. Bei leistungsbezogenen Vereinbarungen lassen Sie sich gleichzeitig eine Zeitaufstellung geben.
Investieren Sie zu Beginn wenig?	Sie erhalten rasch eine Lösung, sehen sich in der Projekt-Umsetzungsphase jedoch immer wieder vor große Schwierigkeiten gestellt, die oft in teure Programmieranpassungen enden. Das wiederum zieht in der Regel eine deutliche Erhöhung der Schulungskosten nach sich, da über den Standard hinaus eine Spezialschulung stattfinden muss. Die Einführungszeit wird deutlich verlängert und die Frustration extrem erhöht.
Ihre Entscheidung:	

3.7 Interner Projektleiter

Das Projekt beginnt damit, dass der interne, hauptverantwortliche Ansprechpartner für das gesamte Projekt eingesetzt wird. Das kann ein einzelner, erfahrener und kompetenter Projektleiter sein. Alternativ kann es sich hierbei um ein Gremium handeln aus einem Entscheider, einem Projektmanager und einem IT-Spezialisten. Achten Sie darauf, eine Person zu finden, die über das gesamte Projekt hinweg zu 100% dafür abgestellt wird. Von den ersten Überlegungen bis zum Betrieb der Software und idealerweise betreut sie das Projekt Idealerweise bleibt sie auch anschließend noch lange weiter im Unternehmen beschäftigt. Das Wissen, das diese Person schon bei den ersten Schritten aufbaut, ist so wertvoll, dass Sie es auf jeden Fall erhalten sollten. Und das geht weit über das hinaus, was selbst die besten Wissensmanagement-Systeme heute leisten können.

Sind alle in der Projektleitung engagierten Personen im Unternehmen angestellt, schafft das den Vorteil, dass Sie den internen Entscheidungsregeln unterworfen sind. Werden Externe eingebunden, muss unbedingt ein mit entsprechenden Kompetenzen ausgestatteter Interner als Begleiter zugeordnet werden. Überlassen Sie es nicht ganz einem externen Unternehmen, ein so wichtiges Projekt für Sie in die Hand zu nehmen. Es kann viel Unterstützung leisten – aber Sie müssen die Entscheidung letztendlich selbst treffen. Das kann Ihnen keiner abnehmen. Und darauf müssen Sie sich vorbereiten.

Einen guten internen Projektleiter haben Sie gefunden, wenn er

- für Ihre Branchenbesonderheiten kompetent ist,
- Durchsetzungsvermögen mitbringt und das Projekt rigoros organisieren kann,
- sich ausschließlich um Ihr Projekt kümmert,
- sich vorstellen kann, lange im Unternehmen zu bleiben und
- Erfahrung besitzt, aber nicht durch sehr viele Projekte ermüdet ist.

Es ist schwierig, all diese Eigenschaften in einer Person vereinigt zu finden – und wenn hat es einen hohen Preis. Alternativ können Sie ein Projektteam zusammenstellen, das gemeinsam all diese Anforderungen abdeckt und den Projektleiter entsprechend unterstützt.

Die Aufgaben des Projektleiters bestehen in der Projektplanung und Überwachung sowie dem Voranbringen des Projekts. Dazu ist es erforderlich, dass er mit allen notwendigen Kompetenzen ausgestattet ist.

Steht Ihnen kein Mitarbeiter mit entsprechenden Erfahrungen zur Verfügung können Sie seit kurzem auf einschlägig ausgebildete Personen am Arbeitsmarkt zurückgreifen. Die IHK bietet mit der Weiterbildung „Projektleiter mit Zertifikat IHK" die Qualifikation, die für das Projektmanagement notwendig ist. Ein neuer Mitarbeiter mit diesem Wissen kann das Team sinnvoll ergänzen.

Das Projekt steht und fällt mit der Unterstützung, die dieser Projektleiter aus der obersten Führungsebene des Unternehmens erhält. Bei den Schritten können ihn ein externer Berater oder andere Mitarbeiter unterstützen, doch bewährt es sich, wenn eine einzige interne Person wirklich verantwortlich für den Ablauf des Projekts ist.

Steht dem Projektleiter ein größerer Mitarbeiterstab zur Verfügung, können Teile der Planung und Überwachung delegiert werden. Die regelmäßige Information über den Stand und die Koordination mit den externen Beratern sowie das Treffen bzw. Vortragen aller relevanten Entscheidungen bleiben immer beim Projektleiter.

Erste Amtshandlung des Projektleiters ist eine eigene, konkrete Formulierung des Projekts, der Ziele und des Ergebnisses und in der Regel die Auswahl des Projektteams, insbesondere des oder der externen Partner. Erfolgt diese zweite, verbindliche Formulierung in Abstimmung mit dem ganzen Projektteam (intern und extern), führt das später im Projekt zu erheblichen Einsparungen.

3.8 Menschen machen Projekte

Die beste Software kann bei der Einführung zum Scheitern führen, wenn nicht alle Betroffenen aktiv mitziehen. Strategieentwicklung, Planung, Coaching, Entwicklung – all das führen Menschen durch, ebenso wie Programmierung und viel später auch die Anwendung des Ergebnisses.

Die IT-Landschaft des von Ihnen betrachteten Unternehmens bedarf einer Veränderung, die Sie mit einem Standard-System und/oder Programmierungen decken wollen. Wo fangen Sie jetzt an?

Beim Wichtigsten[10] ... und das bedeutet für dieses Vorhaben: Menschen: Mitarbeiter im Unternehmen, Mitarbeiter des Softwareanbieters, Berater und Coaches.

Die beste Software kann bei der Einführung zu einer Katastrophe führen, wenn nicht alle betroffenen Menschen aktiv mitziehen. Strategieentwicklung, Planung, Coaching, Entwicklung – all das führen Menschen durch, ebenso wie Programmierung und viel später auch die Anwendung des Ergebnisses.

Persönliche Neigungen und Vorlieben spielen ebenso eine Rolle wie der Umgang mit den Betroffenen. Ist der Projektleiter Fan von neuester Technik wird er kaum eine Lösung unterstützen, die diese nicht mitbringt. Er wird alle Register ziehen, um seine Vorstellungen umzusetzen. Ebenso wird der Projektverlauf wesentlich bestimmt durch die Werte, die der Projektleiter tatsächlich vertritt.

Werden andererseits die betroffenen Anwender nicht von Anfang an in geeigneter Weise eingebunden, bauen sie Spannungen und Ängste auf, die letztendlich ein Projekt zum Scheitern bringen können.

Gute neutrale Berater von außerhalb des Unternehmens bringen hier etwas Kontrolle und bilden einen Gegenpol zu internen, vorgefassten Meinungen. Darüber hinaus helfen Sie, das Projekt effizient und erfolgsausgerichtet umzusetzen. Aber wie bei internen Projektleitern gibt es auch hier schwarze Schafe. Eine gut vorbereitete Rekrutierung sowie laufende Kontrolle erleichtern es, hier denjenigen zu finden, der ausschließlich im Sinne des suchenden Unternehmens handelt. Des Weiteren besteht im Dienstleistungsvertrag die Möglichkeit, manches einklagbar zu machen.

---

[10] Alle dem Autorenteam bekannte Studien zu Erfolgsfaktoren in Projekten, auch insbesondere in IT-Projekten, stützen diese Aussage – zuletzt Buschermöhle R, Eekhoff H, Bernhard J (2006). Des Weiteren fasst es die Erfahrung der Autoren zusammen.

4 Der Weg zum Pflichtenheft

Jeder verwendet das Wort „Tempo" und meint damit in der Regel ein Papiertaschentuch. Im IT-Umfeld reden alle vom „Pflichtenheft". Die meisten meinen jedoch das Lastenheft.

Das Lastenheft ist der eigentliche Motor jeder Softwareauswahl. Je höhere Qualität hierbei erreicht wird, desto größer ist die Aussicht auf langfristigen Erfolg des gesamten Projekts.

Deswegen wird in diesem Kapitel sehr ausführlich eingegangen auf:

- Was unterscheidet Lasten- und Pflichtenheft?
- Welche Erfolgsfaktoren sind beim Lastenheft zu beachten?
- Welche Verfahren es gibt, zum geeigneten Lastenheft zu kommen?
- Wie treffen Sie Ihre Entscheidung?

Starten Sie mit dem Unterschied zwischen den beiden.

4.1 Lastenheft oder Pflichtenheft?

Die Unterscheidung zwischen Lastenheft und Pflichtenheft ist wesentlich, um die Ziele im Auge zu behalten.

In der Auswahlvorbereitung schreibt der Suchende in einem **Lastenheft** zusammen, was er sich vorstellt.

Im **Pflichtenheft** legen der Softwareanbieter und das kaufende Unternehmen gemeinsam fest, wie die konkrete Umsetzung für dieses Projekt vorgesehen wird. Dieses Pflichtenheft wird dann auch Bestandteil des Vertrages! Deshalb muss dies auch rechtsicher und umfangreich formuliert sein.

Die folgende Abbildung zeigt den Unterschied:

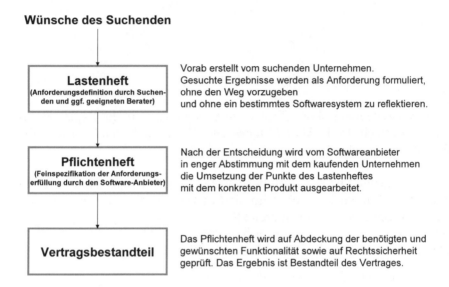

Abb. 4-1. Zusammenhang zwischen Lasten- und Pflichtenheft

Damit stellt sich die Frage: Lohnt es sich, den doppelten Aufwand zu treiben und zuerst ein Lastenheft und anschließend ein Pflichtenheft zu erstellen? Die Erfahrungen aus der Praxis geben hierauf eine eindeutige Antwort: JA! Doch sind nicht zwei völlig unabhängige Dokumente zu schaffen, wie das in der Praxis immer wieder vorkommt. Das Pflichtenheft ist eine Feinspezifikation des Lastenheftes.

Erfolgsfaktoren eines guten Lastenheftes sind:

1. Es enthält alle wesentlichen Anforderungen des Unternehmens.
2. Allgemeinheiten (zum Beispiel gängige Anforderungen wie Felder „Straße" und „Postleitzahl" für Adressen) werden nicht detailliert angesprochen.
3. Es werden generell keine Abkürzungen verwendet.
4. Jede Anforderung wird textlich beschrieben. Nur Überschriften sind nicht aussagefähig, weil hier Interpretationsspielraum gelassen wird.
5. Das grafische Erstellen von Abläufen regt das Nachdenken über die Soll-Situation an und deckt Schwachstellen auf.

6. Es ist sowohl für alle betroffenen Mitarbeiter im suchenden Unternehmen als auch für die Mitarbeiter beim Software-Anbieter verständlich.
7. Das Lastenheft dient auch als Ausschreibungsunterlage.
8. Es ist von den Mitarbeitern des Software-Anbieters gut zu bearbeiten.
9. Eine vollständige Vergleichbarkeit der Softwareangebote wird erreicht.
10. Das Pflichtenheft lässt sich ohne erheblichen Aufwand erstellen.

Schlechte Lastenhefte erkennen Sie zum Beispiel an:

1. Listen mit Schlagworten auf einer DIN A4-Seite.
2. Dicken Ordnern mit insgesamt bis zu 1.000 Seiten eng bedrucktem Papier (der Ersteller hatte wahrscheinlich keinerlei Erfahrung).

Solche Exemplare erfüllen auf keinen Fall die oben genannten Kriterien. Insbesondere liegt keine „vom Softwareanbieter bearbeitbare Ausschreibungsunterlage" vor.

Jedes Unternehmen, das vor der Aufgabe steht, eine neue Software einzuführen, stellt sich die Frage: „Was ist das richtige Auswahlverfahren?" Eine Reihe von Möglichkeiten steht Ihnen offen. Sie setzen sich zusammen aus

1. einem Verfahren zur Erstellung des Lastenhefts
2. dem eigentlichen Auswahlverfahren unter Verwendung des Lastenhefts
3. dem Übergang in das nächste Projekt: Der Einführung

4.2 Auswahl des Verfahrens zur Lastenhefterstellung

An einem leicht verständlichen Beispiel aus der Autoindustrie lässt sich nachvollziehen, ob es das einzig richtige Verfahren hierfür gibt. Die Frage: „Gibt es das einzig richtige Auto?" ist zu beantworten mit: Nein!

Jeder Autohersteller bietet seinen Kunden eine Auswahl an Modellen an, die für unterschiedliche Zielgruppen mit unterschiedlichen Leistungsmerkmalen und Kosten vorgesehen sind. Das Premium-Segment bei Mercedes-Benz wird mit der S-Klasse bedient, der Mittelstand mit der E-Klasse und so weiter über die C-Klasse, B-Klasse und A-Klasse. Und genau so verhält es sich bei der Erstellung des Lastenheftes. Jedes Unternehmen bringt unterschiedliche Bedarfe und Möglichkeiten mit. Das Verfahren muss darauf abgestimmt sein.

Bisher hatte jeder Auswahlberatungs-Anbieter immer nur ein Verfahren zur Lastenhefterstellung im Angebot. Der Kunde wird davon überzeugt, dass gerade dieses die einzig richtige Methode für ihn ist.

Welches Verfahren für welche bezüglich der Softwaresuche gebildeten Unternehmenstypen geeignet erscheint, zeigt die folgende Tabelle:

Tabelle 4-1. Unternehmenstypen und geeignete Lastenhefterstellungsverfahren

Zählt Ihres zu den Unternehmen, die ...	Empfehlenswerte Vorgehensweise	Siehe Kapitel
eine maßgeschneiderte Lösung wollen	Unternehmen, die „möglichst automatisierte Verwaltung erreichen", „jeden unnötigen Ablauf beseitigen" usw. wollen, suchen erfahrene Experten, die helfen, solche Geschäftsprozesse zu optimieren. Aber auch solche, die selbst eine Software entwickelt haben. Diese wollen am Ende ein flexibles Gesamtsystem haben mit Standardmodulen vom Markt kombiniert mit den spezifischen Eigenentwicklungen, in denen ihr Spezial-Know-how steckt.	4.2.1 Lastenheft auf Basis optimierter Geschäftsprozesse
ihre Prozesse selbst aufnehmen und Knowhow ergänzen wollen	Unternehmen mit ausreichend qualifiziertem Personal, das freigestellt werden kann, nehmen ihre Prozesse selbst auf. Einige hiervon verzichten dabei nicht auf die Vorteile externen Know-hows für die Optimierung – sie setzen Berater gezielt für wenige Tage zusätzlich ein.	4.2.2 Unternehmenseigene GPO mit Begleitung
zu einer hoch spezialisierten Branche zählen	Zu solchen Branchen zählen Automotive, Chemie, Pharma, Lebensmittel, Anlagen etc. Hierfür gibt es spezialisierte Branchen-Berater, die für diese Aufgaben vorbereitete Hilfsmittel, insbesondere vordefinierte Branchen-Geschäftsprozesse, mitbringen.	4.2.3 Fachexperten
eine GPO nur für Kernprozesse durchführen	Unternehmen, die keine Besonderheiten aufweisen wollen nur die wichtigen Kernprozesse aufnehmen (lassen). Anforderungen außerhalb stellt der erfahrene Berater aus Standards zusammen.	4.2.4 Mischung GPO und Standardanforderungen
deren IT-Leiter die Softwareauswahl vorbereitet	Der EDV-Leiter will häufig keinen Berater einschalten. Zur Beschleunigung benötigt er vorgefertigte Werkzeuge, die ihn in die Lage versetzen, seine Aufgabe mit verhältnismäßig wenig Aufwand zu erfüllen.	4.2.5 Lastenheft durch Hilfsmittel und Coaching

Tabelle 4-1. Unternehmenstypen und geeignete Lastenhefterstellung (Fortsetzung)

Zählt Ihres zu den Unternehmen, die ...	Empfehlenswerte Vorgehensweise	Siehe Kapitel
das Lastenheft anders erstellen lassen.	Das Unternehmen liefert ein Lastenheft, welches von einem Softwareauswahlexperten geprüft und dann für die Ausschreibung aufbereitet wird.	4.2.6 Unternehmen erstellt Lastenheft
nicht in der Lage sind, ihre Anforderungen ausführlich zu definieren	Das „nicht in der Lage sein" beruht häufig darauf, dass ein Unternehmen in starkem Wachstum steckt oder nur sehr wenig eigenes Personal einsetzt. Natürlich gibt es weitere Gründe. Als rasche Lösung bietet sich für sie an, auf ein vordefiniertes Pflichtenheft zurückzugreifen, das dann durch Mitarbeiter des Unternehmens angepasst wird	4.2.7 vordefiniertes Lastenheft
eine Erfassung der Anforderungen anhand eines Fragenkatalogs wünschen	Diese Unternehmen vertrauen darauf, dass Ihre Prozesse optimal laufen und durch eine Checkliste hinreichend beschrieben werden können. Um die Nachteile vieler Missverständnisse und darauf beruhender Falschaussagen bei der Beantwortung des Fragebogens zu vermeiden, setzen Sie einen Fragenkatalog ein, der dies weitgehend ausschließt.	4.2.8 Lastenheft per Checkliste
anhand von wenigen Kriterien die entsprechenden Software-Anbieter erfahren wollen	Dieses Verfahren ist überwiegend zur Voranalyse des Marktes geeignet oder zur Suche nach Add-On-Produkten wie z.B. Adressverwaltung, E-Procurement, Dokumentenmanagementsystemen, Projektmanagement etc. Außerdem können Softwarehäuser oder andere Unternehmen mit hohem Software-Know-how ein solches Vorgehen durchführen, um Partner zu finden.	4.2.9 Kunden-Kurz-Lastenheft
eine direkte Nennung mehrerer passender Anbieter wünschen	Insbesondere für Unternehmen aus einer Branche, für die es wenige Angebote auf dem Markt gibt (wie z.B. bestimmte Lebensmittelhersteller), oder kleine Unternehmen, die vor allem auf extrem niedrige Kosten achten müssen, eignet sich diese Unterstützung.	4.2.10 Direktnennung von Anbietern

> **Fazit:**
> Das „einzig richtige Verfahren zur Erstellung des Lastenheftes" für alle unterschiedlichen Unternehmen existiert nicht!

Jedes Verfahren zur Lastenhefterstellung hat seine Vor- und Nachteile[1]. Wer sich für eine Vorgehensweise entscheidet, sollte immer die Risiken, die damit verbunden sind, kennen. Werden diese berücksichtigt, kann das Unternehmen die Vorteile des passenden Verfahrens für sich nutzen. Dienstleister[2], die mehrere Verfahren anbieten, eröffnen die komfortable Möglichkeit, auch verschiedene Vorgehensweisen nacheinander durchzuführen, ohne den Aufwand, einen neuen Partner suchen und ganz von vorne beginnen zu müssen.

Im Folgenden werden nun die einzelnen Verfahren etwas ausführlicher beschrieben:

4.2.1 Lastenheft auf Basis optimierter Geschäftsprozesse

Was das Premium-Segment bei den Automobilklassen ausmacht, ist für ein Software suchendes Unternehmen die Erstellung des Lastenhefts auf Basis optimierter Geschäftsprozesse. Die Verbindung von Optimierung der Arbeitsabläufe mit der Auswahl einer geeigneten Software erweist sich in der Praxis regelmäßig als sehr erfolgreiche Vorgehensweise.

Ein Beispiel aus der Praxis zeigt den deutlichen Unterschied zwischen Geschäftsprozessaufnahme und -optimierung:
Bei einem weltweit tätigen Großhandel wurde im Einkauf der Prozess „Kundenbestellungen" aufgenommen. Würde nur eine Geschäftsprozessaufnahme erfolgen, ergäbe sich die Anforderung: „Alle aus den unterschiedlichen Quellen wie Email, Fax oder WEB-Shop eingehenden Aufträge werden in einem Auftragspool gesammelt. Nach Artikelgruppen erfolgt eine Zuweisung auf den jeweiligen Einkaufsachbearbeiter. **Jeder Auftrag wird auf bestimmte, festgelegte Kriterien hin überprüft und mit unterschiedlichen Auslieferungsstati versehen.**"

Nach der Geschäftsprozessoptimierung lautet die Anforderung desselben Prozesses: „Alle aus den unterschiedlichen Quellen wie Email, Fax oder WEB-Shop eingehenden Aufträge werden in einem Auftragspool gesammelt. Nach Artikelgruppen erfolgt eine Zuweisung auf den jeweiligen Einkaufsachbearbeiter nur dann, wenn die Ware nicht frei verfügbar ist oder bestimmte Sicherheitskriterien nicht erfüllt werden. Alle anderen

---

[1] Eine Aufstellung der Verfahren mit ihren Vor- und Nachteilen sowie Risiken finden Sie unter www.richtige-software.de.
[2] Eine Übersicht über Anbieter finden Sie ebenfalls unter www.richtige-software.de oder Sie wenden sich an die Autoren.

Aufträge werden durch das neue System vollautomatisch geprüft und sofort zur Auslieferung bereitgestellt."

Der Unterschied liegt in der Fähigkeit des aufnehmenden Beraters, Rationalisierungspotentiale herauszuarbeiten, die der schildernde Sachbearbeiter nicht erkennen kann. Nachdem das bisherige EDV-System keine automatische Prüfung vornehmen konnte, ging der Mitarbeiter selbstverständlich davon aus, dass auch das zukünftige System das nicht kann. Er müsste einen Überblick über die aktuell am Markt verfügbare Software und Technologie für genau seine Aufgabe besitzen, um zu einem anderen Ergebnis zu kommen. Dieses Fachwissen benötigt er aber nur extrem selten. Also macht es wenig Sinn, wenn er es selbst aufbaut. Deswegen ist es hier sinnvoll, externes Know-how einzukaufen.

Dass diese Vorbereitung auf die Auswahl besonders Erfolg versprechend ist, belegen auch verschiedene wissenschaftliche Studien, wie unter anderem:

1996 legte Gemini Consulting (1996)[3] eine Studie vor mit folgendem Ergebnis:
Eine Software-Einführung komplexen Umfangs zieht immer eine Prozess-Anpassung nach sich. Es bieten sich drei Vorgehensweisen an[4]:

1. „Die Software wird ausgewählt und die Prozesse werden so angepasst, dass die Software läuft." Dieses Vorgehen heißt „Simultaneous Reengineering" also etwa „Gleichzeitig mit der Einführung ablaufende Geschäftsprozess-Verbesserung". Es geht schnell geht und benötigt wenig Aufwand. Aber das Unternehmen verändert sich nicht nach den Markterfordernissen, sondern passt sich einer Software-Technologie an. Das führt nur selten zum gewünschten Erfolg, wie Praxiserfahrungen zeigen.

2. „Die Software wird ausgewählt und dann unter Einsatz eines geeigneten Werkzeugs die Geschäftsprozess-Verbesserung so durchgeführt, dass anschließend bei der Software-Einführung möglichst wenig an der Standard-Software geändert werden muss." Das wird als „Technology Enabled Reengineering", also „Technologie-getriebene Geschäftsprozess-Verbesserung", bezeichnet. Einige Softwareangebote sind so flexibel, dass hiermit bessere Ergebnisse erzielt werden. Wirklich zufrieden stellen sind jedoch auch die nicht.

3. „Zuerst werden die Geschäftsprozesse verbessert und anschließend die Software ausgewählt. Hierbei besteht die Möglichkeit, in der

---

[3] Zitiert nach Berlak J (2003).
[4] Vgl. auch Teich I, Kolbenschlag W, Reiners W (2004) S 70.

Entwicklung der Soll-Prozesse nach den Erfordernissen der Aufgabenstellung das Optimum zusammen zu stellen um dann nach der Auswahl diesem Optimum so nahe wie möglich zu kommen." Diese „Clean Slate Reengineering[A]", also „Geschäftsprozess-Verbesserung auf der grünen Wiese", benannte Verfahren zeigt sich in der Praxis als Erfolgreichstes.

Eine zweite Studie erschien 2002: Hau M ordnet die von ihm herausgearbeiteten Verfahren zur Softwareauswahl in eine Vier-Felder-Matrix ein, wobei er die Standardisierung der Komponenten und die Unterstützung des Auswahlprozesses berücksichtigt. Die Abbildung 4-2 zeigt das Ergebnis[5]:

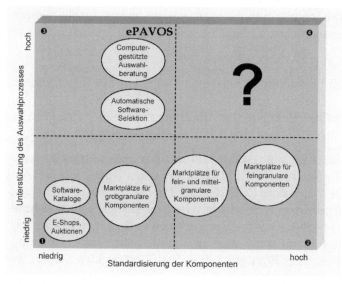

Abb. 4-2. Portfolio an Auswahlwerkzeugen und –verfahren[6]

Berlak J hat unabhängig in seiner Studie[7] 2003 eine Methodik zur Auswahl von Auftrags-Abwicklungs-Software entwickelt, die der hier vorgestellten sehr nahe kommt.

Mit Logik und auf Basis der umfassenden Erfahrung lassen sich Schlussfolgerungen ziehen, mit denen diese Ergebnisse bestätigt werden. Eine Geschäftsprozessoptimierung, ja sogar eine bloße Erfassung, bringt selbst be-

---

[5] Hau, M (2002) S 80.
[6] Identisch mit der Abbildung 2-2.
[7] Berlak (2004) insbesondere S 83-140.

reits eine Reihe von Nutzeffekten mit sich, die zum Erfolg des Gesamtprojekts beitragen. Dazu lesen Sie mehr in Kapitel 4.3.1[8].

In Abbildung 4-3 sehen Sie ein grobes Beispiel, wie ein Ergebnis einer Prozesserhebung aussehen kann. Einer der wichtigsten Prozesse in jedem Unternehmen: den Auftrags- bis Bezahlungs-Prozess (Order to Payment – OTP).

Hierfür gibt es eine weitgehend allgemein gültige Darstellung, die in langjährigen Studien[9] entwickelt worden ist. Mit nur wenigen Änderungen ist der Hauptprozess im groben Überblick für die meisten produzierenden Unternehmen nachvollziehbar (siehe Abbildung 4-3).

Abweichungen lassen sich aber auch leicht umsetzen. Für einzelne Branchen wie die Transportbranche oder den Handel gibt es ähnliche Rahmenmodelle. Das theoretische Modell dient dazu, ein vollständiges Bild zu schaffen – es wird weniger vergessen, indem der Vergleich angestellt wird: Was ist bei uns auch so und was anders.

Einzelne QM-Handbücher enthalten kaum mehr als diese grobe Zusammenstellung. Doch wer sich mit dieser Gesamtübersicht begnügt, nimmt sich die Chance, echte Verbesserungen herauszuarbeiten.

---

[8] Eine ausführliche Liste hierzu finden Sie unter www.richtige-software.de.
[9] Vgl. Bloech J, Ihde GB (1997) S 71 „Beschaffungslogistik".

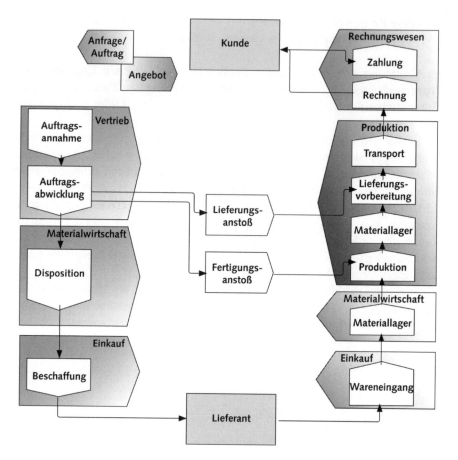

Abb. 4-3. Prozess „Anfrage bis Zahlungseingang" (stark zusammengefasst; erstellt mit AENEIS 5.2)

Für eine Softwareauswahl ist eine erheblich genauere Abbildung erforderlich, wie Abb. 4-4 zeigt. Nach der Erhebung in der Praxis wird die volle Komplexität sichtbar. Dennoch kann der Betrachter den Ablauf entlang der Verbindungspfeile nachvollziehen.

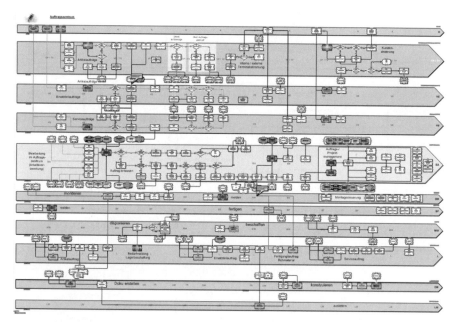

Abb. 4-4. Prozessübersicht aus der Praxis (Erstellt in SYCAT®)

Jeder Ablauf im Unternehmen ist heute eng mit der IT-Landschaft verzahnt. Zu fast jeder Aufgabe gibt es zum Beispiel in ERP-Systemen unterstützende Funktionalitäten.

Die komplexen Zusammenhänge in einem Unternehmen werden auf einem A0-Plakat sichtbar. Die meisten der hier angegebenen Aktivitäten sind selbst wieder ganze Prozesse, die dann auf ein bis zwei DIN A4-Seiten passen. Für die Softwareauswahl muss das betroffene Prozessgefüge bis ins Detail aufgenommen werden. Damit werden aber auch die Prozessabschnitte für eine Optimierung greifbar.

Eine solche Gesamtdarstellung enthält Details aus Besprechungen und Aufnahmen vor Ort. Der Aufnehmende muss jedes Dokument und jeden Schritt direkt miterleben. Nur dann wird er in der Lage sein, passende und angemessene Optimierungsvorschläge einzubringen. Ein Ausschnitt ist in der Abbildung 4-5 zu sehen:

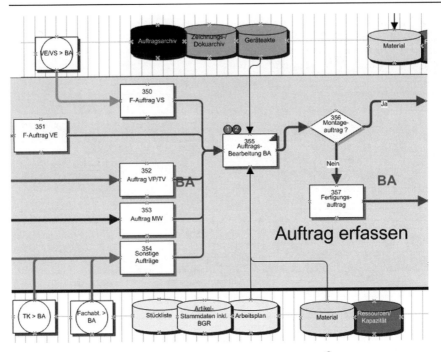

Abb. 4-5. Ein Ausschnitt aus der Gesamtgrafik (erstellt in SYCAT®)

Dieser Schritt wird bei der Auswahlmethodik ePAVOS, auf die später ausführlich eingegangen wird, mit einer speziellen Erfassungssoftware durchgeführt. Für jedes grafische Element erfolgt dort ein eigener Datenbankeintrag mit mehreren Registern. Unterschiedliche Informationen werden so strukturiert hinterlegt, wie zum Beispiel:

• Ist-Zustand	• Schwachstellen
• Maßnahmen	• Verantwortliche
• Termine der Maßnahmenumsetzung	• Soll-Zustand der Anforderungen
• Gewichtung der Anforderung	• Grafische Anlage zur Beschreibung der Anforderungen
• Und so weiter.	

Auch Hinweise auf notwendige Qualifikationen oder Qualitätsmanagementbelange können erfasst werden.

Hinter der Tätigkeit 355 „Auftragsbearbeitung" verbergen sich in Abb. 4-6 mehrere Arbeitsschritte. Das folgende Bild zeigt die DV-Beschreibung eines Arbeitsschrittes „Auftragssplittung".

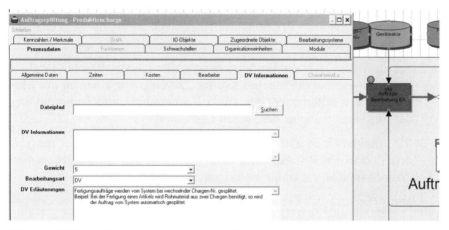

Abb. 4-6. IT-Anforderung zu jedem grafischen Element

Bevor das Vorgehen genauer beschrieben wird, soll vorgestellt werden, was es dem Unternehmen bringt:

Eine Welle der Prozessverbesserungsprojekte wurde ab 1992 unter anderem ausgelöst durch das Buch „Business Reengineering" von Hammer und Champy[10].

In den großen Industriebetrieben ist das Betrachten der eigenen Prozesse inzwischen weit verbreitet. Hier geht es vor einer Softwareauswahl nur noch um einen weiteren Schritt der Verbesserung: Das Einarbeiten der erst durch den aktuellen Stand der Softwaretechnik möglich gewordenen erheblichen Verbesserungen.

Kleine und mittlere Unternehmen scheuen häufig den Aufwand für eine Prozesserhebung, zumal Berichte über Misserfolge keine Seltenheit sind. Hammer hat das selbst ausführlich beschrieben[11]. Es lohnt sich aber und es gibt in der Regel eine Förderung für diesen Teil des Projekts. Doch wie bei der Softwareauswahl hängt das Gelingen letztendlich nur sekundär mit dem Aufwand zusammen. Viel wichtiger ist eine klare und der Situation des Unternehmens angepasste Projektplanung und -umsetzung.

---

[10] Hammer M, Champy J (1994).
[11] Hammer M (1996).

Dadurch wird es dem Unternehmen möglich, den vielfachen Nutzen[12] dieser Investition für sich zu erschließen:

1. Sie erarbeiten Einsparungspotentiale – einige davon sind sofort umsetzbar. Dadurch amortisieren sich die Investitionen für die Geschäftsprozessoptimierung häufig sogar noch innerhalb der Zeitspanne bis die Software eingeführt ist.
2. Sie erreichen nach der Einführung schneller das gewünschte Produktivitätsniveau bei niedrigeren Kosten. Das liegt vor allem an der Motivation der Mitarbeiter, der guten Vorbereitung und Durchführung der Einführung und an dem guten Lastenheft.[13]
3. Sie erhalten einen Zufluss an Know-how durch den Berater mit seinem aktuellen Wissensstand und bei einzelnen Anbietern seinen Zugriff auf eine einschlägige Wissensdatenbank.
4. Die Erfassung der Geschäftsprozesse erfolgt rationell mit einem geeigneten Hilfsmittel, das gleichzeitig in der Lage ist, die Ergebnisse als Prozessdarstellungen und Handbücher zum Nachlesen papierlos per Intranet allen Betroffenen bereit zu stellen. Mit diesem Hilfsmittel können die Prozesse weiter gepflegt werden. Gleichzeitig ist die Darstellung erweiterbar um Texte, die Anforderungen von Qualitäts-, Umwelt-, Arbeitsschutz-, Arbeitssicherheits- und anderen Handbüchern abdecken.

Zum 1. Nutzen: **Einsparungspotentiale und Kosten**

Wird eine Geschäftsprozessoptimierung zum ersten Mal durchgeführt, spart das Unternehmen bei einer gewissenhaften Durchführung nicht selten bis zu 30 % an Kosten (Bestände, Zeiteinsatz etc.). Selbst bei der zweiten oder dritten Runde finden sich allein durch die anderen Erfahrungen der jetzt eingesetzten Berater immer wieder neue Verbesserungsmöglichkeiten.

An Kosten fließen 80% des Budgets für eine geschäftsprozessbasierte Softwareauswahl in die Geschäftsprozessoptimierung. Diese bringt jedoch einen direkten, mehrfachen Nutzen für das Unternehmen. Nur 20% werden in die eigentliche Auswahl der richtigen Software gesteckt.

Beispiele aus der Praxis belegen das immer wieder. So unter anderen die Folgenden:

---

[12] Eine ausführliche Liste hierzu finden Sie unter www.richtige-software.de.
[13] Ausführlich in Kapitel 3.7.

1. Hersteller von Spezialsteckern für die Elektronikindustrie

In der schnelllebigen Elektronikbranche ist die Lieferzeit ein Kriterium bei der Vergabe von Aufträgen an Lieferanten. Im konkreten Fall wurden generell alle gefertigten Stecker aus der Fertigung kommend im Versandbereich auf eine der drei Rollbahnen zur Einlagerung ins automatische Hochregallager gelegt. Hier bildet sich ein Stau, weil die Waren von Menschen manuell erfasst werden müssen, bevor sie eingelagert werden. Es vergehen zum Teil Stunden, bis sie im automatischen Hochregallager sind. Dort verschwinden die Teile vorübergehend. Nachdem es hier um Massenwaren geht, werden die meisten bereits am nächsten Tag wieder ausgelagert und stehen dann wiederum lange auf Förderbändern Richtung Verpackung. Im Durchschnitt ergibt sich somit eine unnötige Zeitverzögerung von 24 Stunden.

Die Frage des Beraters bei der Geschäftsprozessoptimierung lautete: Was passiert hier DV-technisch?

5.000 Stecker aus der Fertigung werden auf Lager gelegt, 5.000 Stecker werden aus dem Lager entnommen und zum Versand vorbereitet. Die Frage, warum die Ein- und Auslagerung für sofort benötigte Stecker nicht von einem Bildschirm aus direkt in einem Arbeitsgang gemacht werden könne, wurde beantwortet mit: „Das geht nicht! Das war schon immer so! Dafür haben wir ja das automatische Hochregallager!"

Eine am gleichen Abend einberufene Sitzung mit der Geschäftsleitung und allen beteiligten Personen ergab keinen sachlichen Grund, warum diese einfache Buchung nicht durchgeführt werden könnte. Lediglich war die alte Software nicht dafür eingestellt. Nach einer Zeit des Schweigens meldet sich der Betriebsleiter und stellt fest: „Eine Konsequenz dieser Rationalisierung wäre, dass der bereits gestellte Investitionsantrag für eine vierte Rollbahnanlage zurückgezogen werden könnte. 30 % der Fertigung müsste nicht mehr tatsächlich eingelagert werden. Damit würde die bestehende Anlage schon jetzt erheblich entlastet werden."

Fazit: Hier wurde unnötiges Handling gestrichen.

2. Verschiedene Hersteller

In vielen Fertigungsunternehmen werden Subunternehmer als verlängerte Werkbank eingesetzt. Sandstrahlen, Oberflächen behandeln, Bohren, Fräsen und andere Arbeitsgänge werden vergeben. Meist handelt es sich um viele Teile mit wenig Wertschöpfung, aber hohem verwaltungstechnischen Aufwand:

- Bestellung an Subunternehmer

- Subunternehmer erstellt Lieferschein
- Subunternehmer erstellt Rechnung
- Unternehmen prüft im Wareneingang Mengen und Waren
- Rechnung wird im Fachbereich und in der Finanzbuchhaltung geprüft und manuell eingebucht.

Die verwaltungstechnischen Kosten sind oft höher als der Umsatz mit den Teilen. Auf die Frage: „Warum erstellen Sie keine Gutschrift?" erhalten die Berater in der Regel nur fragende Blicke. Das Gutschriftverfahren wird sehr selten eingesetzt. Dabei birgt es ein hohes Rationalisierungspotential:

- Ware wird bestellt
- Subunternehmer erstellt Lieferschein
- Freigabe erfolgt im Wareneingang
- der Kunde erstellt eine Gutschrift (negative Rechnung) zusammen mit einem Verrechnungsscheck oder mit automatischer Überweisung und stellt es dem Subunternehmer zu.

Die Folge: Kontrollaufgaben im Unternehmen entfallen. Außerdem fällt beim Subunternehmer die Aufgabe „Rechnungen schreiben" weg. Er muss nur noch den Eingang der Gutschrift kontrollieren. Damit sparen also beide Seiten unnötigen Aufwand.

Fazit: Die Schnittstelle konnte vereinfacht werden.

3. Transport von Neufahrzeugen nach Osteuropa per Schiff über die Donau

In der hoch automatisierten Automobilbranche ist es üblich, mit Gutschriften zu arbeiten. Identifiziert wird das zu transportierende Auto über die lange Fahrgestellnummer des Fahrzeuges. Diese wird dem Spediteur auf Lieferscheinen mitgeteilt. Beim Spediteur wird daraus eine Rechnung für die eigene Buchhaltung erzeugt und alle 200 Fahrgestellnummern (eine Schiffsladung) abgetippt.

Auf die Frage, warum nicht eine Rechnung mit einer Position „200 Fahrzeuge mit Fahrgestell-Nummern laut beigeheftetem Lieferschein" gestellt wird, kam keine Antwort. Die Rationalisierung brachte mehrere Stunden Einsparung pro Tag.

Fazit: Eine nicht wertschöpfende Tätigkeit wurde gestrichen.

Zum 2. Nutzen: **Veränderung und reibungslose Softwareeinführung**

Nur durch eine etwas zeitaufwändigere Begleitung der Prozesse lassen sich solche nachhaltigen und bedeutenden Einsparungen erkennen. Der Berater muss mit jedem Prozess mitlaufen und alles selbst überprüfen.

Zum 2. Nutzen: **Veränderung und reibungslose Softwareeinführung**
Der Einsatz einer anderen Software bringt immer Veränderung mit sich. Je früher Veränderungsprozesse aktiviert werden, desto leichter tun sich die Mitarbeiter sowie die gesamte Organisation, beim Inbetriebsetzen. Sie sind bertei, den Schritt auch wirklich mit zu machen. Beachten Sie: Gerade hierin liegt einer der wichtigsten Schlüssel zum Erfolg des gesamten Vorhabens.

Prozessdenken muss kein Mensch lernen. Jeder wird damit geboren. Es muss nur reaktiviert werden, weil es in Schule und Ausbildung abtrainiert wurde. Und dadurch, dass dies mit der Erfassung und Optimierung der Geschäftsprozesse angeregt wird, startet auch der Veränderungsprozess.

Jeder leitet für sich bereits während der Gespräche einen Umdenkprozess ein. Manch einer erkennt dabei selbst, was Peter Drucker treffend zusammenfasst: „Das Heute ist immer das Resultat der Handlungen und Beschlüsse von gestern. Kein Mensch kann jedoch – was immer sein Rang und Titel sei – in die Zukunft sehen. Die gestrigen Handlungen und Entschlüsse, mögen sie noch so mutig und weise gewesen sein, werden unvermeidlich die Probleme, Krisen und Dummheiten von heute."[14]

Die Mitarbeiter müssen offen dafür sein, Veränderungen zu akzeptieren. Ja – durch die von erfahrenen Beratern begleitete Optimierung entsteht sogar eine Motivation zur Veränderung. Die Mitarbeiter gestalten selbst. Seit den Hawthorne-Experimenten[15] in den 60er Jahren des 20. Jahrhunderts ist immer wieder wissenschaftlich nachgewiesen, dass Mitarbeit oder zumindest das Einbeziehen der Meinungen und Wünsche die Motivation erheblich steigert.

---

[14] Drucker, P F (1995).

[15] In den 60er Jahren des letzten Jahrhunderts beauftragte die Fabrik Hawthorne ein Forschungsteam, herauszufinden, ob die Produktivität mit der Helligkeit zusammenhing. Die Mitarbeiterinnen wurden befragt, dann wurde das Licht heller gestellt und wieder befragt. Das Ergebnis war wie erwartet. Es überraschte die Forscher, dass die Produktivität weiter stieg, als das Licht wieder zurückgedreht wurde. Sie forschten weiter und fanden heraus, dass es daran lag, dass sich die Mitarbeiterinnen ernst genommen fühlten und sichtbar etwas für Sie getan wurde – die Produktivitätssteigerung war weitgehend unabhängig vom Licht. Das Experiment wurde mehrfach wiederholt und andere ähnliche Studien durchgeführt – wobei das Ergebnis immer wieder bestätigt wurde.

Das führt bei jeder Veränderung – also auch bei einer Software-Einführung – dazu, dass vieles problemloser abläuft, als wenn die Betroffenen vorher nicht eingebunden werden.

Zum 3. Nutzen: **Know-how-Input**

Als Branchenexperten bringen die Berater Eindrücke aus vielen anderen Unternehmen mit. Darüber hinaus halten sie sich ständig auf dem Laufenden über die technologischen Entwicklungen bei unterschiedlichen Software-Anbietern. Auch steht einigen zusätzlich eine Wissensdatenbank zur Verfügung, aus der sie ihr Wissen über spezielle Anforderungen in kurzer Zeit auf den neuesten Stand bringen können. Ergebnis sind Anregungen, wie Sie Ihre Prozesse durch den Einsatz neuester Technologie noch besser gestalten können.

Beispiel 1: Computerstift
Nach Konferenzen oder Besprechungen gibt es immer das Problem, was nun aus den Notizen werden soll. Abtippen dauert und dabei werden Fehler gemacht, insbesondere, wenn nicht der tippt, der es geschrieben hat. Ablegen ist aufwändig und wieder finden noch viel mehr. Und so weiter. Alternativ können Sie in der Besprechung den Laptop bedienen. Aber das stört meist alle anderen.

Die Lösung: Es wird ein spezieller Block angeboten, auf dem sehr viele Symbole aufgedruckt sind – sichtbar als grauer Schimmer. Nehmen Sie einen speziellen Stift mit in die Besprechung, der aussieht wie ein Kugelschreiber. Dieser Stift erfasst nach der Aktivierung jede Bewegung des Stiftes. Er zeichnet auf, was Sie schreiben. Und Sie sehen es auch – als Kugelschreibermarkierung auf dem Blatt Papier. Wenn Sie fertig sind, aktivieren Sie ein Symbol und schon wird das Geschriebene per Internet beziehungsweise alternativ über Handy an Ihr System geschickt und Sie können gegebenenfalls noch eine Email zum Beispiel mit einer Bitte um Bearbeitung damit versenden.[16]

Beispiel 2: Bearbeiten von Emails und Terminen während der Autofahrt per Voice
Dr. Kolb, Inhaber der MEDAV GmbH, Erlangen, vertritt eine These, die zum Nachdenken veranlassen sollte: „Wir Manager wurden durch die Automatisierung von MS Office zu PC-Sklaven degradiert. Wir sollten uns

---

[16] Ein ausführlichere Beschreibung und Beispiele für den Praxiseinsatz finden Sie unter www.richtige-software.de.

wieder auf die eigentlichen Aufgaben eines Managers besinnen um rationeller zu arbeiten."[17]

Wie hat Dr. Kolb das umgesetzt? Er hatte eine Vision: in Leerzeiten wie beim Autofahren, wollte er sich seinen Emaileingang von einem Roboter vorlesen lassen, die jeweilige Mail per Sprache beantworten, die uninteressante Nachricht per gesprochenem Befehl löschen und ein Tondiktat an das Backoffice zur Bearbeitung senden. Diese und weitere Visionen[18] wurden in SoMoS umgesetzt und sind heute auf dem Markt verfügbar.

Wirklich an Lösungen für Sie als Kunde interessierte Berater bringen solche und viele andere technologische Details und Lösungen für spezielle Einsätze mit. Durch Zugriff des Beraters auf eine Wissensdatenbank steht Ihnen nicht nur das Know-how einer Person bei der Optimierung zur Verfügung, sondern von vielen Experten.

Zum 4. Nutzen: Rationelle Prozesserfassung

Moderne Software-Hilfsmittel unterstützen die Prozesserfassung einschließlich aller Details, so dass nur noch ein vertretbarer Aufwand hierfür betrieben werden muss.

Die meisten Software-Hilfsmittel[19] bieten über die reine Erfassung und Darstellung von Prozessen direkt daraus abgeleitete weitere Funktionen, die anschließend Aufgaben im Unternehmen vereinfachen können. Ein typisches Beispiel hierfür ist die Umsetzung in ein Qualitätsmanagement-Handbuch über das Intranet.

Tabelle 4-2 zeigt weitere ergänzende Funktionen. Diese machen häufig aus, wie viel Nutzen Sie aus einem solchen Programm insgesamt ziehen können. Die Prozessdarstellung alleine bietet nur geringe Vorteile – das haben die Anfänge mit Bildern in Zeichenprogrammen deutlich gezeigt. Der Nutzen entsteht, indem das Wissen des Unternehmens, seine Abläufe und die dazugehörigen Dokumente und weiteres integriert in einem System vorgehalten werden. Unterstützt diese Software dann auch noch dabei, die Informationen papierlos jederzeit auf aktuellem Stand abrufbar verfügbar zu machen, kommt eine hohe Einsparung dazu.

Achten Sie aber auch darauf, dass das Arbeiten mit der Software Spaß macht. Nur wenn sie eingesetzt wird und die Inhalte leben – also immer gepflegt bleiben – setzt sich der Nutzen um.

---

[17] Kolb H-J (2006).
[18] Teich I, Kolb H-J, Kolb A (2007).
[19] Eine Übersicht finden Sie unter www.richtige-software.de.

Tabelle 4-2. Zusätzlicher Nutzen einer Geschäftsprozessoptimierungssoftware

Funktion	Beschreibung
Prozess-Darstellung	Systematische Geschäftsprozessdokumentation. Damit werden die Abläufe verfügbar zur Analyse, Modellierung und Optimierung.
Potenzialanalyse	Systematische Zeiten- und Kostenpotenzialanalysen als Informationsquelle zur Optimierung der Geschäftsprozesse
Unterstützung der Softwareeinführung	Prozessorientierte Einführung von Standardsoftware
Simulation	Realitätsnahe, dynamische Simulation mit Planungsergebnissen wie Durchlaufzeiten, Kosten, Ressourcen und Kapazitäten
Workflow	Integrierte Workflow-Managementlösung für eine umfassende, automatisierbare Prozesssteuerung
FMEA (Fehler-Möglichkeiten-+Einfluss-Analyse)	Systematische Produkt- und Prozess-FMEA in Produktionssystemen und -prozessen, sowie bei der Umsetzung neu gestalteter Abläufe
Projektmanagement	Webbasierte Projektplanung, -steuerung und -controlling zur effektiven Umsetzung geplanter Maßnahmen, häufig mit einer Schnittstelle zu MS Project
Audit	Systematische, prozessorientierte Auditplanung und -durchführung einschließlich der Bewertung des Managementsystems. Einsatz mobiler Technik wie Mobile Computing als Minicomputer oder Stift.
Dokumentenlenkung/-verwaltung	Systematische, normenkonforme Verwaltung und Lenkung qualitätsrelevanter Aufzeichnungen und Dokumente sowie dynamische Veröffentlichung (html-Ausgabe) der Dokumente mit Berechtigungskonzept
Balanced Scorecard	Umsetzungen von Zielvereinbarungen von der strategischen bis zur operativen Ebene des Unternehmens
Mobile Datenerfassung	Plattformunabhängige Standardsoftware für die Erfassung, Auswertung und Online-Weiterleitung der IST-Prozessdaten z.B. mit Minicomputern
Normalzeiten	Entwicklung und Zuordnung von Zeitbausteinen im Rahmen von Systemen vorbestimmter Zeiten
Multimoment Aufnahme und -Analyse	Erfassung der Prozessstruktur, gegebenenfalls Abgleich mit Normalwerten sowie Auswertung der Mess- und Zeitwerte mit Archivierung der Ergebnisse
Direkte Datenübernahme aus einem ERP-System	Das Organigramm und andere Informationen werden in das Programm übernommen. In seltenen Fällen können Veränderungen auch zurückgeschrieben werden.
Integriertes Managementsystem dokumentieren	Mit nur einem Werkzeug können alle Informationen für ein integriertes Managementsystem (Prozessdokumentation, Qualitäts-, Umwelt und Arbeitsschutz/ Arbeitssicherheit) erstellt, gepflegt und verwaltet werden.
Prozesskostenrechnung	Eingegebene oder übernommene Kosten und/oder Zeiten dienen zur Berechnung der Prozessabschnitte.
Leistungsprozesse in Workflow umsetzen	Über eine Schnittstelle kann direkt aus dem modellierten Prozess ein Workflowsystem gesteuert werden.

Für Ihr Unternehmen bringt das zum Beispiel folgende Vorteile:

- Jeder, der mit MS Office beziehungsweise MS Windows und der einfachen Prozess-Darstellung als Ablaufplan vertraut ist, kann diese Produkte nach einer kurzen Schulung bedienen. Damit eignen sie sich auch für den langfristigen Einsatz im Unternehmen. Es werden keine zusätzlichen, teuren Beraterstunden insbesondere zur Weiterpflege notwendig.

- Sie unterstützen weit über die Darstellung hinaus – so lassen sich normenkonforme Handbücher für ISO-Zertifizierungen erstellen, Audits begleiten und vieles mehr.

- Sie bieten eine Veröffentlichung der Ergebnisse an berechtigte Personen per Intranet. Das ist Voraussetzung für eine rationelle und papierlose Verteilung. Es erleichtert erheblich, das Ergebnis zur Einarbeitung neuer Mitarbeiter und für weitere Verbesserungsvorhaben einzusetzen.

Prozessmanagement ist weder Wissenschaft noch Kunst. Es braucht in den meisten Fällen keine schweren, methodischen «Geschütze», hochakademische Diskussionszirkel oder esoterische Inspiration zur Gestaltung und Umsetzung von Prozessen. Geschäftserfahrung, Bereitschaft zur kritischen Auseinandersetzung und eine klare Vorgehensmethodik stellen wirksames Prozessmanagement sicher.[20]

Geschäftsprozessoptimierung

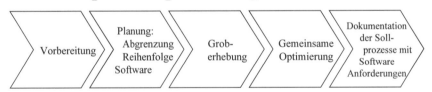

Abb. 4-7. Ablauf des Projekts Geschäftsprozessoptimierung

Prozessmanagement erfordert kein «Genie», keine besondere Kreativität und keine angeborenen Fähigkeiten. Vielmehr haben die beschriebenen Aufgaben etwas mit konsequenter Umsetzung, Disziplin und Konzentration zu tun. Sie sind lernbar und gehen schließlich in Erfahrung über. Das ist mit Führungsmethodik in Prozessen gemeint. Die Wirksamkeit von Prozessen hängt zu einem wesentlichen Teil von der professionellen Beherrschung der beschriebenen Aufgaben ab. Prozessmanagement ist dazu zu

---

[20] Malik F (2006) Vorwort.

machen, was es eigentlich ist: ein Handwerk und eine Voraussetzung für Konkurrenzfähigkeit bzw. für Produktivität in jeder Organisation.

Die Entwicklung auf den Märkten und die Entwicklung in den Organisationen lassen heute beinahe keine Alternative mehr zu, als in Prozessen zu denken und sich entsprechend zu strukturieren. Kompetentes Prozessmanagement führt dazu, dass die Potenziale gehoben werden. Wirksam sind nur richtig und gut geführte Prozesse. Das erreicht ein an Resultaten ausgerichtetes Vorgehen.[21]

Die graphische Darstellung der Prozesse ist Grundlage für die Prozessoptimierung. Diese wird im Rahmen der Methode ePAVOS durch AENEIS oder SYCAT® unterstützt. Grundsätzlich ist es möglich, die notwendigen Informationen aus fast jeder Geschäftsprozess-Software[22] direkt in die ePAVOS-Plattform zu übernehmen, wo eine Web-Ausschreibung entsteht. Manuelles Eingreifen ist abgesehen von der Prüfung nicht erforderlich. Das ist einzigartig. Die Abbildung 4-8 erklärt an einem einfachen Modell die Elemente der Geschäftsprozessdarstellung.

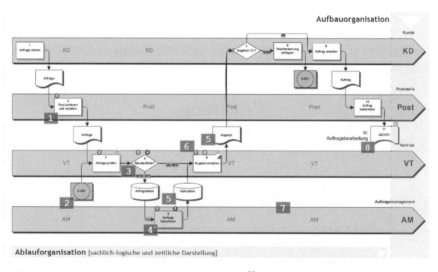

Abb. 4-8 Ausschnitt aus einer A0-Prozessübersicht[23]

Durch die Organisationsbereiche (große Balken im Hintergrund) lässt sich sofort erkennen, wer eine Aufgabe durchzuführen hat. Die 8 verwendeten Symbole sind auf der nächsten Seite zusammengestellt. Verzweigungen (3) stellen Entscheidungspunkte dar. In einem Prozess werden Unterpro-

---

[21] Stöger R (2006) S 103.
[22] Eine Liste finden Sie unter www.richtige-software.de.
[23] Mit freundlicher Genehmigung von binner IMS GmbH, Hersteller von SYCAT®.

zesse gleich mit angezeigt. Dahinter gibt es eine weitere Prozessdarstellung, die noch mehr ins Detail geht.
Folgende Symbole[24] finden bei dieser Darstellung Verwendung:

Tabelle 4-3. 8 Symbole zur Prozessdarstellung

Tätigkeiten	Schnittstellen-Definition
Prozessrücksprünge (Regelkreise)	Hinterlegte Arbeitsschritte, Schwachstellen, Dokumente, etc.
Verzweigungen	Abteilungen, Funktionsbereiche oder Rollen
Unterprozesskette	Prozessverbindung Quality Gates

Die Symbole entstammen ursprünglich dem Datenflussplan aus der Software-Entwicklung. In der Praxis haben Sie sich als geeignete und verständlichste Darstellung herausgestellt. Sie sind auch Grundlage des Standards BPMN[25].

---

[24] Mit freundlicher Genehmigung von binner IMS GmbH, Hersteller von SYCAT®.
[25] Weitere Informationen unter www.omg.org.

Es geht insbesondere um Informationsaustausch, Funktionen und Organisationseinheiten (siehe Abbildung 4-9):

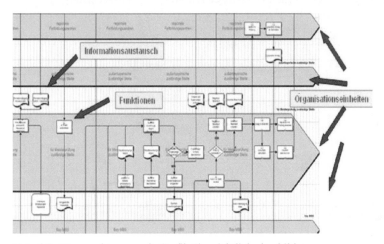

Abb. 4-9. Wer macht was – als Grafik übersichtlich abgebildet

Miteinander sehen, miteinander reden, miteinander optimieren

Dieses Prinzip wird bei der Methodik ePAVOS konsequent eingesetzt. Die Mitwirkung der Mitarbeiter ist unabdingbar. Neben der reinen Prozessbeschreibung wird auch ihr Expertenwissen um die Prozesse dokumentiert. Um das Zusammenwirken einzelner Organisationseinheiten, deren Mitarbeiter und die dazu notwendigen Formulare, Dokumente und IT-Verfahren strukturiert analysieren und optimieren zu können, bedarf es der Mitwirkung aller Prozessbeteiligten (Abbildung 4-10).

Abb. 4-10. Gemeinsam bei der Arbeit

Die erarbeiteten Ergebnisse stellen eine Momentaufnahme der Unternehmensprozesse dar und sind die Basis einer dynamischen Fortschreibung (Abbildung 4-11). Ihre Mitarbeiter lernen bereits während der Prozessaufnahme die Anwendung des Werkzeugs und erwerben ein Verständnis vom Prozessdenken.

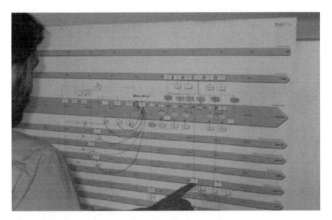

Abb. 4-11. Dynamische Fortschreibung der Organisation

Insbesondere das auf ePAVOS angepasste Geschäftsprozesswerkzeug erlaubt es, eine Funktion direkt aus der Grafik heraus in einzelne Arbeitsschritte zu zerlegen. Um in der Optimierungsphase die Unterstützung der einzelnen Vorgänge bis hin zur Automatisierung sicher zu stellen, müssen die Arbeitsschritte so genau beschrieben werden, dass sie später DV-technisch umgesetzt werden können (Abbildung 4-12).

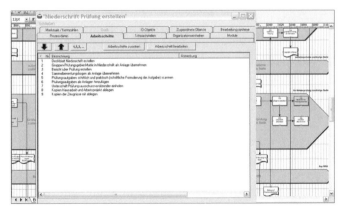

Abb. 4-12. Arbeitsschritte direkt im Prozess erfasst

Eine nennenswerte Steigerung der Produktivität und Senkung der Kosten gelingt ohne Optimierung der Geschäftsprozesse nicht. Nur damit werden aber die Kosten später beim Einsatz der Software ebenfalls niedrig ausfallen. Besonders nützlich ist es, Schwachstellen und Maßnahmen zu erfassen.

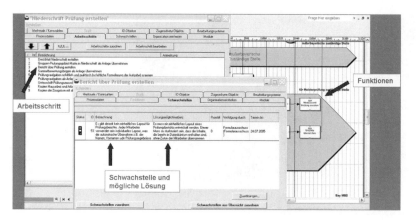

Abb. 4-13. Schwachstellen erfassen und sofort in die Projektsteuerung aufnehmen

Das System überwacht von sich aus die Rückmeldung der Fertigstellung für die Maßnahmen und mahnt überfällige Termine an. Der Zustand wird als Ampel angezeigt.

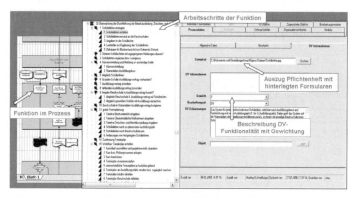

Abb. 4-14. Lastenheftauszug und ausführliche Beschreibungen hinterlegt

Mitarbeiter verbringen häufig unverhältnismäßig viel Zeit mit dem Suchen von Unterlagen. An jede Funktion, an jeden Arbeitsschritt können beliebig viele Anlagen verschiedener Formate angehängt werden. Damit finden Sie immer sofort das, was Sie suchen und in der Regel auf aktuellem Stand.

Die erhobenen Informationen können in Form des Lastenhefts per HTML-Ausgabe als Handbuch in das Intranet gestellt werden, so dass für jeden Berechtigten alle Informationen ständig und aktuell zugänglich sind. Das ist Stand der Technik. Damit entfallen das abteilungsbezogene Verteilen von Ergänzungen und die nutzlose Bindung von Mitarbeiterzeit zum Einheften der Aktualisierungen.

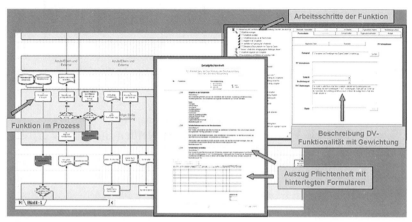

Abb. 4-15. Lastenheft mit Formularen und Bildern

Auch die Übersicht steht im Intranet zur Verfügung.

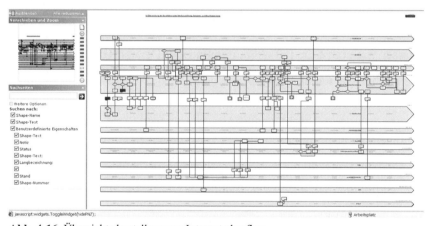

Abb. 4-16. Übersichtsdarstellung per Intranet abrufbar

Alle in der Analyse erhobenen Daten werden zusammen mit Bildern, Scans und direktem Zugang zu den Dokumenten direkt in Form eines Anwenderhandbuchs elektronisch bereitgestellt (Abbildung 4-17).

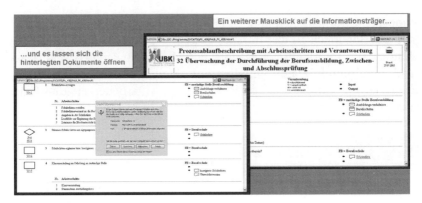

Abb. 4-17. Auszug aus dem Intranet-Handbuch

Fazit:
Halten Sie die folgende Reihenfolge ein und Sie werden Ihr Projekt erfolgreich voranbringen:

- Suchen Sie den richtigen Berater aus und ziehen Sie Ihn dafür heran, wofür Sie ihn tatsächlich brauchen – insbesondere für Know-how-Input, was die Softwaretechnologien betrifft.

- Planen Sie das Projekt: Stecken Sie die Grenzen ab und nehmen Sie eine Strukturierung vor. Legen Sie die Reihenfolge des Vorgehens fest. Gegebenenfalls suchen Sie eine Geschäftsprozess- und/oder eine Projektmanagementsoftware aus (per Kurzpflichtenheft oder über Direktnennung). Führen Sie diese idealerweise vor Beginn des Projekts ein.

- Erfassen Sie zuerst die IST-Abläufe ohne viel Details (Groberhebung).

- Dann gehen Sie daran, die Prozesse deutlich zu verbessern / zu optimieren (vgl. Business Process Engineering).

- Danach erfassen Sie das Ergebnis, also die Soll-Prozesse ausführlich mit allen Details, insbesondere auch mit DV-relevanten Hinweisen.

- Als nächstes gewichten Sie die DV-relevanten Arbeitsschritte.

- Und schließlich geben Sie das Handbuch frei und machen es allen Betroffenen zugänglich.

4.2 Auswahl des Verfahrens zur Lastenhefterstellung

Auch für die Geschäftsprozess-Erhebung[26] gibt es Erfolgsfaktoren. Hierbei ist auf Folgendes zu achten:

- Per Software auszuführende Prozessschritte müssen besonders ausführlich erfasst werden. Manuelle hingegen sollten nicht zu detailliert aufgenommen werden – das spart später erheblichen Pflegeaufwand.

- Insbesondere Tätigkeiten mit besonderen DV-Anforderungen müssen mit vielen Details ausführlich erfasst sein.

- Die Formulierungen müssen in erster Linie von allen betroffenen Mitarbeitern des Unternehmens verstanden werden. Es lohnt sich, hier sehr sorgfältig vorzugehen. Das trägt erheblich dazu bei, dass das gleichzeitig entstehende Handbuch später auch produktiv eingesetzt wird.

- Die im Unternehmen vorhandene Software ist möglichst vollständig aufzulisten. Der tatsächliche Einsatz wird mit dokumentiert. Daraus können Sie dann ableiten, welche Lizenzen Sie in Zukunft nicht mehr brauchen.

Aus den erfassten Sollprozessen und Software-Anforderungen werden nun mit Unterstützung eines Experten DV-Module zusammengestellt. Für diese Einheiten erfolgt eine Gewichtung nach demselben Schlüssel, wie auch bei den Tätigkeiten. Bewusst wird bei ePAVOS eine breite Skala angesetzt, damit sich beim Vergleich die wichtigsten Anforderungen deutlich von unwichtigen abheben:

1 = Wunsch ("nice to have"),
3 = weniger wichtig,
5 = normale Anforderung (gleich Standard),
7 = wichtige Anforderung,
9 = K.O.-Kriterium und
10 = Kommentare für den Anbieter, die nicht zu beantworten sind.

Im Rahmen der Soll-Festlegung werden Fragen in 3-stufiger Struktur gestellt, von unten nach oben gewichtet und dann pro Stufe berechnet. Daraus ergeben sich die Gewichtungen der höheren Stufe. Das ist ein sehr aufwändiges, aber zu diesem Zeitpunkt notwendiges und zuverlässiges Verfahren. Einzelne Beteiligte stecken noch tief in den Details. Jetzt geht es aber darum, das Wesentliche im Soll-Prozess herauszustellen.

---

[26] Weiteres Material hierzu finden Sie unter www.richtige-software.de.

Die Gewichtung wird nicht in der Ausschreibung veröffentlicht, damit die Anbieter unbefangen antworten.

Nach der Gewichtung haben die Beteiligten alle wesentlichen Punkte im Gedächtnis zur Verfügung. Anhand der Liste wird jetzt noch einmal überprüft, ob auch wirklich die vorab bestimmten strategischen Ziele des Unternehmens ausreichend in den Anforderungen berücksichtigt werden. Bei zentralen Punkten muss die Übereinstimmung 100% betragen. Untergeordnete Module (mit geringer Gewichtung) können dagegen schon einmal mit einem Kompromiss behandelt werden: Das Modul wird weggelassen oder es werden Alternativen gesucht.

Herauszuarbeiten sind Module, die bei einem Spezialanbieter gekauft werden, wie zum Beispiel Finanzbuchhaltungssysteme oder Controllingsoftware. Aber auch Lagersysteme und andere werden für ganz bestimmte Einsätze nur von Spezialanbietern in passender Qualität geliefert.

Unter Berücksichtigung der Gewichtung entsteht dann das Lastenheft – bei Einsatz von ePAVOS fast vollautomatisch. Dieses Lastenheft ist ebenso wie das Anwenderhandbuch in der Sprache des Unternehmens zu formulieren, das die Software kaufen will. Dies ist notwendig, damit Sie

- selbst prüfen können, was ausgeschrieben wird.
- gegebenenfalls erklären können, was Sie eigentlich benötigen.
- eine zutreffende Gewichtung vergeben können.

Das Vergeben der Gewichtung ist gleichzeitig der Test auf Verständlichkeit. Wissen Sie nicht, welchen Wert Sie einsetzen müssen, hinterfragen Sie, was dort geschrieben steht. Finden Sie gemeinsam mit dem Berater eine bessere Formulierung.

> Anforderungen an die Software
> sind direkt aus den Prozessen abzuleiten.

IT-Landschaft und Geschäftsprozesse sind heute enger den je miteinander verknüpft. Workflows übernehmen die Steuerung ganzer Prozessabschnitte vollständig im Computer. Doch immer noch sind auch Menschen am Werk.

Deshalb gilt:

- Eine Änderung im Prozess zieht eine Änderung im DV-System nach sich. Wird sie nicht umgesetzt, dann ändert sich der Prozess nicht.
- Eine Änderung im DV-System zieht eine Änderung in den betroffenen Prozessen nach sich. Wird dies nicht umgesetzt, dann wirkt die Änderung des DV-Systems nicht oder es wird zum Störfaktor.

Die von einer Software zu erfüllenden Anforderungen stecken in den in diesem Unternehmen ablaufenden Geschäftsprozessen. Schöpfen Sie die sich hierbei eröffnenden Potentiale aus. Keine der im Weiteren beschriebenen Vorgehensweisen zum Erstellen eines Lastenheftes bietet auch nur annähernd so einen hohen Gesamtnutzen.

4.2.2 Unternehmenseigene GPO mit Begleitung

Die Mitarbeiter des Unternehmens werden im Denken in Prozessen geschult. Außerdem erfahren Sie, wie das Geschäftsprozessaufnahme-Tool zu bedienen ist. Anschließend nehmen sie die Ist-Prozesse des Unternehmens selbst auf. Zum Schluss übernimmt der Softwareauswahl-Dienstleister eine kritische Würdigung des Ergebnisses und unterstützt bei der Ausarbeitung der Soll-Prozesse und der DV-Anforderungen für die Zukunft (Abbildung 4-18).

- Geschäftsprozess-Denken
- Optimierungsvorgehensweise
- Methodik
- Software-Tool zur GP-Aufnahme
- Kritische Würdigung der IST-Abbildung
- Gemeinsames Erarbeiten der
- Soll-Prozesse mit Berater-Know-how

Abb. 4-18. Zeitbedarf grau mit Dienstleister, weiß ohne Unterstützung

In der ersten Phase erfolgen die Schulung und die Einarbeitung der Projektmitarbeiter aus dem suchenden Unternehmen. Dann erheben diese selbst die Ist-Situation. Anschließend überarbeiten die internen Projektbeteiligten gemeinsam mit dem Optimierungsberater die Prozesse. Sie definieren die Soll-Prozesse unter Einsatz des gesamten verfügbaren Knowhows.

Auch dieses Vorgehen ist sehr wirksam. Einerseits erfordert es vom Unternehmen eine höhere Investition an Zeiteinsatz der eigenen Mitarbeiter. Andererseits wird das Experten-Know-How einbezogen – jedoch mit reduziertem Kauf bezahlter Expertenzeit.

4.2.3 Fachexperte

Für Unternehmen einer hoch spezialisierten Branche, wie z.B. Automotive, Chemie, Pharma, Lebensmittel, Anlagen etc. gibt es eigens dafür qualifizierte Berater. Sie befassen sich seit langem mit den Prozessen in Ihrem Kernthema. Daraus haben Sie für diese Branche vordefinierte Branchen-Geschäftsprozesse erarbeitet. Das beschleunigt das Verfahren der Geschäftsprozessoptimierung. Doch lässt sich dieses Verfahren nur bei bestimmten Branchen durchführen. Insbesondere bei solchen, deren Prozesse durch bestimmte externe Vorgaben und Standards mitbestimmt werden, wie das zum Beispiel bei Lebensmittel und Pharma durch die Hygienevorschriften und ähnliches der Fall ist.

Deswegen müssen weiterhin in vielen Fällen, bei denen die Voraussetzungen nicht gegeben sind, Geschäftsprozesse neu aufgenommen werden. Das hat allerdings den Vorteil, dass sich das Unternehmen besser von anderen abheben kann. Vordefinierte Prozesse führen unweigerlich auch dazu, dass vieles schließlich ähnlich durchgeführt wird. Das ist bei Zwang durch Gesetze oder Auftraggeber akzeptabel. In anderen Branchen würde dadurch aber viel verloren gehen.

4.2.4 Mischung GPO und Standardanforderungen

In bestimmten Fällen ist es sinnvoll, nur die Kernprozesse bis ins Detail aufzunehmen und für die übrigen Standard-Anforderungen anzunehmen. Das geht insbesondere, wenn gute branchenbezogene Software auf dem Markt bereitsteht und die weniger nah am Dreh- und Angelpunkt liegenden Prozesse noch nicht optimiert sind. So wird das Projekt vereinfacht.

Da hier eine Beschleunigung des Projekts erreicht wird, ohne auf die Vorteile an wichtigen Stellen zu verzichten, bietet sich dieses Vorgehen auch an, wenn ein Unternehmen in einer Krise steckt.

4.2.5 Lastenheft durch Hilfsmittel und Coaching

In manchen Unternehmen gibt es qualifizierte Mitarbeiter, die in der Lage sind, selbst die Prozesse aufzunehmen und dazu die Soll-Anforderungen auszuarbeiten. Hierbei handelt es sich überwiegend um IT-Leiter oder IT-Mitarbeiter. Diesen Bearbeitern fehlt jedoch ein geeignetes, webzugängliches Werkzeug, um daraus ein Lastenheft strukturiert aufzubauen.

Hierzu gibt es ein Modellierungswerkzeug, in dem Anforderungen für die jeweiligen Fachabteilungen als Textvorschläge bereitgestellt werden. Damit hat der Bearbeiter einen Baukasten von Funktionalitäten zur Verfügung, aus dem er selbst

1. einen roten Faden über den gesamten Bedarf eines neuen, modernen EDV-Systems, strukturiert nach Fachbereichen ableiten kann.
2. Texte aus Vorschlägen entwickeln kann, die er anpasst, erweitert oder abspeckt.
3. zu jedem Thema eine Gewichtung anhand eines Vorschlags abprüfen kann, die eine mögliche Wichtigkeit einer Anforderungen angibt: K.O.-Anforderung, Standard-Angebot oder Nice-To-Have-Wunsch.
4. PowerPoint-Darstellungen von den verschiedensten Softwareanbietern heranziehen kann, die das jeweilige Thema plastisch und anschaulich darstellen.

Der EDV-Leiter erhält über das Internet Zugriff auf die aktuelle Version des Werkzeugs.[27] Bei Einsatz dieses Verfahrens sollte ein erfahrener Berater bei der Soll-Optimierung das fast fertige Modell einmal abnehmen.

4.2.6 Unternehmen erstellt Lastenheft

Arbeitet das Unternehmen schon länger mit einem Berater zusammen, der die Geschäftsprozesse optimiert, wird es mit diesem gemeinsam das Lastenheft aufstellen. Dieses kann anschließend an den Softwareauswahl-Dienstleister übergeben werden. Nach einer Prüfung wird der notwendige Kern in die Ausschreibung übertragen und die Internet-Plattform eingesetzt. Nach der Entscheidung übernimmt dann in der Regel wieder der ursprüngliche Berater die weitere Begleitung bei der Einführung.

---

[27] Einzelheiten hierzu finden Sie unter www.richtige-software.de.

4.2.7 Vordefiniertes Lastenheft

Wünscht der Entscheider aus der Struktur oder der Lage seines Unternehmens heraus ein fertiges Lastenheft, das er selbst nur wenig an Gegebenheiten des Unternehmens anpassen muss, findet er auch hierfür Angebote.

Dieser Fall kann zum Beispiel eintreten, wenn ein Unternehmen sehr hohe Qualifikation an Software-Know-how hat, aber nur wenig Personal, so dass hier keine Zeit besteht, sich um das Verfassen eines Lastenheftes zu kümmern.

Je nach Erfahrungs- und Ausbildungshintergrund sind manche Entscheider auch darauf festgelegt, nur ein „Pflichtenheft" zu kaufen. Das ist nicht selten der Fall, wenn die Software nicht als Werkzeug, sondern als „Allheilmittel" für das Unternehmen dienen soll. Diese Einstellung macht einen echten Erfolg des Projekts eher unwahrscheinlich.

Auf den ersten Blick spart der Entscheider und sein Team Zeit und Geld. Dafür handelt sich das Unternehmen allerdings Nachteile ein: Die Wirkungen der Geschäftsprozessoptimierung entfallen. Der Entscheider liest nur. Keiner beschäftigt sich intensiv mit den wesentlichen Aspekten des Unternehmens. Gefunden wird in der Regel eine Standardsoftware, die Anpassungen erfordert, deren Umfang erst während der Einführung sichtbar wird.

4.2.8 Fragenkatalog

In Bereichen, wo es nur sehr wenige Software-Angebote gibt, kann ein gut durchdachter Fragenkatalog in Verbindung mit einem spezialisierten Fachberater ausreichen, um eine Vorauswahl zu treffen. Das dient dann eher dem Aussortieren weniger geeigneter Angebote.

Einige Berater bieten generell eine Softwareauswahl mittels Checklisten an. Inzwischen haben sich vor allem zwei Arten etabliert:

- Sie oder ein Berater erhalten eine CD mit einem Auswahlprogramm zur Verfügung gestellt oder

- Die Checkliste wird per Internet bereitgestellt.

In beiden Fällen wird dasselbe Prinzip eingesetzt:
Vordefinierte Standardfragen zu einer Software-Kategorie werden einmal im Jahr durch die Software-Anbieter mit JA oder NEIN beantwortet. Der Suchende füllt denselben Fragebogen ebenfalls mit JA oder NEIN aus und daraus wird eine Übereinstimmung abgeleitet.

Der Vorteil dieses Verfahrens liegt in der verhältnismäßig schnellen Ermittlung im Rahmen der Voranalyse. Per Standard-Checkliste werden die Anforderungen des Kunden durch Befragung erhoben und mit dem Profil der Anbieter abgeglichen.

Doch es gibt auch Nachteile: Einzelne Anbieter verwenden Checklisten mit sehr vielen Fragen. Schätzen Sie selbst ab, wie realistisch es ist, dass diese Fragen vollständig und richtig ausgefüllt sind und die Antworten ü- überprüft wurden: 2.500 Fragen zu prüfen bindet pro Anbieter zwei Berater mindestens eine Woche. Die Kosten belaufen sich somit auf mindestens 7.500 EURO pro Anbieter. Bei 200 Anbietern bedeutet dies ein 1,5 Mio. EURO. Die Zeitdauer der Überprüfung von 200 Anbietern beliefe sich auf 4 Jahre. Ergebnis: Die Daten sind nur selten aktuell.

Die individuellen Anforderungen des Unternehmens, die sich nicht zufällig in den Standard-Checklisten widerspiegeln, werden kaum berücksichtigt.

Die Fragen, die im Vokabular der Software-Spezialisten verfasst sind, werden teilweise sogar von den eingesetzten Beratern selbst nicht verstanden. Das suchende Unternehmen kann oft die Notwendigkeit bestimmter Fragen sowie die Folgen bestimmter Antworten gar nicht einschätzen.

Jeder kann sich solche Checklisten besorgen und „Auswahlberater spielen". Unternehmen, die solche Checklisten auf dem Markt anbieten, prüfen nicht die Qualifikation der Personen, die diese Checklisten verwenden. So kann es passieren, dass ein „Automechaniker" eine Softwareauswahl machen könnte.

Wenn Sie sich für den Einsatz einer Checkliste entscheiden, achten Sie auf folgende Punkte:

- Wie aktuell sind die Daten, mit denen verglichen wird?
- Verstehen Sie die Fragen? Können Sie Missverständnisse ausschließen?
- Genügt der Berater den in Kapitel 4.3 genannten Kriterien – insbesondere, was seine Kompetenz beim Einsatz der Checkliste betrifft?
- Entspricht die grobe Einschätzung auf Basis der Standardfragen tatsächlich Ihrem Anspruch eine für das Unternehmen wesentliche Software auszusuchen?

Wer dies unbeachtet lässt, läuft Gefahr, dass bei den Präsentationen der zum Vergleich ausgewählten Anbieter kein einziger die tatsächlichen Bedarfe deckt. Zeit und Geld sind vergeudet.

Der Fragenkatalog im Rahmen der ePAVOS-Methode bietet einen anderen Ansatz: Darin werden ähnlich des Ergebnisses der Auswahl über optimierte Geschäftsprozesse die richtigen, unternehmensbezogenen notwendigen Fragen gestellt. Was notwendig ist, entscheiden Projektmitarbeiter gemeinsam mit einem Branchenspezialisten. Dadurch werden Missverständnisse weitgehend vermieden. Hat der Ausfüllende Zweifel, kann er sein Verständnis zur Frage ergänzen.

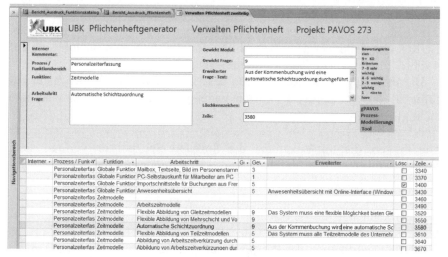

Abb. 4-19. Der Pflichtenheftgenerator aus der ePAVOS-Werkzeugfamilie

Die Verantwortlichen des suchenden Unternehmens arbeiten mit. Bis ins Detail können Arbeitsschritte und ihre Merkmale erfasst werden. Wünscht das Unternehmen später eine Prozessdarstellung, können die relevanten Teile direkt aus diesem Programm heraus zur Modellierung herangezogen werden.

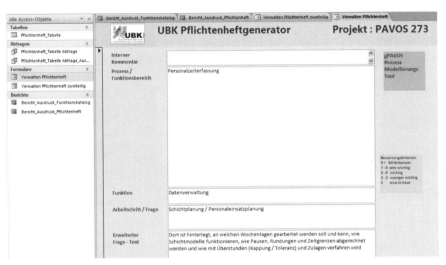

Abb. 4-20. Detaileingabe mit Schnittstelle zum ePAVOS Modellierungstool

Bei dieser Eingabemaske können eine Reihe von Informationen erfasst werden: Die Frage, ein erweiterter Text, Zuordnungen und vor allem die Gewichtung. Auch wenn nur ein Fragenkatalog zusammengestellt wird: Zur Ermittlung einer sinnvollen Aussage ist eine individuelle Gewichtung unerlässlich. Dabei werden die bereits in Kapitel 4.3.2 beschriebenen Kategorien eingesetzt.

Aus dem Angebot vorgefertigter Fragen wird das Lastenheft für Ihr Unternehmen mit Ihnen gemeinsam zusammengestellt. Sie können jederzeit eigene Fragen ergänzen (Abbildung 21).

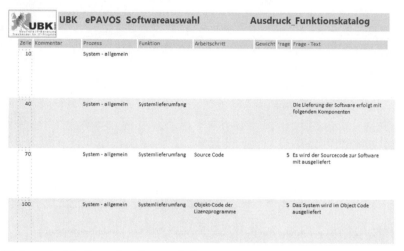

Abb. 4-21. Lastenheft in Form einer Fragentabelle

Ergebnis dieser Arbeit ist ein Lastenheft, das als Tabelle bereitsteht. Daraus kann das Unternehmen eine eigene Ausschreibung mit hohem Aufwand durchführen, oder eine neutrale Internet-Ausschreibung durchführen lassen.

Doch auch mit diesem Vorgehen nehmen Sie eine Reihe von Nachteilen in Kauf:

- Der Know-How-Zugewinn über Ihr Unternehmen ist deutlich kleiner. Durch eine Geschäftsprozessoptimierung lernen alle Beteiligten im Unternehmen die Details sehr gut kennen.
- Der Know-How-Input in Ihr Unternehmen ist erheblich geringer.
- Die Konzentration richtet sich darauf: „Ist das Gefragte vorhanden oder nicht?" Damit bleibt offen, ob es auch Sinn macht, dies zu tun. Auch wenn der Berater darauf achtet, werden Sie doch eine Reihe von Besonderheiten Ihres Unternehmens unberücksichtigt lassen. Auch hier hängt die Durchführung wesentlich von der Qualifikation des Beraters ab.

Doch gibt es einige Fälle, in denen hiermit sehr gute Ergebnisse erzielt werden. Insbesondere, wenn die Kernprozesse um den Dreh- und Angelpunkt ausführlich modelliert werden, können Randfunktionen, die nicht so stark im Fokus stehen oder gut funktionieren, auf diese Art ergänzt werden. Wenn das Unternehmen besonders rasch eine Antwort benötigt, zum

Beispiel weil es in einer Krise steckt, wird es mit diesem kombinierten Verfahren und einem guten Berater am Besten zurecht kommen.

Außerdem bietet es sich an für Unternehmen, die den Stand ihrer selbst erstellten oder gekauften Software testen wollen. Sie erarbeiten nur den Fragenkatalog und lassen eine Ausschreibung durchführen. Ergibt sich dabei, dass ein Ersatz sinnvoll wäre, kann rasch ein Prozessmodell für die weiteren Schritte erstellt werden.

> Fazit:
> Auch mit dieser Methode kann man eine Software herausfinden, jedoch hat sich in vielen Beispielen herausgestellt, dass nicht das ideale Ergebnis erzielt wird.

4.2.9 Kunden-Kurz-Lastenheft

Gerade bei kleinen Unternehmen kommt es vor, dass überwiegend Standardanforderungen benötigt werden, die sogar Open-Source-Programme bieten. Gibt es darüber hinaus nur eine Handvoll Spezialwünsche, die jedoch nicht direkt auf einen oder wenige besondere Anbieter hinweisen, kann mittels eines kurzen Lastenheftes, das im Unternehmen selbst vorbereitet wird, eine „Mini-Ausschreibung" durchgeführt werden. Unternimmt der Suchende dies selbst, wird er überschüttet mit eher wenig passenden Angeboten.

Ein etablierter Auswahl-Dienstleister kann diese Angebote filtern, beziehungsweise schließt Unseriöses aus. Die daraus erwachsende Zeitersparnis ist nicht zu unterschätzen. Das bestimmt den Wert eines solchen Angebotes.

Dasselbe Vorgehen eignet sich hervorragend für Software-Anbieter oder -Anwender, die ein weiteres Modul als Ergänzung einer bestehenden Lösung suchen. Hierbei kann es sich zum Beispiel um eine besonders geschickte Adressverwaltung beziehungsweise ein CRM-System handeln, um ein E-Procurement-Modul oder ein Dokumentenmanagementsystem. Auch ein Projektmanagement, eine Geschäftsprozess-Software oder ähnliches lässt sich auf diese Weise erfolgreicher finden als ohne Ausschreibung. Wesentliche Voraussetzung ist auch hier: Listen von geeigneten Softwareanbietern zur Verfügung zu haben.

4.2.10 Direktnennung von Anbietern

Selten ist es sinnvoll, dass ein Softwareauswahl-Experte direkt mehrere Anbieter nennt, die das Unternehmen dann selbst vergleicht. Beispiele für solche Fälle sind:

- Ein Unternehmen sucht ein Modul in einer bestimmten Preisklasse, in der es nur wenige Anbieter gibt.
- Ein Unternehmen will sich selbst informieren, welche Möglichkeiten die aktuellen Marktführer für ein spezielles, eingeschränktes Thema bieten.
- Ein Unternehmen sucht eine Software für einen Spezialbereich, der nicht direkt zum Kerngeschäft gehört und/oder durch gesetzliche Vorgaben stark reglementiert wird.
- Und ähnliches.

Um hier aktiv zu werden, benötigt das Unternehmen dafür nur eine sehr gut gefilterte und ausgewählte Liste an genau die Aufgabenstellung treffenden Produkten und Anbietern.

4.3 Beraterauswahl zur Vorbereitung des Lastenhefts

Bei der Suche nach einem geeigneten Partner ist zu berücksichtigen: Menschen machen Projekte!

Für jede der genannten Alternativen zur Lastenhefterstellung gibt es besonders geeignete Auswahldienstleiter, deren Unterstützung Sie bei der Einführung tatsächlich benötigen. Doch bieten auch für diese Beratung so viele Ihre Dienste am Markt an, dass es schwierig ist, gerade den passenden Anbieter zu finden. Unterstützung bei Softwareauswahl haben renommierte Unternehmensberatungen mit breitem Angebot ebenso im Angebot wie Universitätsinstitute, Spezialisten oder auch Einzelberater.

Picken Sie den Besten für sich heraus – immerhin hat diese Unterstützung erheblichen Einfluss auf den weiteren Erfolg Ihres Unternehmens. Eine Gefahr für Ihr Unternehmen besteht insbesondere, wenn der Berater nicht am optimalen Ausrichten der Software auf Ihre Bedürfnisse, sondern nur an seinem eigenen Gewinn orientiert ist.

4.3.1 Regeln zur Beraterwahl

Schützen Sie sich, indem Sie folgende Regeln berücksichtigen:

Regel 1.
Garantie, dass für die Auswahlberatung keine Provisionen von Anbietern angenommen werden

Hier geht es um eine ehrliche Aussage. Um sich zu schützen, lassen Sie sich eine Erklärung unterschreiben und sehen Sie eine wirksame Summe (zum Beispiel 100.000 Euro) als Schadenersatz vor, falls sich später das Gegenteil herausstellt.

Regel 2.
Offenlegung aller in der Vergangenheit ausgewählten Anbieter

Fordern Sie eine vollständige Referenzliste mit allen ausgewählten Anbietern an. Wiederholen sich oft dieselben Namen von Software und/oder Anbietern, ist das ein Indiz für eine lukrative Zusammenarbeit. Das sollte zur Vorsicht anregen.

Setzen Sie diese Referenzliste auch ein, um mindestens 5 Kunden anzurufen und nach ihren Erfahrungen zu fragen. Das kostet Sie höchstens zwei Stunden, rundet aber das Bild über das Beratungsangebot hervorragend ab.

Regel 3.
Sie müssen jeden Schritt selbst nachvollziehen können

Lassen Sie sich genau aufzeigen, wie vorgegangen wird, welche Anbieter angesprochen werden, wie das Lastenheft erstellt wird und warum so, wie es aus den Rückmeldungen zur Vorentscheidung kommt und so weiter. Schritt für Schritt sollten Sie genau wissen, was wann für Sie getan wird. Nur so bereiten Sie sich wirklich auf Ihre Entscheidung vor. Verlassen Sie sich nicht auf „Wissende", die ohne offen zu legen, wie es zu der Empfehlung kommt, das Richtige für Sie kennen. Das ist ein weiteres Indiz dafür, dass es eher um den eigenen Gewinn geht, als um das Vorankommen des suchenden Unternehmens. Das trägt auch dazu bei, Corporate Governance[A] glaubhaft zu vermitteln.

Regel 4.
Einsatz von spezialisierten Auswahlberatern nach Fachkompetenz

Kommen mehrere Experten unterschiedlicher Unternehmen zum Einsatz, steigt die Wahrscheinlichkeit für eine neutrale Beratung erheblich. Es wäre schlichtweg zu teuer für jeden Anbieter, mehrere für denselben Kunden durch Zahlungen an sich zu binden.

Regel 5.
Qualifikation des Beraters

Achten Sie auf die Qualifikation der Berater – nicht nur allgemein. Falls der Berater die Methode zum ersten Mal einsetzt, fordern Sie eine angemessene Unterstützung: Entweder das für Sie kostenlose Coaching des Neuen durch einen erfahrenen Berater des Dienstleisters oder einen deutlich niedrigeren Tagessatz, so dass eventuell notwendige längere Arbeitszeiten des Beraters nicht zu Ihren Lasten gehen.

Achten Sie darauf, dass der Berater sich ständig weitergebildet hat und/oder dass ihm eine Wissensdatenbank zur Verfügung steht, aus der er gegebenenfalls den aktuellen Stand der Technologien zu einem Detail abrufen kann.

Sie finden unten Beispiele für sinnvolle Kompetenzprofile von Beratern für die unterschiedlichen Lastenhefterstellungsverfahren.

Regel 6.
Ein Verantwortlicher für alle Phasen

So wie Sie eine möglichst integrierte Software wünschen, sollten Sie auch auf eine integrierte Projektleitung achten – intern wie extern. Der Vorteil eines Verantwortlichen in Ihrem Haus und eines beim Beratungshaus: das sich sammelnde Wissen! Jeder Wechsel bringt einen hohen Verlust an Projekt-Wissen mit sich. Es gibt bis heute kein Verfahren, um ausreichend viele Details so festzuhalten, dass sie einem Fremden wieder zur Verfügung stehen. Bei einem so wichtigen Projekt wie einer Softwareauswahl sollten von Anfang an immer mindestens zwei Personen über alles informiert sein. So ist sichergestellt, dass eine Einarbeitung für eventuell kurzfristig Einspringende möglich ist.

Regel 7.
Nachvollziehbar: zu 100% vergleichbar gemachte Angebote
Nur, wenn das Lastenheft so aufgebaut ist, dass die Rückmeldungen auch ausgewertet werden können, kann eine Vergleichbarkeit gewährleistet werden. Außerdem bedarf es Erfahrung und Härte gegenüber den Anbietern, um die richtigen Zahlen und Fakten genannt zu bekommen. Das ist ähnlich wie bei Benchmarking-Projekten.

Die Ergebnisse sind nur einsetzbar, wenn die Vorarbeit stimmt. Insbesondere müssen die Anforderungen ganz klar und verständlich sein. Sie müssen so formuliert sein, dass sowohl Sie als auch der Anbieter sie richtig verstehen. Um Missverständnisse zusätzlich zu vermeiden, hilft eine einfache Rückfragemöglichkeit, wie sie durch Emails heute geboten wird. Dafür muss der Ansprechpartner klar festgelegt sein.

Regel 8.
Ausreichend große Anzahl an Angeboten

Eine Softwareauswahl ist eine Marktstudie. Jede Marktstudie mit nur wenigen Vergleichsangeboten ist auch nur wenig aussagefähig. Bei weit über 10.000 Anbietern allein auf dem deutschen Markt, ist es möglich, eine repräsentative Anzahl zu befragen. Im wissenschaftlichen Umfeld gilt eine Studie als repräsentativ, wenn entweder alle in Frage kommenden herangezogen werden oder mindestens 20. Je größer die Anzahl der Rückmeldungen, desto aussagefähiger die daraus abgeleiteten Ergebnisse. Bei der Softwareauswahl gilt das ebenfalls: Je größer die Anzahl an zu vergleichenden Anbietern, desto wahrscheinlicher findet sich die Standardsoftware, die für die spezielle Situation des Unternehmens ohne nennenswerte Veränderungen geeignet ist.

Regel 9.
Reifegrad der Methode

Um den Reifegrad einer Methode zu bestimmen, sind zwei Fragen zu beantworten:

1. Wie oft war diese Methode bereits im Einsatz? Wählt das Team zum ersten Mal eine Software nach dieser Methode aus oder besteht schon viel Erfahrung? Beachten Sie bei diesem Punkt: Es gibt einige Situationen, in denen es gerade zu interessanten Ergebnissen führt, als erster dabei zu sein – sofern die anderen Regeln eingehalten werden – und

2. Wie lange wurde die Methode bereits weiterentwickelt? Darin stecken zwei Details, auf die Sie achten sollten: Wie lange ist diese Methode bereits auf dem Markt? und außerdem: Wird sie immer gleich eingesetzt oder wird sie ständig verbessert? Im ersten Fall lassen sich die Ergebnisse aus der Methodenanwendung besser vergleichen – darauf kommt es Ihnen aber wohl kaum an. Im zweiten Fall steht Ihnen die Methode inklusive der Umsetzung erkannter Verbesserungsmöglichkeiten zur Verfügung.

In jedem Fall gilt: Je höher der Reifegrad, desto geübter sind die Berater, die diese Methode seit längerem einsetzen und desto geringer wird die Belastung für Ihr Unternehmen ausfallen.

Regel 10.
Aktualität der Daten auf die der Berater zurückgreift
Mindestens sind Ihre Anforderungen von heute mit den Softwaremöglichkeiten von heute zu vergleichen und nicht mit „verstaubten" Funktionsbeschreibungen aus den vergangenen Jahren. Außerdem ist Ihre Aufgabe, Ihre Anforderungen von morgen auszuarbeiten und dafür die geeigneten, zukunftsfähigen Softwareangebote zu finden. Das gelingt nur, wenn die Berater auf aktuellste Daten zurückgreifen, was die Möglichkeiten der Software-Technologien heute betrifft.

Um die so formulierten Anforderungen mit den aktuell am Markt vorhandenen Möglichkeiten abzugleichen, bleibt nur eine Ausschreibung. Um eine wirtschaftliche Durchführung zu gewährleisten kann heute dafür ausschließlich eine per Internet empfohlen werden.

Wollen Sie sicher gehen, dass Sie alle Regeln befolgen, suchen Sie Softwareauswahlanbieter, die ein hohes Qualitätsbewusstsein und eine ausgeprägte Kundenorientierung mitbringen.

Dieser Beratende entscheidet letztendlich mit Ihnen über das Schicksal Ihres Unternehmens. Verwenden Sie Zeit darauf, herauszufinden, wem Sie diese Verantwortung übertragen.

Einzelne Dienstleister bieten Zertifikate für Ihre Berater an. „Zertifiziert" bedeutet zum Beispiel bei der UBK GmbH, Lauf, folgendes:

1. die Beratenden erfüllen klar definierte Voraussetzungen.

2. die Beratenden sind in ePAVOS ausgebildet.

3. Fehler nehmen die Beratenden in ihre Verantwortung.
4. sie werden ständig auf aktuellem Stand begleitet und erhalten Zugriff auf die Know-how-Datenbank.

Voraussetzung, um ein ePAVOS-Zertifikat zu erhalten, ist das Bestehen der Eignungsbeurteilung. Dabei wird bewertet, ob der zu Prüfende...

- Seit Jahren mit Software-Elementen umgeht und Know-how hat
- Erfahrung als Projektleiter hat
- Sich durchsetzen kann
- Mit Menschen und Teams umgehen kann
- Umfangreiches betriebswirtschaftliches Verständnis mitbringt
- Technisches Verständnis für Hardware, Software und Bestandteile hat
- Zusammenhänge zwischen betriebswirtschaftlichen Belangen und technischen Umsetzungen erkennen und vermitteln kann

Der Berater wird durch ePAVOS auf mehrfache Weise unterstützt: In jedem Projekt liegt ihm eine aktuelle Tätigkeitsliste vor, in der er alle relevanten Einzelheiten abrufen kann. Diese Tätigkeitsliste unterliegt dem Prozess der ständigen Verbesserung. So werden zum Beispiel Fehlerquellen sofort aufgenommen. Darüber hinaus hat er Zugriff auf Wissensbausteine, mit denen er auf aktuellstem Stand auf Besonderheiten aufmerksam machen kann.

Außer darauf, dass der Berater die Methode beherrscht, die er anwendet, kommt es noch auf weitere Details an. Dazu finden Sie im nächsten Abschnitt eine Zusammenstellung an Kompetenzprofilen.

4.3.2 Beispiele für Kompetenzprofile der Berater

Setzen Sie die folgenden Beispiele ein, um bei Ihrer Suche Anhaltspunkte zu haben, worauf Sie besonders achten müssen:

Anforderung 1:
Bei Fertigungsunternehmen ist die Fertigungssteuerung das Herzstück einer EDV-Lösung. Viele Softwareunternehmen verkaufen ERP-Systeme einschließlich einer Fertigungssteuerung (PPS). Leider verfügen Sie nicht in jedem Fall über Mitarbeiter, die in der Lage sind, diesen Dreh- und Angelpunkt des Unternehmens so umzusetzen, wie es in den Hochglanzbro-

schüren steht. Ähnliches gilt auch für Handel oder Dienstleister. In einem solchen Fall wird ein Berater mit Fachwissen benötigt:

Ein Anwendungsfachberater

Es gibt Berater, die sich seit langem ausschließlich auf ein Fachgebiet spezialisiert haben. Sie setzen ihr Wissen regelmäßig in einschlägigen Projekten ein. Wer 74 Fertigungssteuerungen eingeführt hat, kann nicht nur dem Unternehmen Lastenhefte höchster Qualität erstellen. Er ist auch ein gefragter Sanierer bei Projekten in Schieflage.

Das hierfür notwendige Know-how fehlt einem Berater, der gezwungen ist, in seinen Aufträgen immer andere Schwerpunkte umzusetzen.

Anforderung 2:
Variantenspezialist: Deutschland als Exportweltmeister lebt überwiegend davon, Sondermaschinen gemäß Kundenwunsch zu liefern. Hierzu ist ein hoher Aufwand an Engineering erforderlich. Derartige Produkte können in Billiglohnländern nicht kopiert werden.

Unternehmen dieser Ausprägung suchen Softwarelösungen mit guter Umsetzung der Besonderheiten einer Variantenfertigung. Man spricht hier von Exoten-, Einzel- oder Kleinserienfertigung. Im Prinzip sind die Maschinen gleich aber in vielen Komponenten anders. Dann ist gefragt:

Ein Funktionsexperte

Solche Unternehmen benötigen Berater zur Erstellung der Lastenhefte, die aufzeigen, wie mit geringstem Aufwand im Engineering die notwendigen Varianten erzeugt werden können. Dieses Spezialwissen haben Berater, die sich über Jahrzehnte ausschließlich mit der Variantenproblematik beschäftigen. Sie haben in jungen Jahren angefangen, in einem solchen Unternehmen zu arbeiten, sind später in die Programmierabteilung des Unternehmens gewechselt. Dann gingen Sie in ein Softwarehaus und programmierten dort jahrelang Spezialsoftware für Variantenlösungen. Dann führten Sie diese Software in Unternehmen ein. Solche Berater verfügen über das hier notwendige Know-how. Sie übernehmen ausschließlich derartige Projekte.

Unternehmen, die das Glück haben, einen solchen Berater einzusetzen, legen damit die Basis für ein insgesamt erfolgreiches Projekt.

4.3 Beraterauswahl zur Vorbereitung des Lastenhefts

Anforderung 3:
Ihr Unternehmen ist spezialisiert auf die Lebensmittelbranche, in der zahlreiche Gesetze und Verordnungen gelten. Beim Einsatz der Software muss sichergestellt werden, dass diese alle berücksichtigt werden – und nicht nur die aktuellen, sondern idealerweise auch die in nächster Zeit schon geplanten. Ähnliches gilt auch für alle anderen Branchen. Suche Sie nach:

Ein Branchenfachberater
Berater, die seit vielen Jahren ausschließlich mit Lebensmitteln zu tun hatten, selbst über mehrere Jahre einen Betrieb geleitet haben und sich dort um alles gekümmert haben, bieten dieses Know-How. Sie werden mit Ihnen manches gemeinsam Erarbeiten und das dann als Anforderung an die neue Software formulieren, was neu für Sie ist. Doch haben Sie Beispiele aus Ihrer Branche und können Ihnen gut die Vorteile verdeutlichen.

Anforderung 4:
Sie benötigen jemanden, der Softwareangebote richtig vergleichbar macht und Sie beim Einholen richtiger Informationen und beim Verhandeln unterstützt. Dann suchen Sie:

Ein Softwareauswahl-Experte
Kennen Sie jemanden in Ihrer Nähe, der 200 Softwareprodukte intensiv in mindestens einer eintägigen Präsentation geprüft hat? Dazu kommt die Begleitung vieler mehrtägiger Praxistest-Workshops. Diesem Softwareauswahlexperten kann kein Anbieter etwas vormachen. Und Sie sollten wissen: „In der EDV wird gelogen, dass sich die Balken biegen."[28]

Nur echte Experten bewahren Sie im nächsten Abschnitt vor einer folgenschweren Fehlentscheidung.

Wählen Sie, indem Sie überlegen, welche Art von Anforderung Ihrer Situation am nächsten kommt. Ist Ihre Anforderung an den Berater nicht beschrieben, dann schreiben Sie uns[29] – wir geben Ihnen kurzfristig eine Rückmeldung, wie Ihr Fall einzuordnen ist oder welchen hier nicht genannten Experten Sie heranziehen sollten.

---

[28] Ein Zitat eines ehemaligen Inhabers eines ERP-Softwarehauses.
[29] Über www.richtige-software.de oder siehe Adressen der Autoren.

5 Softwareauswahl nach ePAVOS

Die Erfahrungen aus einem untersuchten Praxisprojekt nach dem anderen bestätigen: Strukturiertes und methodisch einwandfreies Vorgehen führt letztendlich zum gewünschten Ergebnis. Bei anderen Versuchen[1] überlässt das Unternehmen häufig eher dem Zufall oder dem Glück, welche Software eingeführt wird.

Kritischer Punkt im Gesamtablauf ist das Lastenheft. Unabhängig davon, mit welchem Verfahren es erstellt wurde, muss es seine Aufgaben erfüllen können: Eine sinnvolle Ausschreibung und eine gute Basis für den Vertragsbestandteil Pflichtenheft zu bieten. Herr Schwane formulierte seine Praxiserfahrungen aus der Sicht des Software-Anbieters so: „Die Praxis sieht leider häufig anders aus. Viele Unternehmen sind sich ihrer tatsächlichen und zukunftsorientierten Anforderungen häufig nicht bewusst und gehen ohne professionelle Beratung in die Evaluierung. Solche Auswahlprozesse sind für uns Anbieter stets sehr mühsam, da die Entscheidungskriterien und Ziele in Verbindung mit neuen Lösungsanwendungen dann nicht eindeutig und nachvollziehbar vermittelt werden können."[2]

Ist es formuliert, darf der Zeitraum bis zur Entscheidung nicht lang sein. Damit Ihnen das gelingt, wählen Sie ein passendes Auswahlverfahren. Lesen Sie außerdem in diesem Kapitel, warum ePAVOS ausführlich beschrieben wird, welche Phasen die Methode ePAVOS umfasst, wie eine aktuelle Marktanalyse in nur wenigen Wochen abgeschlossen werden kann, wie Angebote über Software-Systeme vergleichbar werden, wie eine Präsentation durch einen Software-Anbieter vorzubereiten ist, damit alle Beteiligten am Ende die notwendigen und sinnvollen Informationen haben, wie Sie die Präsentationen auswerten um zielsicher den oder seltenen die zwei Kandidaten für den Test-Workshop auszuwählen und wie Sie im abschließenden ausführlichen Workshop herausfinden, ob diese Software tatsächlich die geeignete für dieses Unternehmen und seine heutigen und zukünftigen Anforderungen ist.

---

[1] Eine Liste mit in der Praxis beobachteten Vorgehen finden Sie in Teich I, Kolbenschlag W, Reiners W (2004) S 288 – 298 oder aktualisiert unter www.richtige-software.de.
[2] Reaktion auf Kolbenschlag W, Seefried W, Teich I (2007); Herr Schwane ist Sales Manager bei CODA Financial Systems GmbH.

Das Aufsetzen der verschiedenen notwendigen Verträge kann parallel zum Workshop durchgeführt werden. Dieses Thema ist so wichtig, dass Sie hierzu näheres in Kapitel 6 finden. Das darauf folgende Projekt der Softwareeinführung wird in Kapitel 7 vorgestellt.

5.1 Softwareauswahlverfahren

In der Praxis finden sich viele verschiedene Vorgehensweisen, die Entscheidung über die Investition in ein Softwaresystem vorzubereiten. Diese lassen sich zusammenfassen in folgende Typen[3]:

Tabelle 5-1. Softwareauswahlverfahren

1. Verfahren ohne Einsatz eines Dienstleisters	
1.1	Alleinige Entscheidung des Top-Managements
1.1.1	Auf Grund einer Konzernentscheidung, die es umzusetzen gilt
1.1.2	Auf Basis vom Geschäftsführer selbst gewonnener Überzeugung
1.1.3	Auf Empfehlung durch einen Verband oder ähnliches
1.1.4	Auf Empfehlung eines Freundes
1.1.5	Auf Empfehlung eines Beraters, der als Unterstützung für ein anderes Thema gerade im Haus war.
1.2	Vorbereitungsprojekt mit Projektteam
1.2.1	Team nur aus Mitarbeitern des Unternehmens – häufig unter Leitung des EDV-Leiters
1.2.2	Team aus Mitarbeitern des Unternehmens und einem Diplomanden, der manchmal intern die Projektleitung übernimmt
1.2.3	Team aus Mitarbeitern des Unternehmens und Praktikanten; Erhebung erschöpft sich häufig im Besuch einer Messe.
2.	Verfahren mit Dienstleistern
2.1	General-Beratungsanbieter
2.2	Spezialisierter Auswahlberatungsanbieter
2.3	Beratung durch Mitarbeiter eines Software-Anbieters
2.4	Einzelberater

Unabhängig davon, welchem Typ ein Angebot zuzuordnen ist, wird nach einer Methode vorgegangen oder nicht. Dabei ist zunächst die Methode wichtiger als der Umsetzungstyp.

---

[3] Eine detaillierte Darstellung von Untertypen und umfangreicherer Begründung mit Vor- und Nachteilen finden Sie unter www.richtige-software.de.

Folgende Grundannahmen müssen bei der Wahl einer Methode berücksichtigt werden, damit sie den gewünschten Erfolg bietet:

1. „Die Geschäftsprozesse bestimmen die Software und nicht umgekehrt"[4]. Der aktuelle Trend hin zu SOA (Serviceorientierte Architektur) erfordert genau das: „Ohne Geschäftsprozessoptimierung kann SOA nicht eingeführt werden."[5]

2. Jedes Unternehmen kann die für sich bestmöglich geeignete Standardsoftware finden. „Bestmöglich" steht für „zu angemessenen Kosten", „mit weitergehenden Rationalisierungseffekten", „mit geringem Änderungsaufwand", „nach der Einführung so produktiv wie möglich" und vor allem „mit updatefähig umgesetzten Unternehmensanpassungen".
Allein das Fehlen des letzen Punktes führt in einigen Unternehmen dazu, dass heute veraltete Lösungen eingesetzt werden. Bei einem Update würden hohe Kosten anfallen, denen kein echter Nutzen gegenüber steht.

3. Bei einer Softwareauswahl müssen sowohl die individuellen Anforderungen des suchenden Unternehmens im Vordergrund stehen als auch gleichzeitig die Bedarfe der Softwareanbieter berücksichtigt werden.
    Ein ausgefeilter, im Sinne einer Auflistung sämtlicher Details vollständiger Anforderungskatalog wird die Anbieter überfordern. Erhält ein Anbieter mehrere solcher Ausschreibungen gleichzeitig, müsste er mehr Ressourcen in die Beantwortung stecken, als er finanzieren könnte.
    Es gilt also, das richtige Maß zu finden.

4. Die Mitarbeiter sind optimal einzubinden. Werden sie übergangen, wird das Projekt wahrscheinlich scheitern, auf jeden Fall aber erheblich teurer ausfallen, als notwendig. Werden sie zu stark beansprucht, gerät das Unternehmen ebenfalls in eine ungünstige Situation. Gute Berater bringen genügend Vorbereitung mit, um eine Überbeanspruchung von vorne herein auszuschließen. Gleichzeitig wissen sie, wie sie die Mitarbeiter schon bei den ersten Schritten ist Boot holen.

---

[4] Müller A (2002).
[5] Joergensen, J (2006).

5. Das Unternehmen trifft die Entscheidung, welche Software es einführt, selbst. Die Berater unterstützen lediglich bei der Entscheidungsvorbereitung – sie nehmen Ihnen aber nicht die Entscheidung aus der Hand. Und das ist richtig so. Nur eine Software, die Sie und Ihre Mitarbeiter selbst ausgesucht haben, wird auch Ihre Software – und das garantiert dann, dass Sie alles dazu tun, das Beste aus ihr heraus zu holen. So aktivieren Sie einen weiteren wesentlichen Erfolgsbaustein.

6. Für unterschiedliche Aufgaben werden verschiedene Berater benötigt, die zum einen ihr Spezial-Know-how mitbringen, zum anderen die Neutralität der Auswahl garantieren. Insbesondere können drei benannt werden: Der Geschäftsprozessoptimierer, der Softwareauswahl-Berater, der Vertragsexperte und der Software-Einführungs-Berater. Die Einführung wird häufig sinnvollerweise der Geschäftsprozessoptimierer mit übernehmen. Für ein gutes Gelingen ist jedoch erforderlich, dass sich die drei bis vier Experten austauschen.

Auf dem Dienstleistermarkt konnte nur eine Methode identifiziert werden, bei der alle genannten Punkte umgesetzt sind: ePAVOS.

5.2 Die Methode ePAVOS

ePAVOS steht für „InternEtbasierte Prozessorientierte Auswahl VOn Standard-Anwendungssystemen" und wurde 1984 entwickelt von Kolbenschlag[6]. Die Vermarktung und Weiterentwicklung führt er bis heute über die UBK GmbH in Lauf weiter.

Standorte in verschiedenen Ländern stellen sicher, dass sich das Verfahren über Deutschland hinaus verbreitet.

---

[6] Kolbenschlag (2007).

Abbildung 5-1 zeigt eine Gesamtübersicht über die Phasen der Methode ePAVOS:

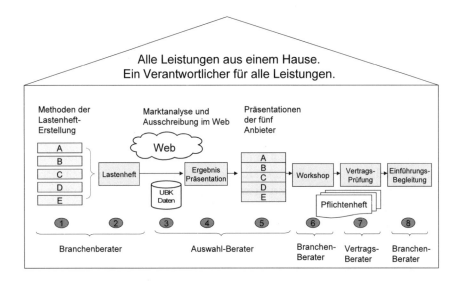

Abb. 5-1. Die Phasen der Methode ePAVOS

Bei ePAVOS ist vorgesehen, dass in verschiedenen Phasen Beraterarten mit unterschiedlichen Schwerpunkten herangezogen werden (Abb. 5-1 unten):

- ein Branchenberater, der dem Kunden hilft, mit seinem Wissen das Unternehmen weiter zu bringen.
- ein Auswahlberater, der sich mit den Software-Anbietern auskennt und die Stärken und die Schwächen der einzelnen Anbieter kennt.
- ein Vertragsberater der sich schwerpunktmäßig mit inhaltlichen Themen der Software-Verträge beschäftigt und die „Vertragsfallen" kennt.
- ein sehr erfahrener Einführungsberater, der die Projektleitung übernimmt und die Kosten und Zeitverantwortung trägt.

Das Gesamtverfahren umfasst 8 Phasen:

Phase 1: Definition der Kundenanforderungen
Am weitesten entwickelt ist der Methodenstandard für die Geschäftsprozessoptimierung. Das liegt daran, dass ein suchendes Unternehmen hiervon einen besonders hohen Nutzen hat und dass diese Methode auch für andere Themen eingesetzt wird. Für alle anderen genannten Vorgehensweisen steht ein strukturiertes, erprobtes Vorgehen bereit.

Phase 2: Das Lastenheft – Grundlage für die Ausschreibung
Das erstellte Lastenheft erfüllt alle genannten Kriterien. Je nach eingesetztem Verfahren fällt es mehr oder weniger detailliert aus. Gegebenenfalls hat es zwei Stufen: zuerst sind 12 – 30 K.O.-Kriterien zu beantworten. Nur wenn die Software diese ausreichend erfüllt, lohnt es sich für den Anbieter, den umfangreichen zweiten Fragebogen zu beantwortet. Bei komplexen Aufgabenstellungen sparen alle damit viel Zeit.

Phase 3: Die Marktanalyse
Aus der Prozessaufnahme heraus werden die wesentlichen Anforderungen eben dieses Unternehmens durch Teilautomatisierung sehr kurzfristig im Internet als Ausschreibung bereitgestellt. Daraus entsteht eine Marktanalyse, die vom UBK Rechenzentrum unabhängig von Beratern oder anderen Einflüssen durchgeführt wird. Ergebnis der objektiven Betrachtung sind umfangreiche Übersichten und detaillierte Bewertungen aus verschiedenen Sichtweisen.

Phase 4: Präsentation der Marktanalyse beim Kunden
Die zähl- und messbaren Kriterien werden zusätzlich ergänzt durch eine qualitative Bewertung. Diese erfolgt durch einen Softwaremarkt-Experten, der seit über 10 Jahren die Entwicklungen intensiv verfolgt und neutral beobachtet. Achten Sie darauf, dass hierfür nur Experten eingesetzt werden. Eine Management-Entscheidungs-Matrix zeigt dem suchenden Unternehmen die wesentlichen Aussagen über die einzelnen Anbieter im Vergleich.

Phase 5: Geführte Präsentationen durch bestimmte Software-Anbieter
Der Auswahl-Experte stimmt mit dem suchenden Unternehmen ab, welche 3-5 Anbieter zu einer Präsentation geladen werden und führt die Präsentation. So wird sichergestellt, dass der Suchende auch das zu sehen bekommt, was für ihn wirklich wichtig ist. Ein Präsentationsleitfaden dient zur Orientierung. Die Entscheidungsfindung für die letzten 3-5 Bieter erfolgt durch den Suchenden selbst – durch sein Entscheidungsgremium.

Dabei wird er unterstützt durch eine Präsentationsmatrix und ein System um die Meinungen der Mitarbeiter einzuholen und auszuwerten.

Phase 6: Workshop mit einem Anbieter
Der ausgewählte Anbieter wird zu einem Workshop geladen, in dem er konkret für die Situation des Unternehmens die Umsetzung in Form eines Prototyping testet. Diese Woche begleitet der Branchenberater, der die Geschäftsprozessoptimierung durchgeführt hat. Das dient wiederum der Wahrung der Neutralität und der Interessen des Kunden. Außerdem bringt er das notwendige Wissen mit.

Phase 7: Vertragsprüfung
Parallel zu diesem Workshop entstehen auf der Basis der Ausschreibung das Pflichtenheft und das Vertragswerk. UBK-Vertragsexperten stehen bereit, um das Ergebnis inhaltlich beziehungsweise aus juristischer Sicht zu prüfen. (Hierzu mehr in Kapitel 6).

Phase 8: Einführungs-Begleitung
Die Projektleitung führen sehr erfahrene Berater durch, die die Kosten und Zeitverantwortung tragen. Sie müssen ein „starkes Rückgrat" haben, um den Mitarbeitern des einführenden Unternehmens wie des Anbieters die Stirn zu bieten. Nur so wird letztendlich das Ziel des Unternehmens erreicht. (Lesen Sie hierzu Kapitel 7).

Das strukturierte Vorgehen erlaubt, diese Phasen in für ein derart umfangreiches Projekt kurzer Zeit umzusetzen. Abbildung 5-2 zeigt den Zeitbedarf pro Phase.

110   5 Softwareauswahl nach ePAVOS

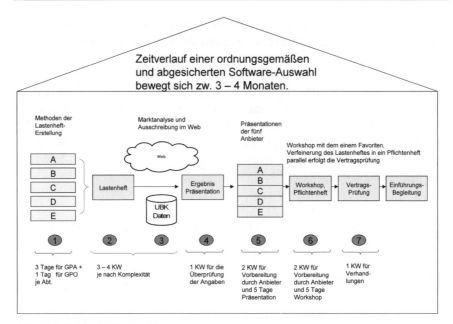

Abb. 5-2. Zeitbedarf in den Phasen

Dies wird möglich durch den Einsatz eines hohen Vorbereitungsgrades und des Internets. Das bringt für alle Beteiligten Vorteile mit sich: Der Software-Suchende erhält genaue Informationen darüber, ob der Anbieter seine Anforderungen aktuell umsetzen kann. Der Anbieter erhält Informationen, ob er die Anforderungen abdecken kann. Der Berater ist für den Suchenden nur für Aktionen im Einsatz, die dem Unternehmen direkt einen Nutzen bieten.

Mit ePAVOS werden die heute aufgenommenen Anforderungen des Unternehmens mit den gerade aktuell am Markt verfügbaren Lösungen innerhalb eines Zeitraums von 2-3 Wochen abgeglichen. Dies wird inzwischen von vielen Praktikern unterstützt. Dr. Müller[7] führt dazu aus: „Die Vielzahl heutiger IT-Systeme lässt den Unternehmen nur eine Möglichkeit: Geschäftsprozesse definieren die IT-Strukturen, und nicht umgekehrt."

Und trotzdem erfüllt das Lastenheft alle Anforderungen der Ausschreibung. Wurden die Geschäftsprozesse beschrieben, steht eine Grundlage zur Erstellung des Pflichtenheftes sowohl für einen Softwarekauf als auch

---

[7] Müller A (2002).

für die Programmierung von Ergänzungen zur Verfügung. Das reduziert den Aufwand in der Einführungsphase erheblich.

In der Praxis bewährt sich der Einsatz der Methode regelmäßig: Von über 450 Einsätzen ist kein Projekt gescheitert und nur 2 Projekte in Schwierigkeiten geraten. In beiden Fällen wurde jedoch letztendlich in verhältnismäßig kurzer Zeit eine Lösung erfolgreich umgesetzt. Projektverläufe, bei denen das passiert, werden genau analysiert und die Ergebnisse fließen sofort in eine Verbesserung der Methode.

Und auch die Wissenschaft weist mit Ergebnissen von Studien immer wieder deutlich darauf hin, dass dieses Vorgehen als besonders Erfolg versprechend hervorzuheben ist:

Hau[8] nahm eine Bewertung von Auswahl-Verfahren für Komponenten-/Module in Bezug auf ihre Unterstützung des Auswahl-Prozesses und ihrer Standardisierung vor. ePAVOS erfüllt zu 100 % alle gestellten Anforderungen des Bewertungskriteriums „Unterstützung während des Auswahl-Prozesses". Hier wurden im Einzelnen untersucht:

- Betriebswirtschaftliche Ausrichtung
- Bedarfsanalyse
- Anforderungsanalyse
- Ableiten von Schlüsselkriterien
- Matching (Herausfinden geeigneter Anbieter)
- Detailanalyse
- Systemauswahl

Im zweiten Bewertungskriterium „Standardisierung", dessen Ergebnis in Abb. 5-3 gezeigt wird, sind alle Anforderungen bei ePAVOS „nicht oder nur schwach vorhanden". Das spiegelt die Philosophie des Verfahrens wieder, das suchende Unternehmen zu unterstützen.

Nicht ein vollautomatisches System zur Bedienung durch den Suchenden steht bereit, sondern eine individuell eingesetzte Methode, bei der die Unternehmen von der Erfahrung der Experten profitieren.

---

[8] Hau M (2002) S 78.

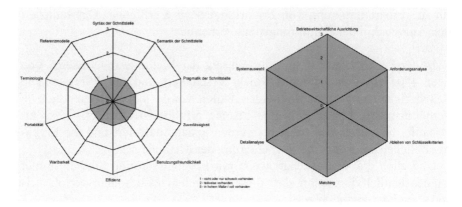

Abb. 5-3. Ergebnis der Bewertung von ePAVOS nach „Standardisierung" und „Unterstützung während des Auswahl-Prozesses"[9]

Als Ergebnis aus Praxis-Erfahrungen von neutralen Beratern, Software-Häusern und Projekt-Umsetzungen wird aufgezeigt, dass die Kunden zusätzlich auf das Wissen von Software-Marktexperten zurückgreifen wollen, um mehr Sicherheit für ihre IT-Investition zu erhalten. Expertensysteme oder Systeme, die diese Beratungsleistung mit Einsatz von künstlicher Intelligenz ersetzen könnten, gibt es nach der Studie von Hau weltweit nicht.

Ein Verfahren, mit dem aus vielen sehr kleinen Bausteinen unterschiedlicher Anbieter ein System zusammengestellt werden kann wie aus einem Baukasten, fehlt bisher vollständig in der Anbieterlandschaft. Das wird in Abbildung 5-4 durch den leeren Quadrant rechts oben ausgedrückt.

---

[9] Hau M (2002) S 78.

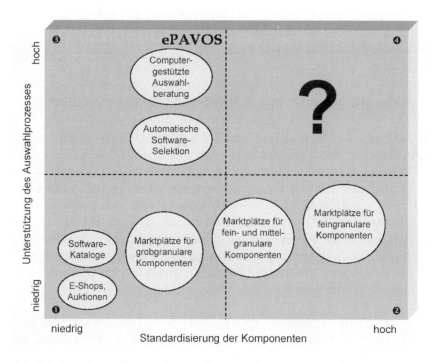

Abb. 5-4. Einordnung der Angebote nach Auswahlunterstützung und Komponentenstandardisierung[10]

Insgesamt wurden nun ein Reihe von Argumenten vorgestellt, die für e-PAVOS als geeignete Methode zur Softwareauswahl und –einführung sprechen: Studien belegen, dass eine Geschäftsprozessoptimierung als erster Schritt hilft, später Zeit und Kosten zu sparen. Die Unterstützung des Auswahlprozesses ist hoch. Der Zusatznutzen aus der Optimierungsphase ist bei guter Umsetzung unbezahlbar – zumal wenn die Mitarbeiter eingebunden werden. Es steht ein durchgängiges System zur Verfügung, welches ein derartiges Projekt vom ersten Schritt der Überlegungen bis die Software eingeführt ist – und sogar darüber hinaus – begleitet. Das suchende Unternehmen wählt dabei das für die Situation passende Vorgehen selbst aus und greift auf die Methoden-Teile zu, die es am besten unterstützen.

---

[10] Hau (2002) S 80. Wiederholung der Abbildung 2.2, um die Argumentation hier nicht zu unterbrechen.

Daraus begründet sich, warum die Softwareauswahl in dieser Veröffentlichung entlang der wirkungsvollsten Vorgehensweise am Beispiel des Verfahrens ePAVOS dargestellt wird.

5.3 Auswahl der anzusprechenden Software-Anbieter

Die Qualität jeder Marktanalyse hängt zum großen Teil davon ab, wie gut die Auswahl der befragten Anbieter vorgenommen wird. Jedes Unternehmen gibt ein spezielles Anforderungsraster vor. Überraschenderweise kommt es gerade bei ERP-Systemen immer wieder vor, dass nicht eines der für die betreffende Branche entwickeltes Raster diese individuellen Anforderungen am besten abdeckt. Statt dessen kann ein für eine andere Branche gedachtes ERP-System mit erheblich weniger Aufwand an die Besonderheiten des betreffenden suchenden Unternehmens angepasst werden. Die Konsequenz aus dieser Erfahrung ist, dass oft eine Einschränkung auf wenige Anbieter besonders Geeignete ausschließt.

In der ePAVOS-Datenbank pflegt jeder Anbieter seine kostenfreien Einträge selbst. Abb. 5-5 zeigt, wo die USP (Unique Selling Proposition, die Einzigartigkeit des Angebots) ausführlich zu beschreiben ist.

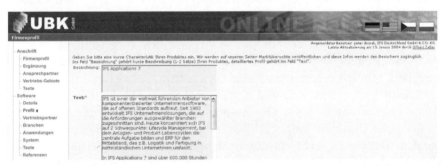

Abb. 5-5. Online-Eintrag des Anbieters: Der USP des Produkts ist ausführlich beschrieben

Daneben können verschiedenste Besonderheiten erfasst werden.

Ob bereits alle Mindestangaben ausgefüllt worden sind, zeigt eine in Abb. 5-6 sichtbare Ampel in der Herstellerübersicht mit Grün an, bei Gelb fehlen ein paar Angaben und Rot zeigt an, dass noch nichts eingetragen wurde.

5.3 Auswahl der anzusprechenden Software-Anbieter

Abb. 5-6. Anbieterregistrierung: Ampelsystem zeigt Vollständigkeit der Angaben

Ergebnis dieser Online-Registrierung ist, dass der Softwareauswahl-Experte zusammen mit dem suchenden Unternehmen umfassende Selektionen durchführen kann, um die Liste der zu informierenden Anbieter zusammenzustellen.

Die Datenbank beinhaltet neben den Software-Herstellern auch viele Anbieter, die in der Lage sind, bestimmte Softwaresysteme einzuführen. So sind zum Beispiel für Microsoft Business Solutions (ehemals NAVISION, AXAPTA, Great Plains, Apertum und Daamgard) 270 Beratungshäuser hinterlegt. Viele dieser Anbieter haben sich auf Branchen spezialisiert, die auch bei Microsoft Business Solutions im Detail gar nicht so bekannt sind. Einzelne bieten selbst programmierte Erweiterungen zur Basis-Software an. Daher werden bei ePAVOS diese Branchenausprägungen aller Anbieter einzeln erfasst. Ähnlich verhält es sich bei SAP, Oracle, Infor (ehemals Baan) und den meisten umfangreichen Produkten.

Neben dem Anbieter geht es vor allem um die Angebote selbst: Über die Software werden besonders viele Details abgefragt, um später eine sinnvolle Selektion durchzuführen. Auf der einen Seite sollen alle für das suchende Unternehmen in Frage kommenden ausgewählt werden. Auf der anderen Seite eben nur genau diese. Nur in ganz seltenen Fällen ist es zielführend, sehr viele Anbieter aufmerksam zu machen. Wird das zu häufig vorgenommen, denken zu viele Software-Häuser: „Diese Ausschreibungen sind ja sowieso nichts für uns!" und nehmen später nicht mehr teil. Das wäre zum Nachteil aller suchenden Unternehmen.

Um eine hohe Genauigkeit beim Einschränken zu gewährleisten, müssen sich die Anbieter bei der ersten Registrierung einmalig die Zeit nehmen, vieles auszufüllen. Anschließend tragen sie nur noch ihre Veränderungen ein – und auch das trägt dazu bei, dass sie mit hoher Trefferwahrscheinlichkeit angeschrieben werden. Wichtig ist zum Beispiel bei Herstellern das Nennen der Vertriebspartner, wie in Abb. 5-7 gezeigt.

116 5 Softwareauswahl nach ePAVOS

Abb. 5-7. Software-Steckbrief: Vertriebspartner

Die Schwerpunkte können aus einer Liste, wie der in Abb. 5-8 dargestellten, ausgewählt werden, wobei hinter jedem Begriff links eine Erläuterung hinterlegt ist.

Abb. 5-8. Software-Steckbrief: Funktionsauswahl

Weiterhin sind die möglichen Einsatzumgebungen mitzuteilen. Einzelne suchende Unternehmen schließen bestimmte Plattformen aus – andere wollen ausschließlich auf genau einer Plattform arbeiten. Um diese Selektion zu ermöglichen, sind Angaben hierzu notwendig (siehe Abb. 5-9).

Abb. 5-9. Software-Steckbrief: Einsatzplattformen

Die Branchenzuordnung ist eine Wissenschaft für sich. Einerseits soll sie fein sein, um Spezialisten herausfiltern zu können. Andererseits soll es nicht viel Zeit in Anspruch nehmen, sich einzutragen. Bei ePAVOS ist die Lösung ein dreistufiger Schlüssel – über die ersten zwei Stufen, in Abb. 5-10 sichtbar, gelangt der sich Eintragende rasch zu den gesuchten Details:

Abb. 5-10. Dreistufiger Branchenschlüssel mit mehreren 1000 Kombinationsmöglichkeiten

Die umfangreichen Eingaben ermöglichen unter anderem, Anbieter nach Regionen zu selektieren. Einzelne suchende Unternehmen bevorzugen einen Partner, der in der Nähe der Zentrale angesiedelt ist. Die Selektion schränkt darauf ein. In einzelnen Fällen wird sogar der Nachteil in Kauf genommen, dass gerade dieser Anbieter nicht so stark auf Themen der betroffenen Branche spezialisiert ist. So wie der Geschäftsprozessberater durch sein Branchen-Know-how viel Wissen in Ihr Unternehmen trägt, tut

es der branchenspezialisierte Software-Anbieter ebenfalls. Sie erhalten das Beste für Ihr Unternehmen, wenn Sie aus den unterschiedlichen Anregungen die am besten geeigneten für sich herausgreifen. Lassen Sie sich diese Chance bei der Softwareeinführung ebenso wenig entgehen wie bei der Auswahl.
Angebote zur Negativ-Selektion ermöglichen zusätzlich, Anbieter nach bestimmten Selektionskriterien auszuschließen.

Beim Zusammenstellen der Anbieterliste werden auch diejenigen berücksichtigt, mit denen das suchende Unternehmen bereits Kontakt hatte. Sobald die Liste freigegeben ist, werden alle hier verzeichneten benachrichtigt, dass eine Ausschreibung im Internet bereitsteht.

5.4 Ausschreibung im Internet

Die Ausschreibung wird in mehreren Stufen vorgenommen. Zuerst sieht der Interessent die öffentlich zugängliche Projektbeschreibung. Entschließt er sich zur Teilnahme, registriert er sich kostenlos. Dann hat er je nach Projektumfang entweder eine Vorauswahl an K.O.-Kriterien vor sich. Sobald er diese ausgefüllt hat, erhält er eine Rückmeldung über seine Funktionsabdeckung. Macht er dann weiter, greift er auf den umfangreichen Fragenkatalog zu, der die eigentliche Ausschreibung bildet. Bei besonders kleinen Projekten erhält er ohne Zwischenstufe sofort diese Ausschreibungsunterlage.

5.4.1 Zur Erstellung der Ausschreibung

Die unübersehbare Zahl an Angeboten legt eine Internet-Ausschreibung als wirtschaftlichste Variante nahe. Die Abbildung 5-11 zeigt über 4.000 Angebote allein für den herstellenden Bereich der Wirtschaft.

B10 Industrie / Hersteller / Fertigungsunternehmen / verarbeitende Gewerbe (4353)	
B10.1	Automatisierungstechnik (72)
B10.2	Automobilzulieferer / Automotive Zulieferer / Automotive / Zulieferindustrie (478)
B10.3	Bauwesen (869)
B10.4	Behindertenwerkstätten (17)
B10.5	Bekleidung und Textil (Fashion) (1160)
B10.6	Bergbau (368)
B10.7	Bürobedarf (428)
B10.8	Druck (398)
B10.9	Edv (119)
B10.10	Einzelfertiger / Auftragsfertiger (431)
B10.11	Elektronik / Elektrotechnik / Hightechindustrie (1188)
B10.12	Energie (140)
B10.13	Fahrzeuge (736)

Abb. 5-11. Beispiel: Auszug aus der Datengrundlage

Deutlich wird auch, wie unterschiedlich die Zahl der Angebote ist. Es sind hier nicht Produkte, sondern Software-Häuser aufgeführt. Für das Auswahl-Projekt ist die Zahl der Softwareanbieter wesentlich, da hieraus derjenige ausgewählt wird, der für das suchende Unternehmen insgesamt den höchsten Nutzen bietet. Das Produkt ergibt sich gleichzeitig aus dessen Angebot.

Alle für ein Projekt möglicherweise in Frage Kommenden werden auf eine aktuelle Ausschreibung hingewiesen.

Die Marktanalyse erfolgt bei komplexen Projekten mit umfangreichen Fragebogen in zwei Stufen: In der ersten Stufe werden alle wesentlichen Anforderungen abgefragt. Hier sind maximal 20 K.O.-Vorfragen zusammengestellt, anhand derer der Software-Anbieter gute Anhaltspunkte erhält, ob er bei dieser Ausschreibung teilnehmen sollte oder nicht. Damit wird eine wichtige Anforderung von Seiten der Anbieter berücksichtigt: nicht unnötig viel Zeit in die Beantwortung von Lastenheften zu stecken, für die das Produkt ohnehin nicht geeignet ist. In der zweiten Stufe beantworten nur diejenigen Anbieter die Detailfragen, die eine gute Chance sehen, die Anforderungen abdecken zu können.

Bestandteil der Methode ePAVOS ist ein Softwareprogramm, das aus den in einem Geschäftsprozess-Darstellungstool in geeigneter Form erfassten DV-Anforderungen des Unternehmens weitgehend automatisch zu einem Lastenheftzusammengestellt wurde. Das erlaubt die außergewöhnlich kurze Zeit von maximal einer Woche zwischen Abschluss der Geschäftsprozessoptimierung und Ausschreibung im Internet.

Die DV-Anforderungen werden aus dem Geschäftsprozess-Analyse-Tool in eine Excel-Tabelle, ähnlich der in Abbildung 5-12 dargestellten, übergeben. Ein Softwareauswahl-Experte prüft sie. Während der Überarbeitung erfolgt gleichzeitig eine Qualitätsprüfung. Über eine fest definierte Schnittstelle gelangen diese Informationen direkt in die Software ePAVOS. Ergebnis ist der Fragenkatalog für die Ausschreibung im Internet.

Prozess	Funktion	Arbeitsschritt	Nr.	Gew.M.	Gewicht	Frage	Anlage
Produktkonfigurator			60	9		Produktkonfigurator (PK)# #Der PK soll eine zentrale Rolle	
	Produktkonfiguration		60		7	Es wird für die Anwendung mit Produktkonfigurator.pdf	
	Eigenschaft: Vertrieb		60		7	Während der Auftragsverarbeitung bzw. Auftragseingabe m	
	Eigenschaft: Stückliste		60		7		
	Eigenschaft: Arbeitsvorbereitung		60		7		
	Eigenschaft: Disposition		60		7		
Produktion			70	5			
	Produktion		70				
		Werk 1	70		5	Das Zielsystem muss vollständig und automatisch eine Pr	
		Kapazitätsplanung	70		7	Das Werk verfügt über bestimmte Mengenkapazitäten. Na	
		Erstellung der Fergtig	70		7	Nach der kapazitiven Beplanung sind Fertigungspläne je P	
		Automatische Zuordn	70		7	Die Fertigungspläne müssen den Fertigungsstrassen auto	
	Versandpapiere		70				
		Ausdruck Lieferschei	70		3		Lieferschein.pdf

Abb. 5-12. Übergabe der DV-Anforderungen direkt aus der Geschäftsprozessdarstellung an ePAVOS über eine EXCEL-Tabelle

Bereits bei der Übernahme erfolgt durch das Software-Tool von ePAVOS eine größtenteils automatische Umarbeitung:

- Gelöscht werden alle Anforderungen, die Standard-Produkte der geforderten Art ohnehin beinhalten.
- Es wird sichergestellt, dass jede Anforderung nur einmal genannt wird.
- Die Anforderungen werden nach Modulen zusammengestellt.
- Die vorstrukturierten Anforderungen werden in eine sinnvolle Reihenfolge gebracht.

Diese Überarbeitung spart später allen Beteiligten viel Zeit. Sie erfordert einen sehr erfahrenen Berater, der entscheiden kann, was Standard ist und was die Besonderheit der zu suchenden Lösung und/ oder der Branche, zu der das Unternehmen zählt, ist. Nur so kann sichergestellt werden, dass nur die relevanten aktuellen und zukünftigen Anforderungen verbleiben, die für dieses Unternehmen spezifisch sind und über das Standard-Angebot hinausgehen.

Ergebnis nach der Methode ePAVOS ist ein „Datenbankauswertbares firmenindividuelles Lastenheft", in dem alle sinnvollerweise anzugebenden Anforderungen nach Anwendungsgebieten und Modulen getrennt als Fragen mit konkreten Hinweisen bereitgestellt werden.

Der Erfolg einer Softwarelösung steht und fällt mit dem Zusammenpassen der individuellen Anforderungen eines Unternehmens und der aktuell im Produkt implementierten Umsetzung. Deswegen wird mindestens ein Mitarbeiter des suchenden Unternehmens die Fragen noch einmal durchlesen, bevor sie veröffentlicht werden. Er muss alle Fragen verstehen und gegebenenfalls erläutern können.

5.4.2 Das öffentlich zugängliche Projektprofil

Die Anbieter erhalten bei der Ausschreibung eine kurze Beschreibung Ihres Projekts, Ihres Unternehmens, Ihrer Produkte und der Aufgabenstellung. Weckt diese Information das Interesse, meldet sich ein Mitarbeiter mit Namen und Passwort an.

Jeder, der sich mit einer Ausschreibung befasst, erhält zuerst ein solches Profil des suchenden Unternehmens bereitgestellt. Diese Titelseite kann jeder Besucher einsehen. Softwareanbieter, die das Beschriebene als Projekt interessant finden, können sich zur Bearbeitung des Lastenheftes anmelden.[11]

Abb. 5-13. Das Profil des suchenden Unternehmens zum Einstieg

---

[11] www.ubkit.de -> Für Kunden -> Projekte und dann auf eine Auswahl klicken.

Die folgende Abbildung zeigt ein weiteres Beispiel:

Titelseite der Ausschreibung - Fragenkatalog bzw. Registrierung ganz

Integrierte Software für Personalzeiterfassung / $

Für eine mittelständische Firmengruppe im Großraum Nürnberg suchen
Es handelt sich bei dem Unternehmen um einen der weltweit führende

Die Firmengruppe weist seit vielen Jahren ein zweistelliges Wachstum

Gesucht wird die Lösung für mehrere Standorte und für ca. 1000 Mitar

Die Firma arbeitet im 3 Schichtbetrieb 7 Tage die Woche.

Abb. 5-14. Auswahlprojekt – Profil

Es werden sowohl Softwareauswahl-Projekte als auch Geschäftsprozessoptimierungsprojekte ohne Einkaufswunsch im Portal aufgezeigt.

Dieses Profil pflegt das suchende Unternehmen selbst, wie in Abb. 5-15 zu sehen. Veränderungen oder zusätzliche Informationen können so während der Ausschreibung ergänzt werden.

Info WebSeite für Anbieter

Titel: Verkauf, Reparatur, Service von Arbeitsbühnen

Text1

Unsere Unternehmensgruppe, welche in Deutschland aus 2 Firmen besteht, hat sich spezailisiert auf den Verkauf und den Service von Hubarbeitsbühnen, keine Produktion.

Wir verstehen uns als eines der leistungsfähigsten Dienstleistungsunternehmen in diesem Bereich in Deutschland, Österreich, Tschechien, Polen und weiteren Teilen Mitteleuropas.

Wir sind auf der Suche nach einem neuen System für unsere Zentrale in Massing (Niederbayern), wobei es sich auch um unseren Hauptsitz handelt. Natürlich soll auch unseren Niederlassungen in Deutschland und Österreich ein sicherer Zugriff aufs System gewährt werden.

Nähere Informationen zu Historie, Firmenphilosophie, Niederlassungsübersicht ect. finden Sie unter auf unserer
Homepage http://www.rothlehner.de

Bild1 **(Gespeichert)** Löschen: ○ Ja ● Nein   ● für Übersicht

Neu: [   ] [Durchsuchen...] *.JPG oder *.GIF Optimale Breite des Bildes liegt bei 50(
einhalten.

Abb. 5-15. Direkter Zugriff auf die Inhalte der öffentlich lesbaren Projektbeschreibung

Das Profil ist bei Bedarf für die Webseite mehrsprachig vorzubereiten (siehe Abb. 5-16).

```
Ausschreibungen WebSeite Daten

Titel:              Verkauf, Reparatur, Service von Arbeitsbühnen
                CZ: Prodej, opravy a servis pracovních plošin
                PL:
                EN:

Branche:            Verkauf, Reparatur, Service von Arbeitsbühnen
                CZ: Prodej, opravy a servis pracovních plošin
                PL:
                EN:

Gesuchte Anwendungen: ERP für Verkauf, Reparatur, Service von Arbeitsbühnen inte
                CZ: ERP systém
                PL:
                EN:

PLZ-Gebiet:         84323

Anzahl Mitarbeiter:

Anzahl der User:    36           Nur GESAMTZAHL - für Preis-Exceltabelle
```

Abb. 5-16. Eingabe mehrerer Sprachen für das Projektprofil

Durch die Mehrsprachigkeit können bei internationalen Projekten in allen betroffenen Ländern Anbieter gesucht werden. Das eröffnet in Einzelfällen interessante zusätzliche Einkaufsoptionen.

5.4.3 Das registrierten Anbietern zugängliche Lastenheft

Das Anforderungsprofil wird im Internet allen interessierten Anbietern zur Verfügung gestellt. Wer sich registriert erhält Zugang zum Fragebogen.

Auf Vorschlag des Inhabers eines renommierten ERP-Softwarehauses wurde ein zweistufiges Beantwortungssystem entwickelt. In der ersten Stufe werden wenige wichtige Anforderungen abgefragt. Das System berechnet online sofort den Erfüllungsgrad. Anbietern deren K.O.-Abdeckung unter 80% liegt, wird empfohlen, an dieser Ausschreibung nicht weiter teilzunehmen. In der Regel erreichen mehrere Branchenanbieter einen Erfüllungsgrad der K.O.-Anforderungen oberhalb der 80%-Marke. (siehe Abb. 5-17).

Erfüllung der Funktionalität in %
Damit Sie schneller erkennen, ob dieses Projekt für Sie interessant sein könnte, haben wir den Verbesserungsvorschlag mancher Anbieter umgesetzt. Alle Fragen sind gewichtet von 1 bis 9, wobei 9 sehr wichtige Kundenanforderungen darstellen.
Stufe 1 = Gewichtung 9 - 7
Stufe 2 = Gewichtung 6 - 4
Stufe 3 = Gewichtung 3 bis 1

Beginnen Sie bitte mit der Stufe 1. Hier werden Ihnen alle Fragen angezeigt, aber beantworten können Sie nur die sehr wichtigen Fragen mit der Gewichtung 7, 8 und 9. Alle Fragen aus der Stufe 2 und 3 werden grau im Hintergrund angezeigt damit Ihnen die Zusammenhänge bekannt sind, Sie können aber bei diesen Stufen keine Beantwortung vornehmen. Der Erfüllungsgrad wird Ihnen sofort in % angezeigt werden. Wenn Sie die Stufe 1 vollständig bearbeitet haben und Sie den Erfüllungsgrad sehen, können Sie entscheiden, ob Sie weiter teilnehmen wollen oder nicht.

Füllen Sie die Stufe 2 aus, so wird der Erfüllungsgrad für die Stufe 1 und 2 **zusammen** berechnet. Bei der Stufe 3 wird der Erfüllungsgrad für die Stufe 1, 2 und 3 zusammen berechnet.

Stufe:	⊙ 1	○ 2	○ 3	○ 4
Anforderung:	wichtige Fragen	standard	einfach	alle
Erfüllung in %:	96%			

Abb. 5-17. Sofortige Rückmeldung der Funktionalitätserfüllung nach Kurzcheck

So wird der Aufwand für den Softwareanbieter deutlich reduziert.

Abbildung 5-18 zeigt einen Teil der Einstiegsseiten für Softwareanbieter: Mit einem Klick gibt der Angeschriebene, der aus irgendeinem Grund nicht teilnehmen möchte, dieses bekannt.

○ Wir werden uns an dieser Ausschreibung termingebunden beteiligen.
○ Wir bearbeiten und prüfen.
⊙ **Wir werden uns diesmal an dieser Ausschreibung nicht beteiligen.**
  ☐ zu wenig User für unsere Anwendung. Wir empfehlen mind. [ ] USER.
  ☑ passt nicht für unsere Branchenausrichtung.
  ☐ passt nicht in unser Einzugsgebiet. Wir nehmen nur im PLZ-Gebieten [ ] teil.
  ☐ wir wünschen jedoch weiterhin kostenlos Ausschreibungen von Ihnen erhalten.

Abb. 5-18. Eine Absage erfordert nur einen Klick

Um diese Entscheidung zu treffen, wollen viele zunächst einen kurzen Blick auf den Fragebogen werfen. Dafür besteht die Möglichkeit, sich alle Fragen auf einmal anzeigen zu lassen. In dieser Darstellung sollten jedoch keine Angaben eingetragen werden –sie werden hier nicht gespeichert.

Der Fragenkatalog ist nach Modulen strukturiert, wie in Abb. 5-19 gezeigt. Es besteht die Möglichkeit, dass mehrere Mitarbeiter eines Anbieters daran arbeiten – jeder füllt sein Fachgebiet aus.

Die Struktur nach Modulen bewährt sich seit vielen Jahren, weil manchmal nicht sicher ist, ob das eine oder andere bereits vorhandene Modul tatsächlich abgelöst wird oder nicht. Hierbei handelt es sich meist um Finanzbuchhaltung, Lohn und Gehalt, Personalzeiterfassung, Webanwendungen und so weiter.

Das ePAVOS-System ermöglicht eine Simulation in der einzelne Module abgeschaltet werden. Dann wird jeweils der Erfüllungsgrad neu berechnet. Weiterhin ist es möglich, dass jeder Mitarbeiter seine Fragen an mehreren Tagen bearbeitet. Mit seinem Passwort kommt nur er wieder auf den Bereich, solange er das Ergebnis nicht abgegeben hat. Es kommt häufiger vor, dass die Beantwortung unterbrochen werden muss. Manchmal sind auch Rückfragen mit den Entwicklern zu klären. Dies ist hiermit berücksichtigt.

Für das suchende Unternehmen hat dies den Vorteil, dass die Fragen in Ruhe ausgefüllt und Rückfragen vorab geklärt werden. Das Ergebnis ist verlässlicher.

A.		erl.		Individuelle Anpassung in Stunden:	User-Exits in Stunden	Customizing in Stunden
1. EDV		✔	Fragen1	0	0	0
2. FiBu		✔	Fragen2	0	0	0
3. Controlling		✔	Fragen3	0	0	0
4. Normung Stammdaten		✔	Fragen4	0	0	0
5. Vertrieb		✔	Fragen5	16	16	24
6. Auslieferung		✔	Fragen6	54	0	0
7. CRM		✔	Fragen7	32	0	10
8. Provision		✔	Fragen8	4	0	0
9. DMS		✔	Fragen9	0	0	0
10. Produktmanagement		✔	Fragen10	0	0	16
11. Dokumentation		✔	Fragen11	1	0	0
12. Einkauf		✔	Fragen12	56	11	38
13. Lager		✔	Fragen13	0	0	0
14. Ressourcenplanung (Grobplanung)	✔	Fragen14		0	0	48
15. Konstruktion Mechanik		✔	Fragen15	320	0	0
16. Forschung und Entwicklung		✔	Fragen16	0	0	0
17. Bereich Elektro		✔	Fragen17	0	0	0
18. AV		✔	Fragen18	0	0	48
19. Montage		✔	Fragen19	0	0	0
20. Logistik		✔	Fragen20	0	0	0
21. Qualitätsmanagement		✔	Fragen21	0	0	0
22. Kundendienst		✔	Fragen22	0	0	0
23. Lohn & Gehalt		✔	Fragen23	0	0	0
24. Kalkulation		✔	Fragen24	0	16	0
			Summe:	483	43	184

B. Weitere wichtige Angaben:		
Kosten und Adressangaben	Ihre-Daten und Kosten	Preisbildung für 150 Concurrent User
Firmenprofil	Hinzufügen	
Sw-Profil	Hinzufügen	
Alleinstellung	Hinzufügen	
Herkunft	Hinzufügen	
Realisierte Projekte	Hinzufügen	
Kosten-Ansicht	Bestätigung	
Kontrollfragen	Anlagen	

Abb. 5-19. Struktur nach Modulen

Auf jede Frage stehen dem Ausfüllenden verschiedene Antwortmöglichkeiten zur Verfügung, wie im Beispiel Abb. 5-20 zu sehen ist.

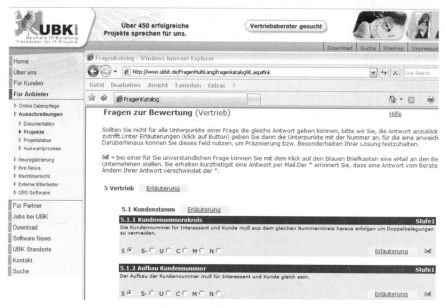

Abb. 5-20. Lastenheft mit definierten Antwortmöglichkeiten

Ein Musterfragebogen steht als Beispiel im Internet bereit unter www.ubkit.de
Verzeichnis „Für Anbieter" - Menüpunkt „Ausschreibungen" - Menüpunkt „Projekte". Wählen Sie das Projekt "MUSTER.PAVOS"
Nach der Firmenpräsentation öffnen Sie ganz unten den Fragenkatalog.
Registrieren Sie sich bitte als Gast mit
Adresscode: INTERESSENT; Passwort: UBK
Ein Klick auf den Button „Fragen" bringt Sie in das Beispiel.

Vordefinierte Antworten garantieren eine gute Auswertbarkeit. Buchstaben stehen für die Antworten, wie in Tabelle 5-2 gezeigt wird.

Tabelle 5-2. Antwortmöglichkeiten im Fragebogen (A für Abkürzung)

A	Steht für	Bedeutung
S	Standard	Ist im Standard des Systems gelöst und kann während der Präsentation vorgeführt werden.
S-	Standard im nächsten Release	Ist gerade in Arbeit und wird im nächsten Release als Standard mitgeliefert.
U	User Exit	Das ist eine besondere Lösung, die ein Software-Vertriebspartner als Anbieter in der Entwicklungsumgebung des Hauptprogramms selbst erstellt hat und die nur er anbietet. Solche User-Exits sind: a) entweder in sich abgeschlossene und ggf. mit Parameter aufrufbare Programmprozeduren, Funktionen oder b) Copy-Strecken (speziell auf der iSeries/RPG), oder c) eigenständige 'Rucksackprogramme' und greifen direkt auf Datenbankfelder der zentralen Quelle zu.
C	Customizing	Das steht für die Verwendung einer reinen Standardlösung, wobei das System durch die Einstellung einer Vielzahl an Parametern auf die Belange des Kunden zugeschnitten wird.
M	Modifikation	Es sind Änderungen am Code des Standard-Programms vorzunehmen.
N	Nicht realisierbar	Bietet dieser Softwarehersteller oder –anbieter nicht.
Module und Add-Ons		
A	Add-Ons	Für jedes Modul wird einzeln abgefragt, ob es sich um ein selbst erstelltes Programm handelt oder um ein externes Add-On. Handelt es sich um ein externes Add-On, das nicht mit der Entwicklungsumgebung geschrieben wurde und damit von Schnittstellen abhängig ist, erfolgt die Bewertung nach zusätzlichen Kriterien, die nicht offen gelegt werden.

Sobald die Option „C" (customized) gewählt wird, erscheint ein weiteres Fenster zur Eingabe der Kalkulation. Über einen speziellen Button erreicht der Ausfüllende eine Hilfeseite von ePAVOS hierzu. Gefordert wird eine

Abschätzung der Dauer für die einzelnen Software-Entwicklungs-Phasen (siehe Abb. 5-21). Daraus errechnet ePAVOS eine Summe pro Modul und pro Funktionsbereich. Das suchende Unternehmen hat damit bereits jetzt eine Aussage zur Verfügung, welcher Aufwand und welche Kosten in die Entscheidung einzubeziehen sind.

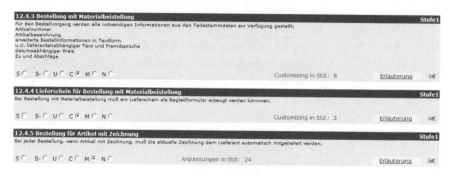

Abb. 5-21. Entwicklungsaufwand ist sofort zu schätzen und zu erfassen

Um die Güte der Beantwortung zu prüfen sind ca. 15 Fragen eingestreut, die auf keinen Fall im Standard enthalten sein dürften. Sobald ein Anbieter eine von diesen Fragen mit S oder S- beantwortet, erhält er eine Email mit Rückfragen (Abb. 5-22). Allerdings wird das zunächst nur als ein kleiner Hinweis gewertet, dass die Fragen nicht mit der notwendigen Sorgfalt bearbeitet werden.

Er erhält die Möglichkeit, durch einen Screenshot und mit Begründung aufzuzeigen, dass es in diesem Produkt doch bereits im Standard enthalten ist.

Manchmal stellt sich auch ein Irrtum des Eingebenden heraus. Gibt es davon im Gesamtbogen wenige, hat das keine Auswirkungen. Sind aber alle vorbereiteten Fragen mit S oder S- beantwortet worden und können dann nicht die Kontrollfragen zufrieden stellend beantwortet werden, wird das gesamte Angebot mit der gebotenen Vorsicht weiter behandelt.

Mit S oder S- beantwortete Kontrollfragen eines Anbieter:

2.1.39. Sprachfähigkeit	Email: 05.07.2007	S	Datum: 11.07.2007
2.1.53. Webfähigkeit	Email: 05.07.2007	S	Datum: 11.07.2007
3.4.1. Tourenplanung	Email: 05.07.2007	S	Datum: 11.07.2007
3.5.15. Zuschläge	Email: 05.07.2007	S	Datum: 11.07.2007
3.7.3. Mehrwerksabhandlung	Email: 05.07.2007	S	Datum: 11.07.2007
9.2.20. Vorjahresbuchungen	Email: 06.07.2007	S	Datum: 11.07.2007
9.3.5. Bankbewegungen	Email: 06.07.2007	S	Datum: 11.07.2007
9.5.1. Liquiditätsübersicht	Email: 06.07.2007	S	Datum: 11.07.2007

Abb. 5-22. Kontrollfragen

Diese Kontrollfragen steigern erheblich die Zuverlässigkeit der Fragebogen-Rückmeldung.

Ein weiterer wichtiger Punkt bei den Abfragen sind die Schnittstellen. Sie führen in der IT-Landschaft immer wieder zu erheblichem Aufwand.

„Die Schnittstelle ist für uns Anwender das Grundübel schlechthin. Mit einzelnen Softwaremodulen kommen wir gut zurecht. Aber die Integration von verschiedenen Bausteinen von unterschiedlichen Herstellern mit unterschiedlichen Update-Zyklen macht uns das Leben extrem schwer. Schnittstellen verlangen eher nach einem Pflaster oder einem Arztbesuch. An dem Wort "Schnittstellen" kann man ablesen, dass wir in den IT-Abteilungen kaum in der Lage sind, dem Wunsch der Anwender nach mehr Flexibilität und Kombinierbarkeit gerecht zu werden. Deshalb übt das SOA-Konzept auch so eine große Attraktivität auf uns aus."[12]

Es verspricht, den Kampf mit der Schnittstelle zu gewinnen. Wir wünschen uns von Anbietern die leichtere Kombinierbarkeit von Elementen, bessere Handhabung von Schnittstellen und alles, was damit zusammenhängt.

---

[12] Witte 2007 S 2.

Deswegen wird in ePAVOS der Integrationsgrad für jedes Modul abgefragt. Ist ein Modul eines Drittanbieters vollständig integriert oder nicht, wird das eingetragen, wie in Abb. 5-23 gezeigt.

```
Ausgeschrieben ist die Lösung für 150 Concurrent User

○ integriertes Modul aus unserem Hause
○ Diesen gesamten Modul bieten wir als externe Lösung an.
⦿ Integriertes Modul aus unserem Hause, aber einige Funktionalitäten müssen durch externe Lösungen abgedeckt werden.

Integriertes Teil des Modules ist im Basis-Lizenzpreis (K2) für  52       User inbegriffen

Bitte tragen Sie hier alle externen Lösungen, die Sie im Rahmen dieses Modules anbieten. Für diese Lösungen geben Sie dann Preis und Wartu
Adressangaben.

  1.Name: Lager              Hersteller: Anbieter        Bemerkung:
    ⦿ Schnittstelle mehr als 3 x im Einsatz
    ○ noch keine Schnittstelle vorhanden Gesamtkosten der Schnittstelle (inkl. Konzeption)
    betragen                User inbegriffen

  2.Name: FiBU               Hersteller: Anbieter 2      Bemerkung:
    ⦿ Schnittstelle mehr als 3 x im Einsatz
    ○ noch keine Schnittstelle vorhanden Gesamtkosten der Schnittstelle (inkl. Konzeption)
    betragen                User inbegriffen
```

Abb. 5-23. Integrierte Module werden abgefragt

Während der Auswahl ist häufig noch nicht bekannt, welches interne oder externe Modul wann wo eingeführt wird. Daher ist eine nach Modulen getrennte Erfassung der Kosten (Abb. 5-24) notwendig. Durch sie kann bei der Einführungsplanung genau bestimmt werden, was wann umgesetzt wird. Das bietet auch etwas Gestaltungsraum um die Zahlungen über einen Zeitraum hinweg zu verteilen. Damit kann das suchende Unternehmen seine Finanzplanung verbessern.

Die folgende Abbildung zeigt die Phasendarstellung geplanter Einführungsschritte. Die gültige Festlegung erfolgt jedoch erst nach dem Vertragsabschluss. Vorher sind nicht genügend Informationen vorhanden, um verbindliche Einführungspläne zu entwerfen. Sobald der Vertrag geschlossen ist, kann auf Grund dieser konkreten Planung auch der Anbieter seine Finanzplanung aktualisieren.

Einsatzland		User Fibu/ CRM	User Service Techniker
🇩🇪	120 (D)	10/30	40
🇨🇭	27 (CH)	3/5	10
	Phase II:	Phase II:	Phase II:
🇦🇹	3 (AT)	3/4	4
🇳🇱	6 (NL)	2/2	4
🇫🇷	6 (FR)	2/7	7
🇮🇹	2 (I)	2/5	2
	Phase III:	Phase III:	Phase III:
🇪🇸	3 (Spain)	2/7	4
🇵🇱	2 (Polen)	2/5	3
🇨🇿	5 (CZ)	2/4	2
🇬🇧	21 (GB-Winterhalter)	4/10	90
🇬🇧	5 (GB-Classic)	---	---
	Option für die Zukunft:	Zukunft:	Zukunft:
🇷🇸	Serbien	---	---
🇸🇮	Slowenien	---	---
🇹🇷	Türkei	---	---
🇨🇳	China	---	---
🇲🇾	Malaysia	---	---
🇯🇵	Japan	---	---

Abb. 5-24. Einführungsphasen bei einem Mehrländerprojekt

Die Darstellung zeigt, in welchem Gebiet welches Modul in welcher Phase grob eingeplant worden ist.

Einzelne Hersteller oder Anbieter haben besonders pfiffige oder neue Lösungswege für bestimmte Themen entwickelt. Bei jeder einzelnen Frage hat der Beantwortende die Möglichkeit, mit einer Texteingabe darauf hinzuweisen. Der Suchende erhält damit zusätzliche Hinweise auf aktuelle Angebote. Das Softwarehaus kann seine Kompetenz und seine Besonderheiten herausstreichen.

Damit kann noch ein weiteres wichtiges Detail für das suchende Unternehmen ergänzt werden: Neuerungen, die noch nicht ganz umgesetzt sind, aber in absehbarer Zeit einsatzfähig werden.

Die verständliche Formulierung der Fragen des Lastenheftes ist ein wesentliches Qualitätsmerkmal bei ePAVOS. Insbesondere die Mitarbeiter des suchenden Unternehmens sollen wissen, was sie finden wollen. Trotzdem kann es nie ausgeschlossen werden, dass der Ausfüllende sich nicht sicher ist.

Dies wird bei ePAVOS vermieden, indem der Ausfüllende mit einem Klick eine Email mit seiner Frage versenden kann. Diese wird automatisch an den Berater oder den unternehmensinternen, zur Fragenbeantwortung abgestellten Mitarbeiter weitergeleitet (siehe Abb. 5-25). Diese antworten kurzfristig und schon kann der Ausfüllende seine Antwort zutreffend ergänzen. In schwierigen Fällen werden die benannten Ansprechpartner des Such-Teams auch telefonisch Auskunft geben.

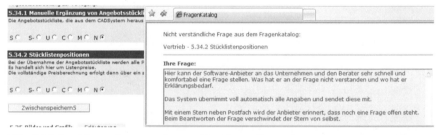

Abb. 5-25. Rückfragen können sofort per Email gestellt werden

Als weiterer wichtiger Erfolgsfaktor für ein Auswahlprojekt zählt die Transparenz über den Projektablauf.

5.4.4 Ausschreibungsablauf transparent mitverfolgen

In der Methode ePAVOS erhält das suchende Unternehmen eine Zugangsberechtigung zur Ausschreibungsverwaltung seines Projektes. Hier kann es gegebenenfalls das Profil selbst anpassen. Außerdem greifen die Mitarbeiter des suchenden Unternehmens auf den aktuellen Stand des Ausschreibungsfortschritts zu.

Das suchende Unternehmen hat jederzeit die Möglichkeit, den Rücklauf einzusehen: Listen zeigen ihm die teilnehmenden sowie die absagenden Unternehmen an. Diese Liste gibt übersichtlich Auskunft über den Stand der Ausschreibung. Damit verwaltet gleichzeitig der Dienstleister das Geschehen. Das suchende Unternehmen greift auf dieselben Informationen zu.

Die Anbieter erhalten automatisch wöchentlich eine Übersicht der noch fehlenden Antworten und werden aufgefordert, zur Teilnahme alle vollständig auszufüllen (siehe Abb. 5-26).

Fragenpräzisierung

1.3.1 Mandantenübergreifend (3)

1.5 Barcodesystem und Lesegeräte (1)

2.1.1 Produktentwicklung und Freigabeverfahren (1)

2.3.1 Handhabung mit dem Viewer (1)

5.2 Handhabung Servicepakete (Verbrauchs u. Verschleißteile) (1)

Abb. 5-26. Fortschrittskontrolle zur Fragenkatalogbeantwortung

Auch den Ausfüllstatus kann das suchende Unternehmen verfolgen.

Darüber hinaus kann der Suchende mitverfolgen, wie schnell die Fragen der Anbieter an den Berater bzw. den Ansprechpartner im suchenden Unternehmen beantwortet werden (siehe Abb. 5-27). Die Fragen selbst kann er ebenfalls jederzeit noch einmal lesen.

Sw-Name	Anbieter	für Beantwortung noch	Module(USER)	N/725	U/725	Datum
Produkt 1	Anbieter033	0 Module	0 Mod.	12 / 725	0 / 725	03.09.2006
Produkt 2	Anbieter034	0 Module	0 Mod.	37 / 725	28 / 725	03.09.2006
Produkt 3	Anbieter035	0 Module	7 Mod.	73 / 725	102 / 725	03.09.2006
Produkt 4	Anbieter036	0 Module	0 Mod.	2 / 725	9 / 725	03.09.2006
Produkt 5	Anbieter037	0 Module	0 Mod.	187 / 725	0 / 725	03.09.2006
Produkt 6	Anbieter038	0 Module	0 Mod.	66 / 725	78 / 725	03.09.2006

Abb. 5-27. Rückfragenverfolgung

Die Zahl der nicht teilnehmenden Unternehmen ist in der Regel deutlich größer als die der Teilnehmenden (Beispiel in Abb. 5-28). Das liegt vor allem an der Moderation der Präsentationen, wo nur Anbieter zugelassen werden, die wirklich die geforderten Funktionen vorführen können. Wer das nicht kann, spart sich die Mühe der Teilnahme und wartet auf eine neue Ausschreibung, bei der die angebotenen Produkte besser passen.

353	45 V	○ Ja ⦿ Nein	Produkt020	ANBIET.020
354	18 V	○ Ja ⦿ Nein	Produkt021	ANBIET.021
355	0 V	○ Ja ⦿ Nein	Produkt322	ANBIET.322

Abb. 5-28. Anzahl der Teilnehmer, die das Lastenheft aufgerufen haben

Es registrieren sich zum Teil viele Anbieter. Die Abbildung zeigt einen beliebig aus einem abgeschlossenen Projekt herausgegriffenen, anonymisierten Stand. 355 Softwareanbieter hatten hier das Lastenheft geprüft.

Damit ein besonders wichtiger Aspekt der Abwägung tatsächlich vergleichbar dargestellt werden kann, ist die Erfassung der Kosten besonders herauszuheben.

5.5 Preisvergleich

Die Angebote der Software-Häuser werden immer komplexer. Auch wenn konkrete Preise abgefragt werden, erhält der Suchende auf seine schriftlichen Anfragen in der Regel nicht vergleichbare Antworten. Nur mit hohem Aufwand gelingt es einigermaßen, die Kosten einander gegenüber zu stellen. Dabei fällt manchmal gar nicht auf, dass in gleich bezeichnete Positionen Verschiedenes eingerechnet wurde.
Doch die Entscheidung über den Einsatz eines Softwaresystems bedarf eines transparenten Preisvergleichs über alle Kosten. Die Investition umfasst schließlich weit mehr als nur die Lizenzkosten. Deswegen darf der Preis auch nicht die einzige Entscheidungsgrundlage sein. Doch ist er so wichtig, dass es sich lohnt, genauer hinzusehen.

5.5.1 Lizenzpreise

Gab es früher einfache Lizenzmodelle, die nachvollzogen werden konnten, gestalten heute viele Anbieter ihre Preislisten so, dass die Kunden diese nicht mehr verstehen. In seltenen Fällen durchschauen nicht einmal die Vertriebspartner die bis zu 130 Seiten starken Preislistenwerke.[13]

---

[13] Praxiserfahrung aus 2006.

Gängige Ansätze zur Berechung der Lizenzen sind

- Named User[A]
- Concurrent User[A]
- Nach Function Points[A]
- Als Pauschale
- Nach Transaktionen[A]

Dabei bedeuten:
- **Named User**: ein Mitarbeiter, der durch seinen Namen und Passwort zur Nutzung zugelassen ist (Achtung: In diesem Fall müssen Sie für einen neuen Mitarbeiter oder einen, dessen Aufgabengebiet sich ändert, in der Regel eine Lizenz nachkaufen). Verhandlungsprobleme gibt es insbesondere bei Dreischicht-Betrieb und bei Maschinensteuerungen.
- **Concurrent User**: ein Mitarbeiter, der zu einem Zeitpunkt an dem Programm/Modul arbeitet.
- **Function Points**: Abrechnungsmethode bei überwiegend automatisch generierten Systemen, die Funktionen zählen, wobei es schwierig ist, eine klare Definition für „Funktion" zu erhalten.
- **Pauschale:** Die Lizenzierung der Komponenten erfolgt unabhängig von der User-Zahl.
- **Aktivierungen:** Lizenzmodell für Einsatz der modernen Technologien wie Web-Shops, PDA-Zugriffe, Handy-Zugriffe und andere Erfassungsmöglichkeiten. Das Unternehmen zahlt für Zugriffe externer User pro Transaktion eine Lizenz-Gebühr.
- **Geschäftsvorfall:** Für einzelne Branchen gibt es Modelle, bei denen nach Anzahl der Bestellungen, Rechnungen und so weiter zusätzlich abgerechnet wird.

Soweit ist es ja noch einigermaßen verständlich. Aber bei den Named Usern gibt es dann Unterklassifizierungen, wie zum Beispiel Entwicklungsnutzer, professionelle Nutzer, limited professionelle Nutzer und Branchennutzer. Die Bezeichnungen schwanken von Anbieter zu Anbieter. Darüber hinaus gibt es viele Deutungen für jeden einzelnen dieser Begriffe. Hier wurde ein Ersatz für Rabattsysteme geschaffen.

Damit es noch unklarer wird, sind die Lizenzpreise zum Teil zusätzlich nach Branchen getrennt angegeben.

Fazit: Es gibt keine Transparenz mehr, wenn nicht ein Verfahren geschaffen ist, das nur richtige und vergleichbare Aussagen zulässt. Für klar definierte Anforderungen und klar definierte Anzahl an Usern wird ein transparenter, endgültiger Preis verlangt.

Deswegen fragen die Anwender der Methode ePAVOS eine Reihe von Kosten getrennt ab. Die Zusammenstellung wird häufig an die Modelle angepasst, um den Anbietern Gelegenheit zu geben, ihre Vorstellungen darzustellen. Doch geschieht dies immer so, dass ein vergleichbares Ergebnis erzielt wird.

Das beginnt mit der getrennten Abfrage von Kosten pro Modul. Daraus erhält das suchende Unternehmen frühzeitig eine wichtige Gestaltungsinformation für die Finanzplanung: Werden Module nacheinander eingeführt, sind sie erst zu zahlen, wenn es soweit ist. Das kann so bereits bei Beginn des Einführungsprojektes in Abstimmung mit der Finanzabteilung geplant werden.

Für die Software selbst werden erhoben (wie in Abbildung 5-29 gezeigt):

- Kosten für die Datenbank und deren Wartung,
- Die Lizenzgebühren für die Hauptsoftware sowie
- Kosten für Progammergänzungen und Customizing – hier kann der Anbieter wählen, ob er einen Geldbetrag oder eine Anzahl an Tagen eingibt.

Darüber hinaus sind für das Projekt die vom Anbieter eingesetzten Tage für:

- Beratungskosten,
- Projektleitung,
- Detailanalyse / Feinplanung und
- Schulung der Mitarbeiter

wichtig.

Daraus können dann die entsprechenden Vergleichswerte errechnet werden.

Die folgende Abb. 5-29 zeigt die Erfassungsmaske für die abgefragten Kosten Stand 1. Quartal 2007.

Ihre Kosten für das Projekt:

○ concurrent user
⦿ named user

K1 - Kosten für empfohlene Datenbank mit evtl. Client Lizenzen
Für Berechnung der Gesamtkosten wird die Datenbank 1 benutzt !
Datenbank1   Datenbank2   Datenbank3
| 0 | | 30.000 | | 0 | | EURO |

Wartungsgebühren
| | | | | % pro Jahr

K2 - Lizenzkosten Basis-SW
In dieses Feld geben Sie bitte die Lizenzkosten der Basis-SW für diese Ausschreibung ein.
| 293.750 | | EURO |

K3 - Summe der Lizenzkosten aller externer Module
Falls Sie fremde Module anbieten, geben Sie hier die Lizenzkosten für diese Module.
| 71.715 | | EURO |
    [Ext. Lizenzkosten detailliert]

K4 - Kosten bzw. Anzahl Tage für Programmergänzungen – Ihre Abschätzung (U + M)
Falls Sie die automatische Berechnung nicht benutzen möchten geben Sie hier die geschätzten Kosten.
Beim Ausfühlen von beiden Feldern ist für uns dieses Feld primär.
| | EURO   oder alternativ | | in Tagen

K5 - Kosten bzw. Anzahl Tage für Customizing – Ihre Abschätzung (C)
Falls Sie die automatische Berechnung nicht benutzen möchten geben Sie hier die geschätzten Kosten.
Beim Ausfühlen von beiden Feldern ist für uns dieses Feld primär.
| | EURO   oder alternativ | | in Tagen

K6 - Anzahl der Tage für Beratungs-Kosten für die Einführung des Systems
| 176 | in Tagen

K7 - Anzahl Tage für die Projektleitung
| 20 | in Tagen

K8 - Anzahl Tage für die Detail-Analyse / Fein-Planung
| 45 | in Tagen

K9 - Anzahl Tage für die Schulung der Mitarbeiter
| 25 | in Tagen

Abb. 5-29. Preisabfrage nach projektindividuell zusammengestellten Software-Modulen

Bisher wurden alle Kosten zusammengestellt, die der Hersteller für das vom Softwareanbieter einzuführende Kernprogramm berechnet. Häufig wird dieses ergänzt durch Module oder Programme von Drittanbietern. Auch hierfür sind wie oben dargestellt die Kosten getrennt zu erfassen.

Für das suchende Unternehmen wird eine Übersicht erstellt (siehe Abb. 5-30). Daraus ist sofort erkennbar, für welche Module weitere Informationen bereitzustellen sind:

Modul	integrent	Sw-Name	Hersteller	Schnitt. mehr als 3	keine Schnitt. -> User	Bemerkung	im Lizenz	User
1	J						K2	150
2	N	FIBU	CODA	N	15000		K3	7
3	T	FIBU	CODA	N	15000		K2-K3	35
4	J						K2	150
5	J						K2	150
6	J						K2	150
7	J						K2	150
8	J						K2	150
9	N	ELO	ELO Digital Leitz GmbH	N	11000		K3	150
10	J						K2	150
11	T	DORIS32	ISC	N	15000	Katalog erstellung Print und WeB	K2-K3	50

Abb. 5-30. Übersicht über externe Module

Auch für diese externen Module, Add-Ons oder andere Bestandteile von Fremdfirmen sind Lizenz- und Wartungskosten anzugeben, wie in Abb. 5-31 dargestellt.

Kosten für externen Modul

E1. Kosten für empfohlene Datenbank mit evtl. Client Lizenzen
500
Wartungsgebühr
15   % pro Jahr

E2. Lizenzkosten Basis-SW
25.000

E3. Kosten für Programmergänzungen
2.000

E4. Kosten für Customizing
1.500

E5. Anzahl der Tage für Beratungs-Kosten für die Einführung des Systems
8

E6. Anzahl Tage für die Projektleitung
2

E7. Anzahl Tage für die Detail-Analyse / Fein-Planung
2

E8. Anzahl Tage für die Schulung der Mitarbeiter
2

E9. Wartungsgebühren
Updategebühr für Standardsoftware (Servicepacks)   15   % pro Jahr
Individuelle Anpassungen   22   % pro Jahr

Abb. 5-31. Kosten externer Bestandteile getrennt aufgeführt

Wie in Kapitel 3.7 ausführlich beschrieben, ist das Ziel, bereits bei diesem Vergleich das Gesamtprojekt durchzukalkulieren. Nur mit diesem Aufwand kann für die Entscheidung eine ausreichend sichere Grundlage bezüglich des Kriteriums Kosten geschaffen werden. Über die genannten Angaben hinaus müssen dafür auch die in Abbildung 5-32 gezeigten Kosten der zusätzlich erforderlichen Module von Externen im Einzelnen anhand der Angaben einbezogen werden.

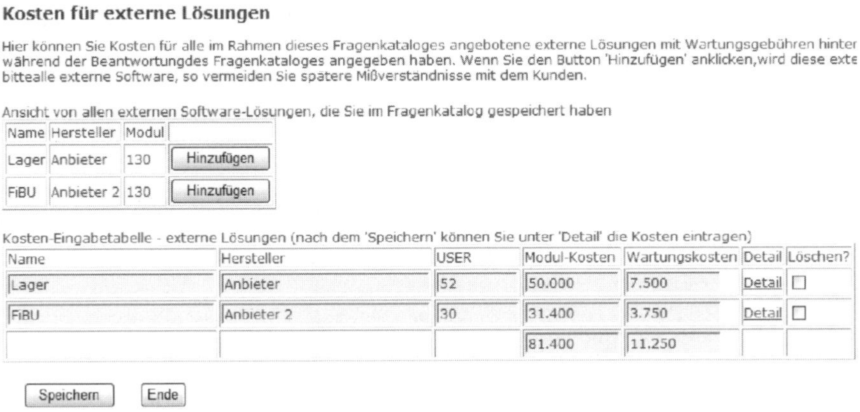

Kosten für externe Lösungen

Hier können Sie Kosten für alle im Rahmen dieses Fragenkataloges angebotene externe Lösungen mit Wartungsgebühren hinter während der Beantwortungdes Fragenkataloges angegeben haben. Wenn Sie den Button 'Hinzufügen' anklicken, wird diese exte bittealle externe Software, so vermeiden Sie spätere Mißverständnisse mit dem Kunden.

Ansicht von allen externen Software-Lösungen, die Sie im Fragenkatalog gespeichert haben

Name	Hersteller	Modul	
Lager	Anbieter	130	Hinzufügen
FiBU	Anbieter 2	130	Hinzufügen

Kosten-Eingabetabelle - externe Lösungen (nach dem 'Speichern' können Sie unter 'Detail' die Kosten eintragen)

Name	Hersteller	USER	Modul-Kosten	Wartungskosten	Detail	Löschen?
Lager	Anbieter	52	50.000	7.500	Detail	☐
FiBU	Anbieter 2	30	31.400	3.750	Detail	☐
			81.400	11.250		

[Speichern] [Ende]

Abb. 5-32. Preise für Module von Drittanbietern

Ein weiterer beachtenswerter Kostenblock kommt erst im Betrieb auf das Unternehmen zu:

5.5.2 Wartungspreise

Die Wartungsgebühren werden in ePAVOS pro Jahr in % des Lizenzpreises abgefragt. Von den direkt beim Unternehmen in den Büchern auftauchenden laufenden Kosten ist dies in der Regel der größte Posten. Als Anhaltspunkt zum Vergleich ist für diese Position ein Wert zwischen 9 und 25 % des Lizenzpreises anzunehmen.

Wesentlich ist hierbei zu klären, auf welcher Basis sich der Prozentsatz berechnet: Vom Lizenzpreis oder vom tatsächlich bezahlten Preis. Das wird unterschiedlich gehandhabt.

Außerdem müssen Sie ganz genau vergleichen, was in diesem Kostensatz alles enthalten ist und wofür Sie extra zahlen sollen (siehe Abb. 5-33).

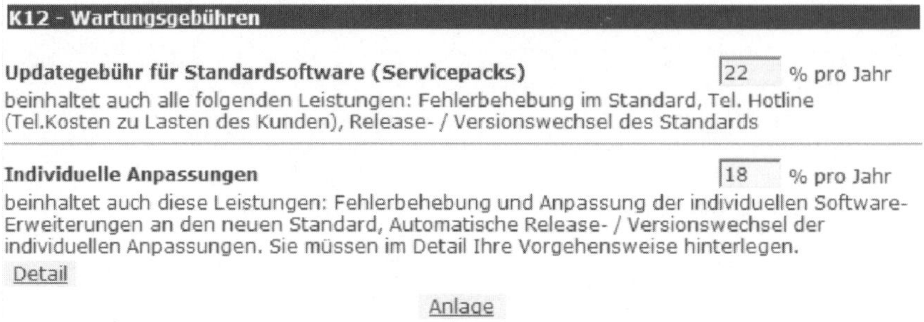

K12 - Wartungsgebühren

Updategebühr für Standardsoftware (Servicepacks) | 22 | % pro Jahr
beinhaltet auch alle folgenden Leistungen: Fehlerbehebung im Standard, Tel. Hotline (Tel.Kosten zu Lasten des Kunden), Release- / Versionswechsel des Standards

Individuelle Anpassungen | 18 | % pro Jahr
beinhaltet auch diese Leistungen: Fehlerbehebung und Anpassung der individuellen Software-Erweiterungen an den neuen Standard, Automatische Release- / Versionswechsel der individuellen Anpassungen. Sie müssen im Detail Ihre Vorgehensweise hinterlegen.
Detail

Anlage

Abb. 5-33. Abfrage der Wartungsgebühren

Feinheiten wie diese gehen in den harten Verhandlungen um die Lizenzen gerne unter. Erst wenn eine Änderung oder die erste Wartungsrechnung kommt, wird offensichtlich, dass dieser Position zu wenig Aufmerksamkeit geschenkt wurde. Ein Beispiel hierfür ist ein Geschäftsführer, der seine Erfahrung folgendermaßen zusammenfasst: „Sprechen Sie mich bloß nicht an den Tagen an, an denen ich eine Rechnung über unsere Wartungsgebühren bekomme. An diesem Tag habe ich grundsätzlich sehr schlechte Laune."

Für die Entscheidung sind konkrete Aussagen über alle Kosten, die auf das Unternehmen beim Kauf und über die gesamte Einsatzzeit zukommen, unerlässlich. Mit der Geschäftsprozessoptimierung und einer guten Einführung können Sie die Bedienkosten – den tatsächlich größten Block – niedrig einstellen. Doch abgesehen davon ist eine verlässliche und langfristige Betrachtung aller direkt zu zahlenden Ausgaben ebenso wesentlich.

5.5.3 Kosten des Einführungsprojektes

Das ist die schwierigste Position. Laut Aussage eines leitenden Mitarbeiters eines renommierten internationalen Softwarehauses ist bei einigen großen Lösungen, die überwiegend auf Customizing basieren, dessen Aufwand im Vorhinein nicht kalkulierbar ist, weil die Anpassungen durch „rekursives Probieren" vorgenommen werden. Die Kosten hängen davon ab, welcher Berater das Customizing für ein Modul durchführt. Ein Berater, der sich ausschließlich mit einem oder wenigen Modulen beschäftigt, schafft es zum Beispiel in wenigen Wochen, wogegen ein Ungeübter ein Mehrfaches an Zeit benötigt.

Daher ist ein Festpreisangebot die einzig realistische Chance für ein Unternehmen, eine verlässliche Preisangabe zu erhalten. Voraussetzung hierfür ist, dass aus einem detaillierten Pflichtenheft die Gesamtanforderungen inklusive der Schnittstellen und des vollständigen Formularwesens abgeleitet werden können.

In ePAVOS werden Tagessätze getrennt für Schulung, Beratung und Programmierung abgefragt, wie in Abb. 5-34 gezeigt.

Die Programmiersätze dienen zur Berechnung des Customizing-Aufwands. Für Schulung und Beratung wird eine vernünftige Anzahl an Tagen abgeschätzt, gegebenenfalls gemeinsam mit dem Softwareauswahlexperten. Es macht für den Anbieter einen Unterschied, ob es sich um 5 oder um 100 Tage handelt – insofern hilft ein grober Hinweis. Vergleichbare Aussagen kommen nur zurück, wenn alle Anbieter an dieser Stelle mit derselben Anzahl an Tagen rechnen.

Ihre Tagessätze:

Tagessatz für Programmergänzungen (U + M)
920 EURO

Tagessatz für Customizing (C)
960 EURO

Tagessatz für Schulung
1.250 EURO

Tagessatz für Beratung
960 EURO

Tagessatz für Projektleitung
1.080 EURO

Ergänzende Angaben

Km-Pauschale
,55 EURO

Fahrtzeit Kosten pro Std. **in vollen**
60 EURO

Spesen-Pauschale pro Tag **in vollen**
24 EURO

Termin des frühstmöglichen Projektstarts
01.06.2007

Abb. 5-34. Tagessätze werden konkret abgefragt

Diese Tagessätze enthalten auch Angaben zu weiteren Kosten, in der Abbildung unten. Bei den ergänzenden Angaben werden Positionen abgefragt, die sonst in Einzelfällen zu überraschend hohen Rechnungsbestandteilen werden.

Die Abfrage des frühestmöglichen Beginntermins rundet das Gesamtbild ab. Mit dieser Angabe kann das Unternehmen seine eigene Planung abstimmen.

Die Schulung ist ein weiteres Thema, dem an dieser Stelle Aufmerksamkeit zu schenken ist. Die Bedienkosten sinken, wenn die Mitarbeiterinnen und Mitarbeiter das gut beherrschen, was sie mit dem Programm tun. Außerdem wird das System produktiver eingesetzt, wenn die Führungskräfte wissen, wie sie einfach und schnell auf bestimmte Übersichten zugreifen können. Die Vorgesetzten sollten mit gutem Beispiel voran gehen. Das ist bereits jetzt in die Überlegungen mit einzubeziehen, da es Kosten nach sich zieht.

Häufig bieten Anbieter so genannte Key-User-Schulungen an. Gemeint ist damit, dass ein oder mehrere Multiplikatoren im Haus geschult werden, die das Wissen an die übrigen Mitarbeiter weitergeben sollen. Ziel ist, damit die Kosten im Griff zu halten. Das Problem liegt in der Auffassung von „Schulung". Häufig wird es als Schulung betrachtet, dass ein Berater alles durchführt und der Mitarbeiter daneben sitzt und zusieht. Jedem, der mit Software zu tun hat, ist klar, dass auf diese Weise keinerlei Effekt erzielt wird. Nur wenn der Mitarbeiter das System selbst bedient und der Berater ihn dabei unterstützt, wird er die Anwendung am Ende soweit beherrschen, dass er sein Wissen anderen weitergeben kann.

Um konkrete Aussagen zu erhalten, ist zuerst ein einigermaßen realistischer Aufwand abzuschätzen. Nehmen Sie zum Beispiel einmal 100 Manntage für die Schulung an. Das führt bei Unterschieden in den Tagessätzen, die zwischen 500 bis 1.500 Euro angeboten werden, zu einem Kostenblock von 50.000 – 150.000 €. Manchmal liegt dieser Betrag sogar über den Lizenzkosten. Wichtig ist, dabei zu bedenken: Diese Kosten kommen auch in Zukunft immer wieder auf das Unternehmen zu. Sie fallen an, wenn ein neuer Mitarbeiter einzuarbeiten ist und das Unternehmen zu klein oder zu beschäftigt ist, um einen Internen hierfür abzustellen. Oder sie müssen aufgebracht werden, wenn eine größere Veränderung vorgenommen wird, die eine Nachschulung aller Betroffenen erfordert.

In dem detaillierten Lastenheft müssen die Anbieter gleich eine Schätzung für die notwendigen Tage aus ihrer Sicht eintragen. Diese wird jedoch nicht für den Preisvergleich herangezogen, sondern fließt an anderer Stelle in die Entscheidung ein.

Doch mit dem Preis und den Fragen zur Funktionalität sind noch nicht alle Informationen für die Entscheidung zusammen. Es fehlt noch, ob der Softwareanbieter von seiner Organisation her zum suchenden Unternehmen passt und wie stabil das Unternehmen am Markt ist - wobei insbesondere letzteres in Abhängigkeit der Situation des Suchenden eine wesentliche Rolle spielt.

5.6 Beurteilung der Anbieterorganisation

Um über die Lage des Anbieters Anhaltspunkte zu erhalten, werden die Softwareanbieter nach folgenden Kriterien gefragt:

- Anzahl Mitarbeiter in Deutschland und weltweit. Will der Suchende weltweit einführen, wird zusätzlich eine Auflistung der Niederlassungen angefordert.
- Umsatz des Software-Herstellers über die letzten drei Jahre.
- Umsatz des Software-Anbieters über die letzten drei Jahre.
- Anzahl der Referenzen der angebotenen Software. Betonung liegt hier auf „der angebotenen". Einige Anbieter geben eine hohe Anzahl an Installationen an – die Anzahl, die das Unternehmen in seiner gesamten Existenz mit unterschiedlicher Software erzielt hat.
- Anzahl an Referenzen der angebotenen Software in der Branche des suchenden Unternehmens.

An dieser Stelle soll noch eine wesentliche Besonderheit der Methode e-PAVOS erwähnt werden, mit der die Sicherheit der Entscheidungsfindung erhöht wird, die jedoch nicht überall angeboten wird:

Die Anbieter verpflichten sich, wahrheitsgemäße Angaben zu machen. Wer sich nicht daran hält, dem droht eine Konventionalstrafe, die an das suchende Unternehmen auszuzahlen ist. In der Präsentation stellt sich meist heraus, ob Angaben falsch waren. Immerhin wurden in diesem Fall insbesondere vom suchenden Unternehmen Investitionen wie die wertvolle Zeit der anwesenden Mitarbeiter und andere Kosten für die Präsentation umsonst getätigt. Außerdem wird der Anbieter für weitere Ausschreibungen gesperrt.

In den vielen Jahren der Zusammenarbeit haben sich alle Anbieter an diese Spielregeln gewöhnt und antworten daher eher zurückhaltend als zu überschwänglich. Dies zeigen die vielen Kommentare bei jeder Frage und die Nutzung der Briefkästen für Rückfragen. An die Teilnahme werden klare Bedingungen geknüpft. Die Abb. 5-35 zeigt die Vereinbarungen:

```
Teilnehmende Anbieter an dieser Ausschreibung unterschreiben hiermit nachfolgende
Vereinbarung:

1. Ihre Angaben wurden wahrheitsgemäß nach bestem Wissen von sachkundigen Mitarbeitern Ihres Unternehmens gemacht.

2. Anforderungen die mit „S" beantwortet werden, sind im Standard gelöst und können während der Präsentation vorgeführt
   werden.

3. Die Angaben „C" für Customizing werden mit „S" (im Standard) nur dann gleich bewertet, wenn bei jeder Beantwortung mit „C"
   die Kostenschätzung mit angegeben wird.

4. Bei Angaben „S" und „S-„ verpflichten Sie sich im Auftragsfall:
   a. diese Funktion vollumfänglich gem. Anforderung zu liefern.
   b. es fallen keine Kosten im Projekt mehr an
   c. Es besteht im Projekt keine andere Interpretation mehr, denn Sie haben die Möglichkeit des Nachfragens über die
      „blauen Briefumschläge" ⊠ im Vorfeld ausgiebig genutzt

5. Die Ihnen zugestellten Kontrollfragen zu Ihren Angaben werden in Ihrem Hause kurzfristig beantwortet.
   Hierzu sind nachfolgend eMail-Adressen der v e r a n t w o r t l i c h e n Mitarbeiter Ihres Unternehmens anzugeben. (Bitte bei
   mehreren Adressen mit ; trennen.). Werden Kontrollfragen innerhalb 7 Werktage nicht beantwortet, besteht der Verdacht,
   dass Sie unwahre Angaben gemacht haben, und Sie werden bei diesem Projekt nicht weiter berücksichtigt. Sorgen Sie bitte
   dafür, dass diese Kontrollfragen an möglichst mehrere Personen gehen oder an eine Person, die garantiert immer die
   Nachrichten lesen wird.
   |a

6. Diese Ausschreibung mit Ihren Angaben wird im Auftragsfall zum verbindlichen Bestandteil des Vertrages mit dem Kunden.

7. Stellt sich während der Präsentation heraus, dass mehrfach bewusst falsche Angaben in der Ausschreibung gemacht wurden,
   erstattet der Anbieter dem Kunden eine Kostenentschädigung für die abgebrochene Präsentation in Höhe von 5.000,-- EURO
   und der Anbieter wird im Wiederholungsfalle bei allen zukünftigen UBK-Ausschreibungen gesperrt.

8. Sie verpflichten sich keine Provision an die UBK GmbH oder an Mitarbeiter der UBK GmbH zu zahlen.

9. Sie nehmen die Einladung des Kunden an, sich im Vorfeld (der evtl. Präsentation Ihres Hauses) die Arbeitsweise des Kunden
   anzusehen um sich besser für die Präsentation vorbereiten zu können.

10. Wenn Sie CC – User Preismodell anbieten, so sind trotzdem alle geforderten User zu kalkulieren. Die endgültige Entscheidung
    trifft der Kunde in der Feinabstimmung.

11. Sollten Sie
    a. umsatzabhängige
    b. transaktionsabhängige
    c. limited User - egal welcher Ausprägung -
       Kostenelemente in der Preisliste anbieten, die bei der Ausschreibung zu Zuge kommen, sind diese e x t r a und deutlich
       auszuweisen.
```

Abb. 5-35. Verpflichtung zur wahrheitsgetreuen Antwort und Konsequenz

Außerdem erhalten Anbieter eine in Abb. 5-36 gezeigte Garantie, dass alle Daten vertraulich behandelt werden. Das fördert die partnerschaftliche Zusammenarbeit mit dem Ziel, für das suchende Unternehmen die beste Lösung umzusetzen.

```
Vertraulichkeitserklärung dem Anbieter gegenüber.

Die UBK GmbH bestätigt hiermit, dass k e i n e Angaben des Anbieters - auch nicht auszugsweise - einem Dritten (z.B.
Wettbewerber, Presse, usw.) zur Verfügung gestellt werden.

Alle Angaben werden ausschließlich dem Kunden übergeben, der es für dieses Projekt verwendet. Die UBK GmbH kann es jedoch
nicht verhindern, dass der Kunde im Rahmen der Preisverhandlungen mit den letzten 2-3 Anbietern Angaben zu gemachten Preisen
macht.

Mit der Präsentation der Marktanalyse beim Kunden werden alle Angaben der Anbieter auf einer CD übergeben. Alle Angaben
werden bei der UBK im elektronischen Archiv hinterlegt, auf das nur der GF der UBK Zugriff hat.

Zugang zu den Daten der Anbieter in der Projektphase haben nur wenige Mitarbeiter der UBK.
```

Abb. 5-36. Vertraulichkeitserklärung

Und schließlich wird eine Vereinbarung auf Gegenseitigkeit (siehe Abb. 5-37) getroffen, in der die wichtigsten Aspekte der Zusammenarbeit von vorne herein klar ausgesprochen werden.

> Diese gegenseitige Vereinbarung soll die Basis für eine saubere Zusammenarbeit dokumentieren.
>
> Die UBK GmbH verlangt k e i n e Kosten von Anbietern,
>
> - für die Teilnahme an der Ausschreibung
> - für den Vertragsabschluß mit dem Kunden
> - für die online Datenpflege in unserer Datenbank.
>
> Dem Anbieter werden also k o s t e n f r e i Projekte angeboten.
> Die UBK GmbH wird ausschließlich vom Kunden bezahlt. Das ist am Markt einmalig.Nur so kann eine wirklich herstellerneutrale Beratung stattfinden.
>
> Im Gegenzug erwartet die UBK GmbH von den Anbietern, dass Sie die Ausschreibungen sorgfältig, gewissenhaft und vor allem w a h r h e i t s g e m ä ß bearbeitet werden. Wenn Sie diese Absicht haben, brauchen Sie in keinem der unten aufgeführten Punkte Bedenken haben.
>
> Diese Punkte sollen Anbieter abschrecken, die grob fahrlassig mit Unternehmen umgehen. Schließlich übergeben die Kunden der UBK GmbH die hohe Verantwortung, sichere, verantwortungsbewusste und gewissenhaften Partner zu empfehlen.
>
> Die UBK GmbH hat mehr als 400 Kunden zur richtigen Software verholfen. In keinem Fall erfolgte eine Rückabwicklung. Im Gegenteil, wir haben manche Sanierungsfalle a n d e r e r Beratungsunternehmen zu erfolgreichen Projekten gebracht.
>
> Diese Tatsache zeigt deutlich den sehr hohen Anspruch, den die UBK GmbH an die Qualität aller untersuchten Prozesse stellt. An die Prozesse innerhalb des eigenen Unternehmens, an die Prozesse bei den Kunden und schließlich auch an die Prozesse der Anbieter selbst, soweit eben von uns beinflussbar.
>
> Sollten Sie mit dem einen oder anderen Punkt nicht einverstanden sein, sprechen Sie mit uns.
>
> Mit freundlichen Grüßen aus Lauf a.d. Peg.
>
> Walter Kolbenschlag
> Geschäftsführender
> Gesellschafter
>
> UBK
> Neutrale IT-Beratung
> Treuhänder für IT-Projekte

Abb. 5-37. Vereinbarung auf Gegenseitigkeit über die Zusammenarbeit

5.7 Bearbeiten des Rücklaufs

Die E-Mail-Benachrichtigung wird für jede Befragung überdurchschnittlich gut angenommen. Zumindest melden verhältnismäßig viele Befragte über die Registrierungsmaske zurück, dass sie diesmal nicht teilnehmen (häufig über 70%). Daraus kann abgelesen werden, dass sie zumindest die Informationen überflogen haben.

5.7.1 Verfolgen der Eingänge

Von den Teilnehmern gehen die ersten Antworten oft bereits wenige Tage nach dem Versand der Benachrichtigung ein. Folgende Gründe machen es erforderlich, den Softwareanbietern in der Regel drei Wochen zur Beantwortung zuzugestehen:

- Um die konkreten Detail-Fragen über ein breites Spektrum an Inhalten zu beantworten, müssen Spitzenmitarbeiter anwesend sein. Hat einer ein umfangreiches Projekt in einer arbeitsreichen Phase, hat er Urlaub oder ist auf einer Messe, kann das zu einer Verzögerung führen.

- Es muss Zeit für Rückfragen bei Softwareentwicklern und Programmierern eingerechnet werden.
- Die Erfahrung zeigt: Drei Wochen sind ein optimaler Zeitraum. Innerhalb dieser Spanne kann jeder sein Angebot abgeben. Und gleichzeitig hat das suchende Unternehmen in überschaubarer Zeit eine Rückmeldung. Bei der Besprechung erinnern sich alle noch an die Details.

Softwareanbieter, die die Frist verpassen, werden nicht mehr aufgenommen. Wer eine Ausschreibung nicht fristgerecht bearbeitet, liefert damit ein erstes Indiz dafür, dass er die Qualitätskriterien als Lieferant des suchenden Unternehmens nicht erfüllt. Das kommt eher selten vor. Eher entschließen sich die Softwareanbieter, überhaupt nicht teilzunehmen und das durch einen Klick im Internet bekannt zu geben.

Zu einem festgelegten Termin werden alle Antworten der Teilnehmer, die alles beantwortet haben, ausgewertet und für den Kunden sichtbar im Internet zur Verfügung gestellt. Nach der Entscheidung wird das Ergebnis allen Anbietern per Web zur Einsicht bereitgestellt.

Anhand eines Teilnehmer-Codes, den jeder Anbieter für sich selbst vergibt, findet jeder seinen Platz in der anonymisierten Auswertung. Danach prüft der Server regelmäßig automatisch, ob weitere Antworten vorliegen. Findet er welche, startet er sofort das Auswertungsprogramm und stellt das aktualisierte Ergebnis bereit.

Wie in Kapitel 5.6.2 beschrieben, hat das suchende Unternehmen als Auftraggeber mittels eines speziellen Passworts ständig Zugriff auf die Projektsteuerung im Internet.

Die Übersichten zu aktuellen Projekten sind Ihnen als Leser zugänglich unter www.ubkit.de „Für Anbieter" und dort „Ausschreibungen" und dann „Projektstatus". Wählen Sie ein beliebiges Projekt aus (siehe Abb. 5-38).

Abb. 5-38. Zugang zum Projektstatus

Für den Entscheider wird es erst in der letzten Woche interessant. In der Regel werden dann erst zwei Drittel der voll ausgefüllten Fragebögen eingereicht. Ist die Zeit abgelaufen, beginnt die ausführliche Auswertung.

Die Qualität der Entscheidung hängt von den Aussagen der Vergleiche ab. Für einige wesentliche Aussagen ist es notwendig, viele Details in der Umfrage zu erheben. Der Einsatz moderner Programmierung erlaubt es, den größten Teil der aufwändigen Auswertungen automatisch zu unterstützen.

5.7.2 Funktionserfüllung ermitteln

Die Funktionsabdeckung kommt zuerst dran. Pro Modul werden die gewichteten und über mehrere Stufen hinweg zusammengefassten Werte ermittelt. Ergebnis ist eine Vergleichsübersicht über die Anbieter. Als suchendes Unternehmen wissen Sie, wer hinter „Anbieter" steht. Dieselbe Übersicht wird anonymisiert den Teilnehmenden bereitgestellt. Über einen bei der Anmeldung selbst gewählten Code weiß jeder, welche Daten ihn betreffen, aber nicht, wer die übrigen Teilnehmer sind.

Neben dem Nutzen für das suchende Unternehmen haben auch die Teilnehmer einen Vorteil: Eine Übersicht wie in Abbildung 5-39 ist ein Benchmarking. Sie erfahren, wie Sie für Ihre Art von Anforderungen gegenüber der anonym gehaltenen Konkurrenz abschneiden. Überraschend viele Unternehmen verzichten darauf, diese kostenfreie Rückmeldung für sich auszuwerten.

Anbieter	Anb. Nr	Erkennungswort	Gewichtet in %	Fehlende KO
*zur Präsentation eingeladen				
***Gewinner				
*****Vertrag unterschrieben				
Anbieter	**19**	**Labtec***	**99%**	**0**
	010	Allgemeine Anforderungen	99	0
	020	Intergriertes DMS	100	0
	030	Integriertes Workflowsystem	100	0
	040	Rechnungswesen	98	0
	050	Einkauf	99	0
	060	Lager	99	0
Anbieter	**24**	*****	**99%**	**0**
	010	Allgemeine Anforderungen	100	0
	020	Intergriertes DMS	100	0
	030	Integriertes Workflowsystem	100	0
	040	Rechnungswesen	97	0
	050	Einkauf	98	0
	060	Lager	98	0
Anbieter	**17**	**glassbg**	**98%**	**0**
	010	Allgemeine Anforderungen	100	0
	020	Intergriertes DMS	100	0
	030	Integriertes Workflowsystem	100	0
	040	Rechnungswesen	96	0
	050	Einkauf	98	0
	060	Lager	99	0

Abb. 5-39. Funktionsabdeckung – auch als Benchmark für die Anbieter

5.7.3 Kostenvergleich

Den Entscheider interessiert vor allem eine vergleichbare Kostenangabe (siehe Abb. 5-40). Langfristig betrachtet stehen dabei die Kosten pro Arbeitsplatz eines Users im Rampenlicht. Deswegen werden in ePAVOS alle Lizenzkosten einschließlich aller geschätzten Nacharbeiten (z.b. Zusatzprogrammierung) darauf umgerechnet. Pro Ausschreibung entsteht eine Preisspanne zwischen den Angeboten. So reichten die Angebote in einem Beispiel von 1.500 bis 10.000 Euro pro User. Der Trend geht eindeutig nach unten.

Dabei ist aufgefallen, dass der Schwerpunkt bei 5.000 Euro liegt. Einer der fünf vorgesehenen Favoriten lag jedoch am oberen Limit pro Arbeitsplatz. Eine genauere Analyse brachte zu Tage, dass der Eintragende bei der Eingabe der Lizenzkosten für die Oracle-Datenbank aus Versehen beim Ablesen aus der Preisliste in der Zeile verrutscht war. Immer wieder ergeben Rücksprachen aber auch, dass Anbieter in den weniger transparenten Positionen, wie Lizenzkosten der Datenbank, Preisbestandteile verstecken. In dem oben erwähnten Fall wurden anstelle der fälschlich angegebenen Lizenzkosten der Datenbank von 25.000 € die tatsächlichen 2.500 € eingetragen.

Projektkosten - Ansicht

I. Lizenzkosten		Wartung	Wartungskosten	Währung
K1 Datenbankkosten:	5..000	15 %	1	€
K2 Lizenzkosten - Basissoftware:	5.61..000	15 %	84	€
K3 Lizenzkosten - Externe Software:	81.400	Detail	11.250	€
K4 Programm - Anpassungen:	52	15 %	8	€
Lizenzkosten gesamt:	82.018		11.343	€

II. Kosten - Einführung		Währung		
K5 Customizing:	35..52	€		
K6 Einführung - Beratung:	15	€	Anzahl-Tage Detail-A	
K7 Projektleitung:	10	€	Anzahl-Tage Projektl	
K8 Detail-Analyse:	25	€	Anzahl-Tage Detail-A	
K9 Schulung:	10.400	€	Anzahl-Tage Projektl	

Einführung gesamt (I.+II.):	92.503..52	€
Wartungskosten gesamt:	11.343	€

GESAMTINVESTITION:	103.846..52	€

☐ Wir bestätigen die Angaben. [Speichern] [Ende]

Abb. 5-40. Softwarekäufer erhält als Einziger einen genauen Preisvergleich (Beispiel)

Beachten Sie insbesondere die Unterschiede in Wartungskosten für Datenbanken, Basissoftware, Externe Software und Anpassungen sowie bei den

Tagessätzen. Gerade in diesen laufenden Kosten treten große Unterschiede in den Angeboten auf.

Nur sind die Kosten alleine auch nicht aussagefähig genug, um eine fundierte Entscheidung zu treffen. Es fehlt noch die Gegenüberstellung des Nutzens.

5.7.4 Kosten-/Nutzenvergleich

Einen groben Überblick bietet bereits die Funktionsabdeckungs-/Kostendarstellung im Internet (siehe Abb. 5-41).

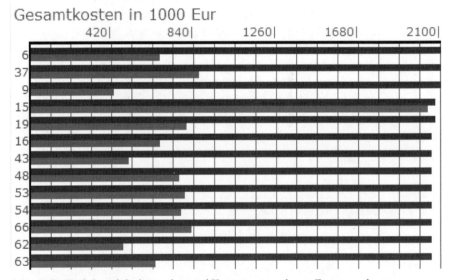

Abb. 5-41. Funktionsabdeckung oben und Kosten unten – kaum Zusammenhang

Die Funktionsabdeckung bietet zusammen mit der EXCEL-Auswertung und der weiteren Beurteilungen durch das Projektteam eine Grundlage für die Auswahl der fünf zur Präsentation einzuladenden Anbieter.

Auf den ersten Blick ist zu erkennen, dass es keinen Zusammenhang gibt zwischen den Kosten (jeweils der untere Balken pro Zeile) und der Funktionsabdeckung, nach der hier sortiert wurde. Technologische Fortschritte oder eine besondere Performance würden gegebenenfalls Abweichungen nach oben rechtfertigen. Doch auch diese Annahme lässt sich eher selten bestätigen. Die Unterschiede liegen häufiger in der Preispolitik der einzelnen Unternehmen begründet, als in objektiv nachvollziehbarem höheren Wert.

Zur Entscheidungsunterstützung ist die Aufbereitung der erhaltenen Informationen wesentlich. Diese kostet einem Projektteam im Unternehmen für einen Einzelfall viel Zeit. Diese entfällt bei dem Einsatz einer teilautomatisierten Methode wie ePAVOS.

Die meisten Suchenden erachten die Lizenzkosten als wichtigsten Punkt – deswegen wird dieser Vergleich in Abb. 5-42 gezeigt:

Kosten für empfohlene Datenbank mit evtl. Client Lizenzen in €	Lizenzkosten Basis-SW in €	Summe der Lizenzkosten aller externer Module in €	Geschätzte max. Kosten für Programmergänzungen in €	Software-Lizenzkosten in Euro	Preis / User in €
12.060	360.594	0	10.400	383.054	2.554
13.710	465.000	0	7.650	486.360	3.242
4.570	420.000	0	25.000	449.570	2.997
2.200	214.650	37.592	7.500	261.942	1.746
11.000	380.000	0	20.000	411.000	2.740
0	303.208	0	0	303.208	2.021
50.652	350.000	82.960	22.000	505.612	3.371
10.305	291.975	0	13.720	316.000	2.107

Abb. 5-42. Vergleich der Lizenzkosten

Pro Zeile wird ein Angebot betrachtet, das in der echten Übersicht in der linken Spalte angezeigt wird. Diese anonymisierte Übersicht aus einem echten Projekt zeigt die großen Unterschiede allein in dieser Position des Gesamtprojektes.

Sämtliche Kosten ergeben zusammengerechnet die Gesamtprojektkosten. Diese werden in der nächsten Abbildung gezeigt. Achten Sie auf den Unterschied zur Höhe der Lizenzkosten. Die Abbildung 5-43 wurde aus demselben Projekt entnommen.

Erfüllung in %	Gesamtkosten 1 (Anbieter) in Euro	Gesamtkost UBK
99	853.765	831.205
98	867.741	925.741
98	710.820	875.820
98	378.000	702.500
97	987.370	872.470
97	584.211	759.000
97	745.212	936.012

Abb. 5-43. Vergleich Erfüllungsgrad und Gesamtprojektkosten

Hier sind die Angebote nach dem Erfüllungsgrad sortiert. Sie sehen, dass eine Reihe von Anbietern die Anforderungen des suchenden Unternehmens in diesem Fall hervorragend bis sehr gut mit dem Standard abdecken.

Ob ein Anbieter der geeignete ist, hängt aber nicht nur von den Kosten ab. Weiche Faktoren sind ebenso maßgeblich. Deswegen wird in den unterstützenden Informationen auch hierauf eingegangen. Zum Beispiel auf die Größe wie in Abb. 5-44:

Installationen gesamt	Mitarbeiter	Umsatz in Mio.€	Prokopf-Umsatz in €	Mitarbeiter	Umsatz in Mio.€	Prokopf-Umsatz in €
120	160	26,8	168	40	5,00	125
40	50	5,00	100	60	6,00	100
1300	320	32,00	100	340	33,00	97
850	650	78,00	120	13000	1368,00	105
50	30	4,7	157	45	6,5	144
110	53	8,00	151	53	5,00	94
270	100	11,00	110	100	11,00	110
10	20	2,00	100	20	2,00	100

Abb. 5-44. Vergleich Installationen und Größe

Ein großer Konzern wird in der Regel mit einem 20-Mitarbeiter-Unternehmen ebenso wenig gut bedient sein, wie ein mittelständisches Unternehmen mit einem Softwareanbieter mit 13.000 Mitarbeitern.

Um hier eine fundierte Entscheidung zu treffen, sind mehr Informationen zu berücksichtigen. In ePAVOS werden alle rechnerisch sinnvollen Hilfen bereitgestellt.

Einfacher ist es für die Software, mit Geldbeträgen umzugehen. Die Abbildung 5-45 zeigt einen Vergleich der Tagessätze:

Tagessatz für Projektleitung	Tagessatz für Customizing	Tagessatz für Schulung	Tagessatz für Beratung	Tagessatz-Programmierung
1.200	1.040	1.040	1.040	1.040
1.150	1.000	1.000	1.000	900
1.100	1.000	390	1.100	1.000
1.250	1.000	1.000	1.000	1.250
1.200	1.100	1.100	1.100	1.000
1.120	1.040	1.247	1.040	1.040
1.040	1.040	960	1.040	920
980	980	980	980	980
1.200	950	1.100	950	950
960	960	960	960	960

Abb. 5-45. Vergleich der Tagessätze

Auch hier wird deutlich, dass die Konditionen unterschiedlich sind. Diese Zahlen sind nur in Verbindung mit den voraussichtlichen Einsatztagen wirklich aussagefähig, die für das suchende Unternehmen ebenfalls übersichtlich bereitgestellt werden. Je nach Auftraggeber wird die Bandbreite bereits für die Eingabe eingeschränkt. So wird die Eingabe eines extrem abweichenden Ausreißers gar nicht erst zugelassen.

Doch diese Daten werden für den Entscheider nur Hintergrundinformationen liefern. Die gesamten Einführungskosten sind da schon wieder wesentlicher (siehe Abb. 5-46).

5.7 Bearbeiten des Rücklaufs

Geschätzte max. Kosten für Customizing in €	Anzahl der Tage die Einführung des Systems	Anzahl Tage für die Projektleitung	Anzahl Tage für die Detail-Analyse / Fein-Planung	Anzahl Tage für die Schulung der Mitarbeiter	Einführungskosten in Euro
124.800	180	24	54	10	407.360
5.500	185	30	30	45	300.000
10.000	115	15	20	50	194.500
5.000	37	6	16	10	75.500
22.000	176	39	49	176	509.900
0	126	30	26	23	220.361
20.000	40	20	25	70	175.600
69.580	89	29	34	55	272.440

Abb. 5-46. Vergleich der Einführungskosten insgesamt

Links sehen Sie die geschätzten, maximalen Kosten für Customizing. Dieser Wert wird automatisch aus den einzelnen Angaben bei den Fragen (Abbildung 5-22 in Kapitel 5.6.2) und dem Tagessatz berechnet.

In der Betriebsphase werden die Wartungskosten bedeutungsvoll, die bei einer vollständigen Betrachtung der Wirtschaftlichkeit eines Systems nicht vernachlässigt werden dürfen. Eine Übersicht ist in Abbildung 5-47 zu sehen.

Wartungsgebühren DATENBANK in % pro Jahr	in Euro	Wartungsgebühren STANDARD in % pro Jahr	in Euro	Wartungsgebühren ANPASSUNG in % pro Jahr	in Euro	Wartungsgebühren Alle Externe Module in Euro		Wartung p.a. in Euro
17,0	2.050	17,0	61.301	0,0	0	0		63.351
17,0	2.331	17,0	79.050	0,0	0	0		81.381
0,0	0	15,0	63.000	15,0	3.750	0		66.750
19,0	418	16,0	34.344	0,0	0	5.796		40.558
17,0	1.870	17,0	64.600	0,0	0	0		66.470
0,0	0	20,0	60.642	22,0	0	0		60.642

Abb. 5-47. Vergleich der Wartungskosten

Der Vergleich zeigt unterschiedliche Wartungskosten, die auf das Unternehmen bei den einzelnen Angeboten zukommen. Nur ein Anbieter setzt hier ein externes Modul ein, für das gesonderte Wartungskosten entstehen würden.

Als weitere sehr nützliche Darstellung hat sich die Funktionsabdeckung für die wesentlichen K.O.-Kriterien als Pfeilgrafik, wie in Abb. 5-48, herausgestellt. Darin lassen sich sehr schnell die Stärken und Schwächen einzelner Anbieter sehen. Die suchenden Unternehmen schätzen diese Auswertung besonders.

Gewichtet Gesamt		95	77	94	74	81	95	95	86	72	84	79	94	84	87	52	69
Fehlende KO		7	15	3	15	15	3	5	7	7	19	17	6	7	6	4	9
Erfüllungsgrad nur KO		96	88	98	81	95	99	100	93	91	84	85	94	91	91	95	87
Strukturierter Faxeingang	7	↔	↗	↔	↓	↑	↑	↗	↓	↑	↗	↓	↑	↑	▲	↔	↓
Strukturierter Emaileingang	7	↔	↗	↑	↓	↑	↑	↗	↑	↑	↑	↓	↑	↑	▲	↔	↓
Eingescannte, externe Dokumente	7	↔	↗	↔	↓	↓	↘	↑	↓	↘	↑	↓	↘	↑	↑	↔	↓
Externe Dokumente	8	↑	↗	↑	↓	↑	↑	↑	↓	↑	↑	↓	↑	↑	↑	↑	↓
Anlegen frei zu definierender Dokumente	8	↑	↑	↑	↓	↑	↑	↑	↓	↑	↑	↓	↑	↑	↑	↑	↓
Dokumentenhistorie Dokumentenrevision freier Dokume	8	↑	↗	↗	↑	↓	↓	↑	↑	↑	↑	↓	↑	↑	↓	↑	↓
Drucken, Faxen, Mailen von Dokumenten	7	↑	↘	↗	↓	↑	↑	↑	↑	↑	↑	↓	↑	↑	↑	▲	↑
Anbindung externes DMS	8	↔	↗	↔	↑	↔	↔	↗	↗	↘	↘	↓	↑	↑	↘	↗	↘
Anbindung externes PDM	7	↔	↘	↔	↘	↔	↔	↗	↗	↘	↘	↓	↑	↑	↘	↗	↘
Koexistenz der DMS/PDMDokumente																	

Abb. 5-48. Schnellübersicht zum Vergleich der Anbieter zu K.O.-Kriterien

In diesem Beispiel bietet nur ein Anbieter (Spalte) alles positiv an.

Weiterhin ist die Management-Matrix (siehe Abb. 5-49) ein fester Bestandteil der Entscheidungsunterstützung. Hier werden für alle teilnehmenden Anbieter Kosten und Nutzen in einer Tabelle gegenüber gestellt. Damit liegen die wesentlichen Informationen aus den umfangreichen Grunddaten übersichtlich aufbereitet vor. Daraus lässt sich rasch ablesen, welche Angebote genauer untersucht werden sollten.

Management matrix PAVOS.XYZ

Kriterium	Erfüllungsgrad Alles		Erfüllungsgrad nur KO		Lizenzen + Anpassung €		Jahre Wartg		Einführungskosten		Kosten Risiko		Techno logie		Kunden Support		Referenzen		Stabilität	Ergebnis
	>95%	4	>95%	4	<150 Teuro	4	<200 Teuro	4	<100 Teuro	4	kalku	4	web	4	hoch	4	viele	4	hoch	4
	=90-95	3	=90-95	3	=150-200	3	=200-300	3	=100-150 T	3				3	gut	3	wenig	3		3
	=80-90	2	=80-90	2	=200-250	2	=300-400	2	=150-200 T	2			win	2	Wartez	2	1 Refer	2		2
	<80%	1	<80%	1	>250 Teuro	1	>400 Teuro	1	>200 Teuro	1	nein	0	alt	1	kein	0	keine	0	Risiko	1
Gewichtung	30%		15%		17%				44%		12%				26%					100%
	15%		15%		17%		15%		12%		3%		5%		3%		10%		5%	100%
Anbieter 1	69		62	1	164.770	3	280.110	3	205.160	1		4		3		3		3		4	153
Anbieter 2	46	1	40	1	352.550	1	775.610	1	80.480	4		3		4		3		3		4	125
Anbieter 3	84	2	86	2	433.300	1	1.213.240	1	58.650	4		4		3		4		4		4	160
Anbieter 4	95	4	92	3	150.400	3	216.580	3	105.600	3		4		4		2		4		3	247
Anbieter 5	85	2	66	1	250.000	2	550.000	1	764.150	1		3		3		1		0		1	121
Anbieter 6	93	3	93	3	167.636	3	335.270	2	236.000	1		4		3		2		4		2	198
Anbieter 7	96	4	95	4	229.425	2	412.960	1	183.600	2		4		4		2		3		4	213
Anbieter 8	56	1	59	1	187.330	3	174.660	4	33.900	4	0		4		4		2		3		209
Anbieter 9	83	2	79	1	194.570	3	291.860	3	94.200	4		4		3		3		3		2	199
Anbieter 10	86	2	78	1	234.920	2	338.280	2	51.920	4		4		3		2		3		3	167
Anbieter 11	85	2	91	3	188.600	3	316.850	2	87.500	4		4		4		1		2		3	224
Anbieter 12	90	3	87	2	142.400	4	256.320	3	142.100	3		4		3		4		2		2	239
Anbieter 13	75	1	66	1	0	0	0	0	0	0	0		3		2		4		4		45
Anbieter 14	89	2	85	2	154.500	3	309.000	2	138.300	3		4		4		3		3		1	197
Anbieter 15	88	2	80	2	216.744	2	390.140	2	160.770	2		4		4		1		2		4	153

Abb. 5-49. Entscheidungsmatrix zur Auswahl der fünf Favoriten

Und ergänzend zu den Kosten und Nutzen steht für die Entscheidung der Blick auf die von den Anbietern nicht erfüllten K.O.-Kriterien vollständig zur Verfügung (siehe Abb. 5-50). Hat ein Unternehmen, wie in diesem Beispiel, viele Merkmale als besonders wichtig eingestuft, so sind meist doch nicht alle gleich stark zu bewerten. Bei der Auswahl kann nur noch einmal berücksichtigt werden, welche K.O.-Kriterien tatsächlich fehlen und welchen Aufwand die Ergänzung erfordern würde.

Nummer	Anforderung/Sachverhalt	A
2	Warenwirtschaft und FiBu	
2.19	**Automatische Auftragserfassung**	U
2	Warenwirtschaft und FiBu	
2.32	Wareneingang	
2.32.2	**Datecode neben der Charge erfassen**	C
2	Warenwirtschaft und FiBu	
2.38	Lieferung / Fakturierung im Lager	
2.38.2	**Kommissionierliste nach 3 Ebenen Prinzip**	C
2	Warenwirtschaft und FiBu	
2.49	**Skontoprüfung**	C
2	Warenwirtschaft und FiBu	
2.61	**Reportgenerator**	U

Abb. 5-50. Nicht erfüllte K.O.-Kriterien

Nach dieser Vorbereitung kann nun die eigentliche Auswahl der zur Präsentation einzuladenden Anbieter vorgenommen werden.

5.8 Fünf Anbieter auswählen

Zusätzlich zu den Übersichten, werden dem suchenden Unternehmen die Ergebnisse aller Anbieter in sehr ausführlicher Form vorgelegt. Dazu erhält es eine Zusammenfassung aktueller Presseinformationen zu den Technologien, aktuellen Entwicklungen und zu den Anbietern. Gemeinsam mit dem Entscheidungsgremium des suchenden Unternehmens wird ausgearbeitet, welche fünf Anbieter eingeladen werden. Die Entscheidung trifft das Unternehmen selbst.

Ziel ist, für das Unternehmen ein langfristig Nutzen bringendes Software-System auszusuchen. Um das zu erreichen, ergänzt der nach ePAVOS arbeitende Softwareauswahlexperte zusätzlich zur reinen Funktionsabdeckung der Angebote folgende weiche Kriterien:

Für das Produkt

- Funktionsabdeckung im Detail
- Zukunftsorientierung, technologischer Standard und Objektorientierung
- Abdeckung der IT-Sicherheits- und Compliancenotwendigkeiten
- Workflow-Integration und Eskalationsfähigkeit
- Integrationsfähigkeit in die gegebene IT-Landschaft, z.B. über SOA-Ansatz
- Updatefähigkeit
- 100 % Web-Fähigkeit und XML-Schnittstelle
- Integration eines Produkt-Konfigurators

Für den Anbieter

- Branchenerfahrung und einschlägige Referenzen
- Stabilität des Anbieters (Geschichte, wirtschaftliche Lage etc.)
- Größe des Software-Anbieters im Verhältnis zum Kunden
- Vorbereitungsunterstützung für das Einführungsprojekt
- Schulungsangebote für Erstschulung, Weiterbildung und Nachschulung neuer Mitarbeiter in zeitgemäßem Mix aus Selbstlernen und Tutorbetreutem Lernen

Insgesamt

- Gesamtkosten bezogen auf fünf Jahre und Kosten pro Arbeitsplatz.
- Wartungsgebühren in der Gesamtheit

Im Einzelnen verbirgt sich hinter den Merkmalen folgendes:

Eine besonders schwierige Aufgabe bei der Entscheidung über die fünf Favoriten ist die Bewertung der **Zukunftsorientiertheit** eines Produktes. Häufig ist in der Liste der Anbieter eines der modernsten und technologisch am weitesten fortgeschrittenen Software-Produkte zur Wahl gestellt. Das stammt nicht selten von einem namhaften Anbieter. Jedoch fehlt noch die eine oder andere Funktionalität. Andererseits werden Produkte angeboten, die auf einer älteren Technologie basieren. Sie stehen gerade auf dem Höhepunkt ihres Lebenszyklus. Hohe Funktionalität vereinen diese Angebote mit erprobter Einführung. Wieder andere Angebote sind Produkte, die eher gegen Ende ihres Lebenszyklus anzusiedeln sind. Trotz veralteter Technologie bieten sie aber renommierte Anbieter, sehr hohe Funktionalität und eine Verbreitung an Bedienungswissen auf dem Arbeitsmarkt.

Was ist für welches Unternehmen geeignet? Nach den Erfahrungen kommt es nicht auf das Unternehmen an, sondern allein auf die Situation in der sich das Unternehmen befindet. Ein stabiles Unternehmen mit gut gefülltem Auftragsbuch und Rücklagen, dessen Prozesse problemlos laufen, wird in neueste Technologie investieren, um langfristig für Neuerungen gerüstet zu sein. Ein Unternehmen in der Krise, das aktuell mit einer schlecht passenden Software arbeitet, wird auf eines am Höhepunkt des Lebenszyklus umsteigen, um hier alle Vorteile mitzunehmen und die Schulung der Mitarbeiter gleichzeitig zur Prozessverbesserung einzusetzen. Dieselbe Richtung wird ein Unternehmen einschlagen, das eine wesentliche Neuerung verpasst hat, wie zum Beispiel die EURO-Einführung vor ein paar Jahren. Dagegen sucht sich ein Unternehmen, das in sehr langfristigen Zyklen denkt und wo die Softwarelandschaften der Unternehmen es nahe legen, eher ein älteres Produkt aus.

Der Erwerb einer neuen Software muss sich in der Produktivität widerspiegeln. Je nach Einsatz haben Eskalationsmanagement und Workflow einen beachtlichen Einfluss darauf.

Dynamische Unternehmen benötigen immer eine Warnfunktion falls kritische Situationen auftreten. Dafür steht **Eskalationsmanagement**. Absolute Termintreue ist zum Beispiel für einen Elektronik-Hersteller ein Muss, in dessen Verträgen eine Konventionalstrafe vereinbart wurde. Einige Systeme überwachen automatisch: „Tritt Situation X ein?" und sobald sie ein „JA" finden, lösen sie automatisch eine Aktion aus. Für den Elektronikhersteller sieht das folgendermaßen aus: Trifft vom Lieferanten A für den Auftrag B der Artikel C nicht pünktlich ein, werden automatisch SMS und E-Mails mit allen erforderlichen Daten an die verantwortlichen Personen versandt. Führte dieser Hinweis zu einer rechtzeitigen Reaktion, amortisiert sich so eine Software manchmal schon mit einem Geschäftsvorfall, in dem die Zahlung der Konventionalstrafe verhindert werden konnte.

Ein weiterer etablierter Ansatz ist die **Workflow**-Funktionalität. Ein Prozess wird in einer Workflow-Funktion nachgebildet. Sobald ein Ereignis eintritt, das den Workflow startet, fängt das System gleichzeitig mit der Überwachung des Ablaufs – nicht des Ereignisses – an. Content Management-Systeme, also Redaktionssysteme für Webseiten oder gedruckte Medien, bieten das häufig an. Im Beispiel wird auf ein Übersetzungsunterstützungssystem eingegangen: Ein Handbuch mit vielen Seiten ist so in kurzer Zeit vom Deutschen ins Polnische zu übersetzen. Sobald der Herausgeber es in Module zerlegt hat, weist er den Modulen die vorgesehenen Übersetzer zu. Jetzt schaltet sich der Workflow ein. Diese erhalten automatisch eine entsprechende Nachricht direkt aus dem System heraus, die sie annehmen oder ablehnen können. Nehmen Sie an und stellen dann zeitgerecht ihren Part fertig, informiert das Workflowsystem automatisch den Herausgeber und leitet das Zwischenprodukt ohne Zutun von Menschen direkt an den hierfür eingetragenen Korrektor weiter. Geht die Korrektur ein, erhält der Herausgeber wiederum eine Nachricht und muss das Ergebnis selbst freigeben. Unter Umständen geht das Zwischenprodukt nach einer festgelegten Wartezeit direkt weiter in die Produktion. Jeder Schritt, jede Reaktion - alles wird vom Unternehmen oder dem Projektleiter vorab festgelegt. Da in der Regel häufiger ähnliche Vorgehen stattfinden, nimmt dieses „Regeln festlegen" nur verhältnismäßig wenig Zeit in Anspruch. Dafür kann sich der Herausgeber darauf verlassen, dass er nach seinen Wünschen gegebenenfalls informiert wird und alles andere automatisch erfolgt.

Die **Größe** des Software-Hauses hat insofern Einfluss auf die Auswahl, als ein möglichst ausgeglichenes Machtverhältnis entstehen und über die gesamte Software-Einsatzzeit erhalten bleiben soll. Nur so ist gewährleistet, dass Käufer und Anbieter wichtige Themen zu jeder Zeit zu einem für beide Seiten zufrieden stellenden Abschluss bringen können.

Auch wenn sich **E-Learning** ansonsten noch nicht durchgesetzt hat. Zur Schulung von Software-Systemen ist es gut geeignet. Wird diese Lernform ergänzt durch ein unternehmensindividuelles Handbuch (Kapitel 7.9), sinken die Kosten bei höherem Wirkungsgrad. Jeder Mitarbeiter kann in seinem individuellen Tempo seine im Handbuch beschriebenen Aufgaben mit dem E-Learning erarbeiten. Und das System steht auch gleich zur Einarbeitung in andere Bereiche nach einer Versetzung oder von neuen Mitarbeitern bereit. Bei der Ersteinrichtung wird zusätzlich ein Kursangebot über das Grundverständnis der Software und persönlichem Unterricht gut ausgebildeter Dozenten ergänzt. Hier können Fragen auf andere Weise besprochen werden. Diese zwei Bereiche lassen sich nicht durch elektronische Medien ersetzen.

Jede Empfehlung ist durch umfangreiche Auswertungen und Bewertungen untermauert und schriftlich festgehalten. Die fünf am besten geeigneten Anbieter und deren Programme werden zu einer Präsentation ins Haus gebeten.

Die Einladung erfolgt automatisch über den Dienstleister. Sobald die Entscheidung getroffen ist, werden die Kandidaten per Email informiert. Aus den Terminvorschlägen kann direkt im Internet reserviert werden, wie Abb. 5-51 zeigt.

Termin vergibt UBK oder Berater				Präsentationstermin bestätigt
1.	19.02.2007	Uhr: 08:00	Adresscode:	ANBIE.00033
2.	20.02.2007	Uhr: 08:00	Adresscode:	ANBIE.00022
3.	21.02.2007	Uhr: 08:00	Adresscode:	ANBIE.00005
4.	26.02.2007	Uhr: 08:00	Adresscode:	ANBIE.00088
5.	27.02.2007	Uhr: 08:00	Adresscode:	ANBIE.00158

Abb. 5-51. Terminreservierung im Internet (anonymisiert)

Anhand einer klaren Vorgabe, was zu präsentieren ist, können sich die Kandidaten vorbereiten.

5.9 Präsentationen durchführen lassen

Während der Präsentation machen Mitarbeiter suchender Unternehmen häufig folgende Fehler:

- **Keine Forderung, die Planung einzuhalten:** Klare inhaltliche, sachliche und zeitliche Vorgaben bewirken interessante Präsentationen, sofern sie eingehalten werden. Die Softwareanbieter zeigen sich in der Regel lieber von ihrer beste Seite anstatt auf die Anforderungen des Unternehmens einzugehen. Nur eine straffe Vorgabe und Führung während der Präsentation bewirkt, dass die wesentlichen Punkte ausreichend ausführlich dargestellt werden. Der erfahrene Auswahlberater sorgt als Moderator dafür, dass sich die Teilnehmer aus dem suchenden Unternehmen auf die Vorführung konzentrieren können.

- **Ungenügende Pokerface:** Mitarbeiter aus dem suchenden Unternehmen geraten während der Präsentation leicht in Euphorie und zeigen dies offen. Das schadet dem Unternehmen, da in der Folge meist der Preis höher angesetzt wird. Vor jeder Präsentation muss der neutrale Softwareauswahlberater allen Teilnehmern noch einmal bewusst machen:
Keine Gefühlsausbrüche, keine Euphorie während der Präsentation äußern! Anstatt: „JA! Das ist die Lösung." sind Aussagen zu treffen wie: „Wir müssen noch viele Kriterien auswerten". Ansonsten werden bei den Anbietern falsche Hoffnungen geweckt.

- **Auswahl nach der Bedienoberfläche:** Es ist heute in der Regel möglich, jede Oberfläche mit wenigen Handgriffen an eigene Vorlieben anzupassen. Deswegen sollten sich die Mitarbeiter des suchenden Unternehmens nicht dazu verleiten lassen, allein nach der vorgestellten Optik zu urteilen. Das ist so, als ob beim Kauf eines Farbkopierers allein die farbige Menü-Führung überzeugen würde. Darüber wird sicher vergessen zu prüfen, ob er auch die notwendige Druckqualität und -geschwindigkeit bietet. Es ist teuer, so einen Fehler erst im Betrieb festzustellen.

Darüber, wie Präsentationen empirisch richtig bewertet werden, gibt es viele Ansichten. Vielfältige Hilfsmittel wie Checklisten, Fragenkataloge und Ähnliches stehen zur Verfügung. In der Praxis haben Tests gezeigt, dass keiner dieser Vorschläge wirklich nützlich ist. In der Methode ePAVOS wurde das folgendermaßen gelöst: das Verfahren der Ausschlussbewertung ist mit dem Einsatz eines Audit-Tools verknüpft worden. Auf Basis der aufgenommenen Geschäftsprozesse und des Ausschreibungsfragenkatalogs erstellt der Softwareauswahlberater gemeinsam mit dem suchenden Unternehmen einen individuellen Fragebogen. Dieser steht während der Präsentationen softwaregestützt für die Erfassung zur Verfügung.

Für die Bewertung wird eine Skala von 1 bis 5 eingesetzt, wobei 1 für „sehr gut" und 5 für „nicht erreicht" steht, ähnlich wie bei Schulnoten.

Die betroffenen Mitarbeiter bewerten selbst die Stärken und Schwächen des geprüften Angebots und akzeptieren, auf wen sie sich einlassen. Schließlich sind sie es, die die Konsequenzen später in der täglichen Arbeit tragen müssen.

Über die anonyme, automatisierte Auswertung aller Bögen fließen die Einzelmeinungen der betroffenen, einbezogenen Mitarbeiter in die abschließende Entscheidungsempfehlung ein.

Zusätzlich werden offene Fragen ergänzt. Hierfür wird nach Abschluss aller Präsentationen ebenfalls eine Benotungsskala festgesetzt.

Jeder Präsentationspunkt wird gewichtet zwischen 0 und 100 %, wobei 100 % für die höchste, also zum Beispiel „besonders wichtig" und 0 % für die niedrigste, z.B. „unwichtig" steht.

Diese Bewertung samt Hintergrundinformation ist sehr rasch eingegeben. Auf einer gesonderten Seite wird auf Wunsch jederzeit der Zwischenstand der Bewertung ausgegeben.

Zwischenstände und Endergebnis können auf unterschiedliche Weise textlich und graphisch ausgewertet werden. Ergänzt werden die Zahlenergebnisse durch Berichte, die EXCEL-Funktionalitäten wie eine Netzdarstellung oder Liniendiagramme zum Vergleich der Anbieter enthalten.

Die Zeitinvestition, die ein Unternehmen in die Diskussion der Präsentationsergebnisse steckt, zahlt sich immer aus. Die Beteiligten nehmen direkt Einfluss und das hat folgende Auswirkungen auf das gesamte Projekt:

- Jeder Einzelne beschäftigt sich sehr intensiv mit der vorgestellten Software, um eine zutreffende Aussage abzugeben. Gleichzeitig lernt er eine Menge über Möglichkeiten und Grenzen so einer Software und dieser im speziellen.
- In eine Entscheidung einbezogene Mitarbeiter sind motivierter, die Umsetzung zu unterstützen. Jeder kann seine Argumente vorbringen und den transparenten Entscheidungsprozess verfolgen.
- Bei einer solchen Entscheidung ist es nie möglich, allen Ideen gerecht zu werden. Die Transparenz der Entscheidungsfindung erleichtert es dem Projektleiter erheblich, diejenigen, die dagegen sind, trotzdem ins Boot zu holen.
- Der neutrale Berater kann nach der Entscheidung auch noch zusätzliche Argumente speziell für die schwierigen Diskussionspunkte liefern.

Die Zeit, die hierfür einzusetzen ist, wird vorher bei den Präsentationen eingespart. Durch die rigorose Führung des Moderators geht hier kaum Zeit für Unwesentliches verloren. Für das Unternehmen ist es nützlicher, wertvolle Mitarbeiterzeit in die Entscheidungsfindung zu investieren als in das Anhören dessen, was der Anbieter am besten beherrscht.

Schließlich ist der eine Favorit – oder in seltenen Fällen zwei – gefunden, der noch eingehender geprüft wird:

5.10 Ausgiebiges Prüfen des Favoriten

Aus den Präsentierenden wird einer ausgewählt, der an echten Daten des Unternehmens zeigen darf, ob sein Angebot hält, was es verspricht. Das erfolgt in einem fünf Tage dauernden Workshop. Hierfür wird das Angebotene installiert und die Daten eingespielt. Der echte Betrieb des Unternehmens wird simuliert. Im Zuge dessen beginnt bereits die Feineinstellung der Software. Der neutrale Geschäftsprozessberater übernimmt dabei eine wichtige Rolle. Er unterstützt dabei, aus dem Lastenheft jetzt ein Pflichtenheft zu machen. Ersteres wird angepasst um das, was die Software als Standard bietet. Das nicht vorhandene wird anhand der Prozesse nun so verfeinert, dass es einerseits als Vorlage für die Programmierung dient. Zum anderen ermöglicht dies, eine endgültige Kostenaussage über notwendige Programmergänzungen zu treffen. Der neutrale Berater tut sich leichter, zu prüfen, ob eine Ergänzung tatsächlich erforderlich ist oder nicht. Außerdem achtet er ständig darauf, ob dieser Punkt nicht im Lastenheft als „Standard" markiert war. Darauf ist er bei seiner Schulung in e-PAVOS vorbereitet worden.

Geht es um ein besonderes großes Unternehmen und eine gravierende Veränderung, macht es in seltenen Fällen auch Sinn, diese Prüfung mit zwei Anbietern durchzuführen. Dabei werden die Unterschiede besser herausgearbeitet. Die Entscheider erhalten ausreichend Sicherheit, wirklich das Richtige zu wählen. Außerdem können sie hierbei so viele Argumente für die endgültige Entscheidung sammeln, dass diese für jeden externen Interessenten wie Aktionäre oder andere nachvollziehbar begründet werden kann.

6 Vertragsgestaltung

Ist die Software ausgewählt, wird dem Vertragsabschluss häufig nur sehr wenig Aufmerksamkeit gewidmet. Doch gerade die vertragliche Bindung erfordert Ihre besondere Aufmerksamkeit. Es geht hier immerhin zumeist um Systeme, die wesentlichen Einfluss auf den Erfolg des Unternehmens haben und an die man in der Regel für viele Jahre gebunden wird. Dies sollte sich auch in einer guten vertraglichen Regelung widerspiegeln.

6.1 Dokumentenhoheit

Skatspieler und Juristen kennen den Satz: „Wer schreibt, der bleibt." Während beim Skatspiel damit die Rolle des Schriftführers bestimmt wird, der die Punktestände notiert, bezeichnen die Juristen damit die Dokumentenhoheit. Hier der erste wichtige Tipp:

Lassen Sie sich die Vertragshoheit nicht nehmen.

Setzen Sie notfalls Druck ein – denn „Wer zahlt, schafft an!" Machen Sie Zugeständnisse bei den technischen Features, aber nicht bei der Vertragshoheit.

In den meisten Fällen ist es so, dass es im suchenden Unternehmen keinen Spezialisten für IT-Verträge gibt und Ihre Rechtsberater in diesem Thema unter Umständen auch „nicht richtig zu Hause sind". Da bietet es sich quasi an, auf den Vertragsvorschlag des Anbieters einzugehen. Doch beachten Sie, es wird in der Regel keine vorauseilende Vertragsfairness auf Seiten des Anbieters geben, denn für den dortigen Entscheider ist es seine Managementaufgabe, seine Verträge so zu gestalten, dass für sein Unternehmen das Risiko gering ist. Das geht Ihnen in Ihrem Geschäft sicherlich auch so. Seine Vorlage – ist sie einmal eingebracht – werden Sie auch nicht mehr vollständig umkrempeln können. Achten Sie deshalb darauf, dass Sie die Vertragsgestaltung (mit)steuern und planen Sie hierfür ein Budget ein. Gute IT-Verträge rechnen sich immer! Der Grund liegt darin, dass Sie den Vertrag nicht abschließen, weil alles so sein wird, wie es geplant war, sondern weil es eben häufig nicht so verläuft, wie es geplant war. Dann wünschen sich die Parteien Klarheit über ihre Rechte und Ansprüche. Die meisten Prozesse über IT-Dienstleistungen finden aufgrund unklarer Leistungsbilder und nicht geregelter Rechtsfolgen statt. Ein guter Vertrag kann dies verhindern. Hier ein Beispiel aus der Praxis:

Fall: Ein Unternehmen hat sich für die Anschaffung eines neuen ERP-Systems in der Version 1.0 entschieden. Es schließt mit einem Software-Haus einen Vertrag ab. Zum festgesetzten Termin ist das System nicht in Betrieb. Auch Nachfristsetzungen verstreichen erfolglos. Bis zu diesem Zeitpunkt wurden bereits 80 % der kalkulierten Kosten bezahlt. Es beginnt das übliche Verfahren mit weiteren Fristsetzungen, Krisengesprächen usw. Am Ende kommt es zum Streit. Das Unternehmen lehnt die weitere Zusammenarbeit ab, weil es die Software inzwischen für mangelhaft oder den Implementierer für inkompetent hält. Das Software-Haus widerspricht heftig. Es trägt vor, es könne nicht erfüllen, weil das kaufende Unternehmen notwendige Informationen nicht bereitstellen würde. Es kommt zum Prozess vor dem Landgericht. Beim dritten Termin nach 6 Monaten erklärt das Gericht, dass es einen Gutachter beauftragen wird. Dieser braucht 6 Monate, um sich zu äußeren. Danach äußern sich die Anwälte zum Gutachten usw.

Das Unternehmen wollte eine Software. Nun hat es ein Gerichtsverfahren. Dieses wird sich hinziehen, nicht selten über Jahre. Am Ende gewinnt z.B. das Unternehmen und das Software-Haus wird verurteilt, dem Unternehmen die ERP-Software der Version 1.0 fehlerfrei zu übergeben. Ein nicht wirklich befriedigendes Ergebnis, weil im Markt inzwischen die Version 4.0 ausgeliefert wird, weil es für die Version 1.0 kein gewartetes Betriebssystem mehr gibt und weil das Unternehmen mit dem Software-Haus und umgedreht sowieso nicht mehr zusammenarbeiten will.

Ist dieses Beispiel zu überzogen? Nein. Diese Realitäten gibt es. Wir haben sie häufig erlebt. Aus diesem Grund muss der Vertrag so gestaltet werden, dass solche Konflikte schnell und unkompliziert durch vorher festgelegte Verfahrensweisen beendet werden.

Ein Weg dorthin: Behalten Sie die Dokumentenhoheit. Um das umzusetzen lohnt es sich für Sie, professionelle Unterstützung hinzu zu ziehen.

6.2 Lassen Sie Profis ran

Nichts geht über Erfahrung. Auch die meisten Anwälte haben sich heute weitgehend spezialisiert. Aber nur wenige haben sich dabei auf die Erstellung von IT-Verträgen, deren Begleitung und Umsetzung fokussiert. Im

Jahr 2007 hat die Deutsche Anwaltschaft den Fachanwalt für Informationstechnologie als Spezialisierung eingeführt. Unterstützung finden Sie auch über die Deutsche Gesellschaft für Recht und Informatik e.V. (DGRI).[1] Sie befasst sich mit Fragen im Bereich der Schnittstelle zwischen Informatik und EDV-Technik einerseits, sowie Recht und Wirtschaft andererseits. In ihr sind viele auf das IT-Recht spezialisierte Anwälte organisiert.

Eine weitere Quelle ist die „Arbeitsgemeinschaft Informationstechnologie im Deutschen Anwaltverein".[2] Sie ist ein rechtlich unselbständiger Zusammenschluss von Rechtsanwältinnen und Rechtsanwälten, die Mitglied in einem dem DAV (Deutschen Anwaltverein) angeschlossenen örtlichen Anwaltverein sind und deren berufliches Interesse sich besonders auf das Gebiet der Informationstechnologie richtet.

IT-Verträge sind in der Regel komplex und für den ungeübten Leser nur schwer verständlich. Dies liegt an der Mischung aus technischen Fachbegriffen und juristischen Formulierungen. Deshalb ist es nicht einfach zu entscheiden, ob Sie mit geringfügigen Änderungen des Vertragswerkes auskommen oder ob Sie zusätzlich einen spezialisierten IT-Rechtsanwalt und einen Fachspezialisten mit der Überprüfung beauftragen sollten. Aber allein schon diese Frage bekommen Sie von einem versierten IT-Anwalt oder einem Vertragsspezialisten schnell und unkompliziert beantwortet. Der Maßstab für den juristischen Aufwand wird dabei die Relevanz der geplanten Software für das Unternehmen bilden.

Es kann dennoch Gründe geben, dass Sie die Vertragshoheit nicht erhalten haben und Ihr Anbieter auf seinen Vertragsbedingungen als Grundlage besteht. Dann gelten folgende allgemeine Grundsätze:

- Lesen Sie den Vertrag genau durch. Kommt er Ihnen unverständlich vor, suchen Sie sich einen neutralen Ansprechpartner, der mit Ihnen die Formulierungen durchgeht. Erst im Anschluss daran sprechen Sie sie mit dem Anbieter durch.
- Stellen Sie zusammen, welche Rechte und Pflichten Sie haben und welche Rechte und Pflichten der Anbieter hat.
- Stellen Sie Fragen. Sprechen Sie so lange über einzelne Punkte, bis Sie genau wissen, was damit gemeint ist.
- Ziehen Sie Ihren Vertragsexperten zu den Gesprächen mit dem Anbieter hinzu. Wird dies vom Anbieter abgelehnt, brechen Sie die Verhandlungen ab.

---

[1] www.dgri.de.
[2] www.davit.de.

6.3 Zuordnung von IT-Verträgen

Aus rechtlicher Sicht bestehen erhebliche Unterschiede zwischen einem Kauf- oder Werkvertrag und den dazugehörigen Dienstleistungen. Bei IT-Systemen ist in jedem Fall das Pflichtenheft ein wesentlicher Vertragsbestandteil.

6.3.1 Der Projektvertrag

Von der Art des geschlossenen Vertrages hängt vieles ab, insbesondere die Rechtsfolgen.

Das Rechtssystem ist von seiner systematischen Ausrichtung so angelegt, dass die Beurteilung von Verträgen und die Anwendbarkeit der einschlägigen Vorschriften Grundtypologien folgen, die für die verschiedenen Tätigkeiten im Umfeld der EDV entwickelt wurden. Die zum 01.01.2002 in Kraft getretene Schuldrechtsmodernisierung, wird als die größte zivilrechtliche Reform seit über dreißig Jahren angesehen. Die Auswirkungen sind bei vielen Unternehmen sogar nach vielen Jahren noch nicht angekommen. Ebenfalls hat sich die Rechtsprechung hierzu – was das IT-Recht betrifft – noch nicht abschließend gefestigt. Dennoch können auf der Grundlage der bisherigen Erkenntnisse einige klärende Aussagen getroffen werden. Dabei hängen viele Wirkungen im Wesentlichen davon ab, wie § 651 BGB zukünftig interpretiert wird. Die Meinungen reichen dabei von, „im IT Umfeld gibt es keinen Werkvertrag mehr" bis zu „alles bleibt beim Alten".

Auf der Grundlage der wohl überwiegenden Meinungen können folgende Grundtypologien zusammengestellt werden:

- Der Kauf einer Standard-Software richtet sich sicher nach kaufvertraglichen Regelungen.

- Hingegen ist ein Vertrag zur Entwicklung einer Individualsoftware unter Umständen als Werkvertrag zu bewerten.

- Die Tätigkeit des Entwicklers unterliegt in der Regel dem Dienstvertragsrecht. Schuldet er aber einen Erfolg, wird seine Tätigkeit nach Werkvertragsrecht zu beurteilen sein.

- Benötigt der Entwickler zur Realisierung seines Auftrags einer Individualentwicklung die Einbeziehung von Standard-Software (z.B. ein Datenbanksystem), sind auch gemischte Konstellationen möglich: Wenn etwa das kaufende Unternehmen und der Anbieter (Softwarehaus bzw.

Entwickler) einen „Projektvertrag" geschlossen haben, kann dessen Bestandteil der Kauf von Standard-Software (Kaufvertrag), die Erstellung des gewünschten lauffähigen Gesamtprogramms (Werkvertrag) und die anschließende Wartung und Pflege des Programms (Werk- oder Dienstvertrag) sein.

Diese Verträge ergeben zusammen das Projektvertragswerk, wie Abbildung 6-1 zeigt.

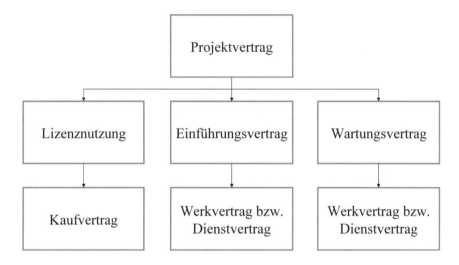

Abb. 6.1. Projektvertragswerk. Quelle: PRW

An diesen einfachen Zuordnungen wird deutlich, dass im Rahmen eines Projektes eine Vielzahl von verschiedenen vertraglichen Grundtypologien zum Einsatz kommen kann.

In der Praxis hat die Unterscheidung des Vertragstypus erhebliche Auswirkungen. Hier einige Beispiele: Das suchende Unternehmen, also der spätere Anwender, vergibt die Erstellung von Software für sein Unternehmen an ein Software-Haus. Rechtlich ist zu unterscheiden, ob das Software-Haus eine individuell auf das Unternehmen zugeschnittene Software neu zu erstellen hat oder ob das Software-Haus seine Arbeiten auf der Basis einer bereits beim kaufenden Unternehmen vorhandenen Software erbringt. Sind die geforderten Anpassungen eher kleinerer Natur, kann eventuell von einem Dienstvertrag ausgegangen werden. Sind umfangreiche neue Anpassungen oder Schnittstellenintegrationen notwendig, die über ein Customizing hinausgehen, ist vom Vorliegen eines Werkvertrages aus-

zugehen. Beachten Sie, dass das Software-Haus beim Dienstvertrag lediglich die Erbringung der Dienstleistung, nicht jedoch den Erfolg schuldet.
In diesem Fall wird die Anwesenheit nach Zeit bezahlt. Vielfach wird es daher der Wunsch von Software-Häusern sein, dass ihre Leistungen im Projektvertrag als dienstvertragliche Leistungen bewertet werden. Das suchende Unternehmen hingegen hat ein Interesse an Regelungen, die den Erfolg belohnen und nicht einfach die Erbringung der Leistung.

Damit taucht die Frage auf, ob eine Benennung des Vertrages als Dienst- bzw. Werkvertrag für die Zuordnung zur Grundtypologie entscheidend ist. Die Antwort ist nein. Findet sich in der vertraglichen Vereinbarung zwischen den Parteien etwa eine Leistungsbeschreibung wie: „...die Erstellung eines fertigen Programms ...", so ist nach ständiger Rechtsprechung des BGH vom Vorliegen eines Werkvertrages auszugehen. Nicht entscheidend ist, was auf der vertraglichen Vereinbarung „draufsteht". Es ist somit als Erfolg ein „fertiges Programm" geschuldet. Ohne nähere Beschreibung darf dann davon ausgegangen werden, dass das Programm fehlerfrei läuft und die im Pflichtenheft festgelegten Funktionalitäten erfüllt. Im Streitfall kommt es somit auf die tatsächlich geschuldeten Leistungen und deren Zuordnung zum Werk-, Dienst- oder Kaufvertragsrecht an.

Auch die Form, mit der die Vergütung geregelt ist, stellt kein eindeutiges Zuordnungskriterium dar. Denn ebenso bei Vergütung nach Zeitaufwand (klassischerweise dem Dienstvertrag zuzuordnen), sei es nun für Anpassungen oder für die Erstellung von Software, ist eine werkvertragliche Einordnung nicht ausgeschlossen.[3] Umgekehrt ist es auch möglich und bereits entschieden, dass die Vereinbarung eines festen Budgets (klassischerweise Werkvertrag) eine dienstvertragliche Zuordnung nicht ausschließt.[4]

Der Vertrag kann Regelungen treffen, wer bei welchem Fehler in welchem Umfang zu welcher Leistung verpflichtet ist. Es kann somit auch eine Zuordnung über die Verpflichtungen zur Fehlerbeseitigung getroffen werden. Ist vereinbart, dass die Fehlerbeseitigung – sprich Nachbesserung – kostenlos erfolgen soll, ist das Vorliegen eines Werk- oder Kaufvertrages nahe liegend, da vom Gesetzgeber die kostenlose Nachbesserung beim Werk- und Kaufvertrag ausdrücklich geregelt ist. Das Dienstvertragsrecht kennt hingegen eine kostenlose Nachbesserung nicht. Es ist allerdings auch entschieden, dass die alleinige Formulierung, dass die Nachbesserungen zu vergüten sind, einen tatsächlichen Werkvertrag nicht als Dienstvertrag qualifiziert.

---

[3] Schneider J (2002) H 1.2.
[4] Landgericht München v. 21.07.1994 CR 1995,33.

Insbesondere bei der Realisierung von größeren Projekten, bei der die Bearbeitung bei Projektbeginn weder das suchende Unternehmen noch das Softwarehaus abschließend eingeschätzt werden kann, wird das Projekt gerne als „Entwicklungsauftrag" definiert. Damit regeln die Parteien die Einordnung in die Typologie des Dienstvertrages. Gerade die „Entwicklung" bedeutet aber die Erstellung von etwas Neuem (das ist der Erfolg). Wenn also nichts Besonderes vereinbart ist, spricht gerade diese Formulierung für das Vorliegen eines Werkvertrages mit erheblichen Herstellungs- und Gewährleistungsrisiken für das Softwarehaus.

6.3.2 Das Pflichtenheft

Bei allen noch vorhandenen Unklarheiten zur zukünftigen rechtlichen Entwicklung nach der Schuldrechtsreform, in einem Punkt sind alle einig: die Schuldrechtsreform zwingt dazu, die Leistungsgegenstände präziser als früher zu definieren. Dies hat Auswirkungen auf die Vertragsgestaltung, insbesondere auf das Lasten- und das Pflichtenheft, wie in Abb. 6-2.

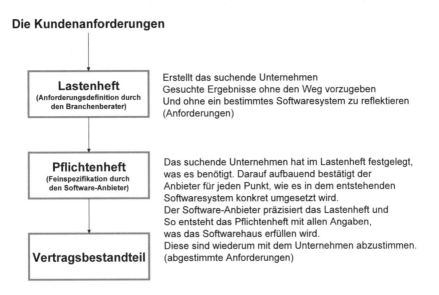

Abb. 6-2. Zusammenhang zwischen Lasten- und Pflichtenheft

Das „Lastenheft" ist die Zusammenstellung der Anforderungen des Unternehmens an die Software. Hier werden die K.O.-Kriterien für die Vorauswahl deutlich gekennzeichnet. In der Regel handelt es sich um ein rein internes vorbereitendes Dokument. Im „Pflichtenheft sind alle vom Anbieter der Software zu erfüllenden Aspekte aufgeführt, also die Anforderungen, die von der Software erwartet werden. Viele Kunden und Berater sind der Ansicht, es sei ausreichend, ein Lastenheft nach weiterer Präzisierung in Pflichtenheft umzubenennen und zum Bestandteil des Vertrages zu machen. Davor muss ausdrücklich gewarnt werden!

Die Erstellung eines Pflichtenheftes wurde und wird von der Praxis grundsätzlich als die Aufgabe des Auftraggebers angesehen. Dem ist die alte Rechtsprechung nicht immer gefolgt und hat hier nach einzelnen Fallgruppen unterschieden. Eines muss aber feststehen, der Auftraggeber muss dem Auftragnehmer klar und eindeutig erklären, was er für Anforderungen stellt und welche Leistungsbilder er vom Auftragnehmer erwartet. Dies geschieht in der Regel in den Festlegungen des Pflichtenheftes. Selbst, wenn vereinbart ist, dass der Softwareanbieter das Pflichtenheft erstellt oder daran mitwirkt, was in der Praxis nicht so selten ist, ist die Erstellung grundsätzlich dem Auftraggeber als mitwirkungspflichtiges Element zuzuordnen. Die Mitwirkung des Softwareanbieters am Pflichtenheft kann als Dienstleistung qualifiziert werden.

Zwischen Pflichtenheft und dem geschuldeten vertraglichen Erfolg ist aber zu unterscheiden. Die Mitwirkung am Pflichtenheft, bringt das „Projekt" noch nicht in Richtung „Dienstvertrag der ganzen Leistung". Dies kann für das Software-Haus zu der Konstellation führen, dass tatsächlich – obwohl anders formuliert – unter Umständen ein Werkvertrag vorliegt, bei dem der Auftragnehmer (also das Software-Haus) dann ein erhebliches Entwicklungsrisiko trägt, weil es den Erfolg schuldet.

6.3.3 Fazit zur vertraglichen Zuordnung

Wichtig ist zu wissen, dass sich seit der großen Schuldrechtsreform im Jahre 2001 die rechtlichen Rahmenbedingungen geändert haben. Viele Juristen gehen davon aus, dass nun alle IT-Verträge dem Dienst- und/oder dem Kaufrecht unterliegen und dass der Werkvertrag im IT-Recht keinen Platz mehr hat. Wieder andere sehen dies ganz anders. Fest steht, dass es hierzu noch keine gesicherte neue Rechtsprechung gibt. Das bedeutet, dass sich die Vertragsparteien präzise ausdrücken und das, was sie meinen, auch in den Vertrag hineinschreiben sollten. Die Verträge werden dadurch länger, aber auch rechtssicherer.

6.4 Struktur von IT-Verträgen

Es ist aus der Praxis bekannt, dass Projektierungen häufig komplexe Vorgänge betreffen, bei denen den Vertragsparteien zwar das Ziel klar ist, aber noch nicht der Weg, wie der Auftragnehmer zu diesem Ziel gelangt. Häufig ist es auch so, dass auf dem Weg zum Ziel der Weg geändert werden muss, z.B. weil sich neue Programmwünsche, Funktionalitäten oder andere Notwendigkeiten einstellen. Dies erfordert eine rechtlich abgesicherte und dennoch flexible Vertragsstruktur.
Eine in der Praxis erprobte Struktur stellt Abbildung 6-3 dar:

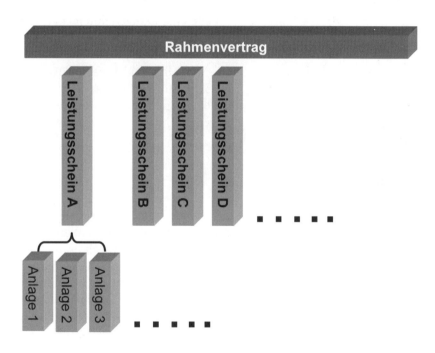

Abb. 6-3. Vertragsstruktur von IT-Verträgen. Quelle: PRW

Aus der Struktur-Skizze wird ersichtlich, dass die ideale Zusammenarbeit zwischen Auftraggeber und Auftragnehmer sich über die Konstruktion: Rahmenvertrag + Leistungsscheine + Anlagen definiert.

6.4.1 Der Rahmenvertrag

Im Rahmenvertrag werden die grundlegenden Rechtsfragen für den Zeitraum der Zusammenarbeit geklärt. Hier hinein gehört die Klärung der Fragen:

- Wer erwirbt welche Rechte am Vertragsgegenstand?
- Wer haftet für was?
- Was sind die gegenseitigen Pflichten?
- Dürfen Unterauftragnehmer eingesetzt werden?
- Auf welcher Basis (Tagessätze) arbeiten die Parteien miteinander?
- Wie wird mit einem Change Request umgegangen?

Und natürlich sind hier die Fragen der Loyalität und Verschwiegenheit zu klären. Die generellen Klauseln, wie Schriftformerfordernis, Erfüllungsort und Gerichtsstand sollten ebenfalls hier platziert werden. Ist der Rahmenvertrag gut aufgesetzt, ist damit klar geregelt, wie die Parteien miteinander in der Vertragsbeziehung umgehen.

6.4.2 Die Leistungsscheine

In den Leistungsscheinen wird nur das konkrete Teilpaket auf der Sachebene festgezurrt. Hier finden sich wenig juristische Formulierungen, die Ausführungen sind eher technisch. In ihnen wird eine technische Projektbeschreibung mit Fristen und Meilensteinen aufgenommen. Wenn man so will, sind die Leistungsscheine eine Zwischenstufe an Individualisierung. Konkrete Details wie zuständige Personen, technische Beschreibungen von Versionen oder andere Elemente, die sich ändern können, sollen in die Anlagen aufgenommen werden. Ändern sich Personen, Fristen oder Meilensteine, ändern sich stets auch die anderen Parameter im Projektmanagement.

6.4.3 Änderungswunsch (Change Request)

Eine der wichtigsten Klauseln in der Gesamtkonstellation eines Softwareerstellungsprojektes ist jedoch die Frage, wie mit Leistungsänderungen umgegangen wird. Deswegen wird dieser Punkt hier auch gesondert behandelt.

Zunächst ist der Auftragnehmer nur zur Leistung des ursprünglich Geschuldeten verpflichtet, nicht aber zur Erbringung von anderen oder erweiterten Leistungsbildern. Im Gegenteil – streng genommen könnte sich der Auftraggeber bei der Erbringung anderer als der vertraglich geschuldeten Leistungsbilder darauf berufen, dass der Schuldner (Auftragnehmer) seine vertraglich geschuldeten Pflichten nicht erfüllt hat. Mit der Leistungsänderungsklausel wird somit in ein Zentralstück der gesamten vertraglichen Beziehung eingegriffen. Der Begriff „Change Request" bedeutet übersetzt „Änderungswunsch". Im Projektgeschäft sind damit Anfragen des Kunden gemeint, die eine Änderung schon abgestimmter Vereinbarungen bezüglich Konzeption, Technik, Design oder Projektverlauf vorsehen. Ein Change Request ist in der Regel mit Änderungen der ursprünglichen Zeit- und Budgetplanung verbunden. In der Praxis ist oft nicht klar, ob überhaupt eine Änderung vom ursprünglich Vereinbarten vorliegt, weil die Parteien für Änderungen der Leistungsbilder kein Verfahren geregelt haben und einfach weitergemacht haben. Dies führt in vielen Fällen zu vermeidbaren Auseinandersetzungen. Es empfiehlt sich daher im Vertrag eine klare Regelung hinsichtlich des Änderungsverfahrens aufzunehmen.

Dabei soll sie vom Grundverständnis einfach ausgerichtet sein. Keine Partei soll den Vertrag einseitig ändern können. Damit muss entweder jede Änderung oder das gewählte Änderungsverfahren gemeinsam abgestimmt werden. Wird sie aber abgestimmt, so liegen übereinstimmende Willenserklärungen vor und der Vertrag ändert sich, eben in diesen geänderten Parametern und Leistungsinhalten. Für das Verfahren müssen eindeutige Regeln gelten. Etwa muss die Frage geklärt sein, ob der Auftraggeber Änderungen erzwingen kann, wenn im Gegenzug der Auftragnehmer dafür eine angemessene Vergütung beanspruchen kann (siehe Klausel im Mustervertrag).

Unter anderem liegt in der Regelung eines Change Request Verfahrens der Vorteil der vorgeschlagenen Vertragskonstruktion, denn es müssen wirklich dann nur die Dinge neu geregelt werden, die sich ändern, in der Regel also technische Details, nicht jedoch die juristischen Elemente. Diese bleiben konstant. Das hilft Zeit und Geld sparen. Selbstverständlich können die Leistungsbilder auch in einem Gesamtvertrag zusammengefasst werden. Wichtig ist, dass sich die Vertragsparteien über den Inhalt und den Aufbau im Klaren sind.

6.4.4 Die Welt der Lizenzen

In vielen Fällen liefert der Auftragnehmer neben der Standard-Software weitere Komponenten von Dritt-Anbietern wie z.B. einen Produkt-

Konfigurator, ein Lohn- und Gehalt-Modul, die er für die Gesamtrealisierung benötigt und die gesondert lizenzpflichtig sind.

In solchen Fällen muss der Auftraggeber häufig zusätzliche Lizenzverträge für jede einzelne Komponente abschließen. Hinzu kommt ein Pflegevertrag für die Pflege der Schnittstellen zwischen jeder der einzelnen Gesamtkomponenten. Hier kann ein zunächst deutlich unterschätzter Kostenberg auftauchen, denn neben der Erstanschaffung folgen in der Regel noch dauerhaft Kosten für die Pflege der Zusatzlizenzen. Hier ist bei der Kostenplanung Weitsicht geboten.

6.5 Muster für einen Vertrag

Sie planen die Einführung einer ERP Software. Dazu benötigen Sie zumindest folgende vertraglichen Regelungen (Abbildung 6-4):

- Rahmenvertrag (Muster siehe unten)
- Leistungsschein: Regelungen über die individuellen Anpassungen
- Kaufvertrag der Standardsoftware (Anlage)
- Lizenzrechte Standardsoftware (Anlage)
- Lizenzrechte an individuell angepasster/erstellter Software (Anlage)
- Vertrag über die Softwarepflege (Leistungsschein oder Neuer Vertrag)

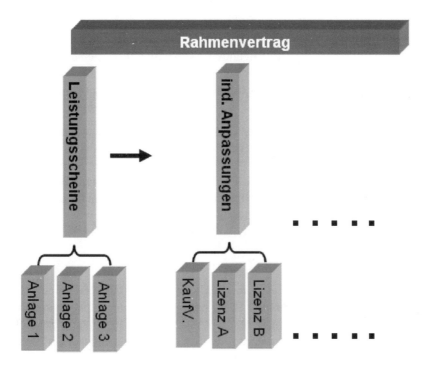

Abb. 6-4. Musteraufbau eines Vertragswerks. Quelle: PRW

6.5.1 Muster-Rahmenvertrag

Alle Verträge sind entsprechend der üblichen Konventionen sowohl in juristischer als auch in vertraglicher Sprache zu formulieren. Deswegen wird hier auch von Auftraggeber (suchendes bzw. kaufendes Unternehmen auf jeden Fall das Unternehmen, das die Software später einsetzen wird) und Auftragnehmer (Software-Anbieter, Software-Haus oder eben dasjenige Unternehmen, das die zweite Partei im Vertrag wird) gesprochen.

> HINWEIS: Das nachfolgende Muster ist lediglich ein Auszug und erhebt keinen Anspruch auf Vollständigkeit. Es kann keinesfalls die qualifizierte rechtliche Beratung ersetzen. Es soll lediglich Denkanstöße und Hinweise geben.

Rahmenvertrag
zwischen
Firma _____ (im folgenden „Auftragnehmer" genannt)
und
Firma _____ (im folgenden „Auftraggeber" genannt)

Präambel
Beschreibung von Auftraggeber und Auftragnehmer und weshalb die Parteien diesen Vertrag schließen (Ziele, Motivation und Auswahl der Partner).

Es folgt eine allgemeine Beschreibung des Projekts und was aus der Sicht des Auftraggebers von Bedeutung ist, z.B.: Unternehmensziele des Auftraggebers und wie diese durch Programmvorgaben realisiert werden sollen oder die Möglichkeit der Anbindung weiterer Systeme für die Zukunft.

§ 1 Geltungsbereich
Für die zwischen den Parteien abzuschließenden Verträge gelten sämtliche folgende Rahmenbedingungen, es sei denn, dass in den Leistungsscheinen zu diesem Vertrag oder in speziellen Verträgen in Ergänzung zu diesem Vertrag gesonderte Regelungen getroffen sind. Ist eine gesonderte Regelung getroffen, so geht diese diesen Regelungen vor.

§ 2 Pflichtenheft
Zur endgültigen Festlegung des vom Auftraggeber vorgelegten Pflichtenheftes wird das Projektteam des Auftragnehmers zunächst unter Mitwirkung der betroffenen Mitarbeiter des Auftraggebers Besprechungen durchführen, um die Vorstellungen des Auftraggebers kennen zu lernen. In dieser Phase erhält der Auftraggeber die Gelegenheit, mittels einer Testplattform, geeignete Betriebsabläufe zu simulieren. Die aus den Simulationsläufen gewonnenen Erkenntnisse, insbesondere über das Maß der Nutzbarkeit der Standardprodukte sowie den Umfang der notwendigen Anpassungsarbeiten (= Customizing als Parametrierung der Standardsoftware) sowie Änderungen (= individuelle Änderungen und Erweiterungen, die gesondert programmiert werden müssen) werden in Besprechungen geklärt und anschließend im Pflichtenheft verzeichnet.

In der nächsten Phase erstellt der Auftragnehmer aufgrund der gewonnenen Erkenntnisse eine Feinspezifikation, die die technische Umsetzung der vorhergehenden Festlegungen für das System umfassend beschreibt. Die angenommenen Ergebnisse des Pflichtenheftes und die Feinspezifikation werden Bestandteil der vertraglichen Regelung.

Alle Systemkomponenten sind entsprechend den in den vorstehenden Sätzen festgelegten Zielvorgaben optimiert auszugestalten und müssen mindestens die heutigen und zukünftigen im Ausführungspflichtenheft festzulegenden Kapazitäten (z.B. Verfügbarkeit, Antwortzeiten, Mengengerüst) erfüllen.

§ 3 Vertragsgegenstand
Detaillierte Beschreibung des geschuldeten Vertragsgegenstand mit Verweismöglichkeiten auf
- Leistungsscheine
- und Anlagen

§ 4 Leistungsänderungen (Change Request - CR)
1. Der Auftraggeber kann während der Projektlaufzeit jederzeit Leistungsänderungen verlangen, es sei denn, sie sind für den Auftragnehmer unzumutbar. Leistungsänderungen bis zu einem Aufwand von 7 Arbeitstagen gelten als zumutbar für den Auftragnehmer, solange sich während der Vertragslaufzeit nicht mehr als 5 Änderungen ergeben haben, die diesem Umfang erreichen. Maximal darf durch Change Request (CR) Maßnahmen die Zeit- und Kostenplanung nicht mehr als 20% überschritten werden.
2. Der Auftragnehmer schätzt sofort nach Eingang der CR-Anfrage den Mehraufwand nach Zeit und Kosten ein und legt sie dem Auftraggeber innerhalb von 5 Arbeitstagen vor. Der Auftraggeber entscheidet über die Beauftragung innerhalb von 3 Arbeitstagen.
...
4. Es folgt eine detaillierte Beschreibung des Verfahrens des CR einschließlich Eskalationsstufen.
...
6. Für die Einleitung eines CR-Verfahrens darf ausschließlich das hier als Anlage xy beiliegende Formblatt „CR-Verfahren" verwendet werden.

§ 5 Mitwirkungspflichten des Auftraggebers
Bei den Mitwirkungspflichten des Auftraggebers handelt es sich um Hauptleistungspflichten. Den Auftraggeber treffen folgende Mitwirkungspflichten:
a) ...
b) ...
etc.

§ 6 Haftung

1. Schadensersatzansprüche des Auftraggebers, gleich aus welchem Rechtsgrund, insbesondere wegen Verletzung von Pflichten aus dem Schuldverhältnis und aus unerlaubter Handlung sind ausgeschlossen soweit nicht eine zwingende gesetzliche Haftung besteht, insbesondere nach dem Produkthaftungsgesetz, in Fällen des Vorsatzes oder der groben Fahrlässigkeit, wegen Verletzung des Lebens, des Körpers oder der Gesundheit, wegen der Zusicherung einer Abwesenheit eines Mangels oder der Verletzung wesentlicher Vertragspflichten.

2. Für die pünktliche und richtige Belieferung mit Daten über Produkte Dritter ist der Auftragnehmer ausschließlich auf die Vorlieferanten angewiesen. Der Auftragnehmer kann deshalb für die rechtzeitige und richtige Belieferung mit solchen Daten nicht einstehen, sondern nur für die Wahrnehmung der eigenen Pflichten.

3. Für die Wiederbeschaffung von Daten haftet der Auftragnehmer nur, wenn der Auftraggeber sichergestellt hat, dass diese Daten aus in maschinenlesbarer Form bereitgehaltenen Datenbeständen mit vertretbarem Aufwand reproduzierbar sind. Die Haftung ist auf den Wiederherstellungsaufwand beschränkt, es sei denn, die Datenverluste wurden von dem Auftragnehmer vorsätzlich oder grob fahrlässig herbeigeführt.

4. Die vorstehenden Regelungen gelten entsprechend für die persönliche Haftung der gesetzlichen Vertreter und der Personen, deren sich der Auftragnehmer zur Erfüllung ihrer Verbindlichkeiten bedient.

5. Eine Änderung der Beweislastregelungen ist mit den vorstehenden Regelungen nicht verbunden.

6. Soweit eine Versicherung des Auftragnehmers für den Schaden einsteht, stellt der Auftragnehmer dem Auftraggeber die Versicherungszahlung in vollem Umfang zur Verfügung.

7. Bei Verletzung wesentlicher Vertragspflichten ist der Schadensersatz auf vertragstypische, vorhersehbare Schäden begrenzt, soweit nicht Vorsatz oder grobe Fahrlässigkeit vorliegt oder wegen Verletzung des Lebens, des Körpers oder der Gesundheit oder wegen der Zusicherung der Abwesenheit eines Mangels gehaftet wird.

8. Eine Begrenzung der Haftungssumme für alle aus einem einzelnen Vertrag, aus einem gesamten Projekt oder der Geschäftsbeziehung als solcher resultierenden und nach dieser Regelung zu ersetzenden Schäden kann darüber hinaus einzelvertraglich individuell in einer gesonderten Vereinbarung geregelt werden.

9. Für Ansprüche des Auftraggebers aus dem Vertragsverhältnis gilt eine Verjährungsfrist von einem Jahr. Sie beginnt mit dem Schluss des Jahres, in dem der Anspruch entstanden ist und der Auftraggeber vom Schadensereignis Kenntnis erlangt.

§ 7 Rechte Dritter
1. Der Auftragnehmer stellt die von ihm erbrachten Leistungen frei von Rechten Dritter, welche die Benutzung durch den Auftraggeber nach den Regeln dieses Vertrages behindern oder ausschließen, zur Verfügung.
2. Falls Dritte Schutzrechte gegen den Auftraggeber geltend machen, unterrichtet der Auftraggeber den Auftragnehmer unverzüglich schriftlich. Der Auftragnehmer wird nach seiner Wahl den Anspruch abwehren oder befriedigen oder die betroffene Leistung gegen eine gleichwertige, den vertraglichen Bestimmungen entsprechende Leistung austauschen, wenn dies für den Auftraggeber hinnehmbar ist.

§ 8 Eigentumsvorbehalt/Unsicherheitseinrede
1. Der Auftragnehmer behält sich das Eigentum an den gelieferten Gegenständen bis zum vollständigen Ausgleich aller bestehenden und zukünftigen Forderungen aus der Geschäftsverbindung mit dem Auftraggeber vor.
2. Der Auftragnehmer wird die Sicherheiten freigeben, wenn die durch den Eigentumsvorbehalt bestehenden Sicherungen die zu sichernden Forderungen um 20 % übersteigen.
3. Der Auftragnehmer kann die Leistung verweigern, wenn nach Abschluss des Vertrages erkennbar wird, dass die Gegenleistung des Auftraggebers gefährdet ist.

§ 9 Geheimhaltung und Verwahrung
1. Die Vertragspartner verpflichten sich, alle ihnen bei der Vertragsdurchführung von dem jeweils anderen Vertragspartner zugehenden oder bekannt werdenden Informationen und Unterlagen vertraulich zu behandeln, soweit sie nicht auf andere Weise allgemein bekannt geworden sind. Diese Pflicht bleibt auch nach Durchführung des Vertrages bestehen. Die Vertragspartner verwahren und sichern diese Gegenstände so, dass Missbrauch durch Dritte ausgeschlossen ist.
2. Mitarbeiter der Vertragspartner und an der Vertragsdurchführung beteiligte Dritte, die dienstlich Zugang zu den in Absatz 1 genannten Gegenständen haben, sind schriftlich über die Geheimhaltungspflicht zu belehren. Für die Mitarbeiter des Auftraggebers gilt dies auch hinsichtlich der Rechtsverhältnisse an der Software und den Befugnissen des Auftraggebers.

§ 10 Vertragsauflösung
1. Die Kündigung aus wichtigem Grund ist unter Angabe des Kündigungsgrundes und dem Setzen einer angemessenen Frist zur Beseitigung des Kündigungsgrundes zuvor schriftlich anzudrohen.

Wichtige Gründe für eine Kündigung sind unter anderem:
- Zahlungsverzug über drei Monate
- Verletzung der dem Auftraggeber obliegenden Pflichten
- Verletzung der vertraglichen Mitwirkungspflichten
- Wenn gegen den Auftraggeber ein Insolvenzverfahren eröffnet oder mangels Masse abgelehnt wird.

2. Jede Kündigung bedarf zu ihrer Wirksamkeit der Schriftform.

3. Bei einer Kündigung aus wichtigem Grund durch den Auftraggeber steht dem Auftragnehmer ein der bisherigen Leistung entsprechender Anteil der Vergütung zu. Hat der Auftragnehmer den wichtigen Grund, der den Auftraggeber zur Kündigung berechtigt, zu vertreten, erhält der Auftragnehmer die Vergütung nur, wenn dem Auftraggeber die bisher erbrachte Leistung nützlich ist.

4. Bei Beendigung des Vertragsverhältnisses ist der Auftraggeber zur Rückgabe sämtlicher Vertragsgegenstände sowie der vollständigen überlassenen Dokumentation und sonstiger Unterlagen verpflichtet. Die ordnungsgemäße Rückgabe umfasst auch die vollständige Löschung und Vernichtung sämtlicher gegebenenfalls vorhandener Kopien. Der Auftragnehmer kann auf die Rückgabe verzichten und die Löschung des Programms sowie die Vernichtung der Dokumentation anordnen.

5. Für den Fall, dass die Warenkreditversicherung für die Durchführung des Vertrages verweigert wird, steht dem Auftragnehmer ein besonderes Rücktrittsrecht zu, welches binnen zwei Wochen nach Mitteilung durch die Versicherung ausgeübt werden kann.

6. Haben sich Umstände, die für die Parteien Grundlage des Vertragsschlusses waren, nach Vertragsschluss schwerwiegend verändert und hätten die Parteien den Vertrag nicht oder mit anderem Inhalt geschlossen, wenn sie diese Veränderung vorausgesehen hätte, so kann jede Partei die Anpassung des Vertrages verlangen. Einer Veränderung der Umstände steht es gleich, wenn wesentliche Vorstellungen, die zur Grundlage des Vertrages geworden sind, sich als falsch herausstellen. Ist eine Anpassung des Vertrages nicht möglich oder dem Auftragnehmer nicht zumutbar, so kann der Auftragnehmer vom Vertrag zurücktreten.

§ 11 Schlussbestimmungen

1. Nebenabreden und Änderungen zu den Verträgen bedürfen der Schriftform. Das Schriftformerfordernis gilt auch für die Aufhebung der Schriftform. Für die Wahrung der Schriftform genügt eine bestätigte E-Mail.

2. Der Leistungsort für alle Leistungen und Teilleistungen im Zusammenhang mit diesem Projekt ist_____

3. Es gilt ausschließlich das Recht der Bundesrepublik Deutschland. Die Anwendung des UN-Kaufrechts wird ausdrücklich ausgeschlossen.

4. Soweit nichts anderes vertraglich vereinbart wird und der Auftraggeber Vollkaufmann oder gleichgestellt ist, ist ausschließlicher Gerichtsstand für alle sich aus diesem Vertragsverhältnis ergebenden Streitigkeiten der Sitz des Auftragnehmers.

Ort / Datum
Unterschriften

6.5.2 Rechtliches Vertragsmanagement

Kann die Einbindung von IT-Anwälten zu einer Verbesserung im Projektablauf führen und für welche Projekte sollten Juristen eingebunden werden und was sind ihre Aufgaben? Die Antworten richten sich weitgehend nach der Unternehmensgröße und nach der Größe des IT-Projektes.

In nahezu allen Großunternehmen werden Juristen bei komplexen Sachverhalten in die Angebots- und erst recht in die Vertragsphase eingebunden. In einigen – wenigen – Vorhaben begleiten sie das Projekt auch während der Laufzeit, etwa im Projektlenkungsausschuss. Nur in sehr seltenen Fällen führen sie projektbegleitend ein „legal project management" durch. Dies ist nahezu ausschließlich bei Großprojekten in Großunternehmen der Fall.

Im Gegensatz dazu werden diese juristischen Begleitungen im mittelständischen Bereich wenig oder gar nicht in Anspruch genommen. Hier wird der Anwalt erst hinzugezogen, wenn schon „Feuer auf dem Dach" ist. Der klassische juristische Ansatz beginnt nun mit dem Einarbeiten in die Materie, dem Suchen von Fehlern/Mängeln oder fehlenden Beistellungen und der Zuordnung von Verschulden. Das ist juristisches Handwerk, aber was hilft es dem Projekt? Nach dem tatsächlichen oder vermeidlichen Finden von Fehlern/Mängeln und Verschulden werden häufig nicht einhaltbare Fristen mit der Aufforderung der Mängelbeseitigung, Neu- oder Nachlieferung gesetzt. Hierauf entgegnet der juristische Widerpart. Die Schlacht ist eröffnet. Später kommt es zum Verfahren vor Gericht, es wird ein Gutachter eingebunden, das Verfahren dauert in der ersten Instanz über 2 Jahre, es folgt eventuell noch eine Berufung, ein Ende ist nicht in Sicht.

Auf der Seite des Auftragnehmers kann die nach der Schuldrechtsreform mögliche Rückabwicklung (also Rückzahlung des Honorars) zuzüglich Schadensersatz zur Insolvenz aus Liquiditätsgründen führen. Insgesamt also eine für alle Beteiligten unbefriedigende Situation. Es geht hier nicht darum die Dinge schwarz zu sehen. Es muss aber erkannt werden, dass in Grossunternehmen weniger Projekte scheitern und dass Großunternehmen unter fehlgeschlagenen IT-Projekten weniger leiden, nicht nur deshalb, weil sie die finanziellen Risiken besser auffangen können, sondern auch, weil die vertraglichen Regelungen besser sind und die rechtliche Situation in der Regel so eindeutig geregelt ist, dass es zu einer außergerichtlichen Einigung zwischen den Parteien kommt, wenn das Projekt gescheitert ist. Hieran sollte sich der Mittelstand ein Beispiel nehmen. Die Investitionen eines Projektes sollten am Anfang stehen, planbar und nicht am Ende endlos sein.

6.5.3 Kosten anwaltlicher Projektbegleitung

Wie geht es und was kostet es, wenn schon bei der Projektierungvorphase anwaltliche Begleitung hinzugezogen wird?

Lassen Sie zunächst prüfen, ob das Angebot aus rechtlicher Sicht hinreichend konkret ist. Bitten Sie, dass Sie bei den Vertragsverhandlungen begleitet werden und prüfen Sie, ob das rechtliche Projektmanagement übernommen werden kann.

Erfragen Sie die anwaltliche Vergütung. Oft ist es vorteilhafter, schriftlich ein Stundenhonorar zu vereinbaren als sich auf die gesetzlichen Gebühren einzustellen. Kalkulieren Sie diese Kosten mit in Ihr Projektbudget ein. Nach unserer Erfahrung ist eine Einbeziehung des IT-Juristen auch schon bei kleineren Projekt-Volumen (ab ca. 100.000 €) sinnvoll. In der Regel wird ein Zeithonorar vereinbart. Unabhängig davon kann folgende ganz grobe und unverbindliche Faustregel helfen: Bei Projekten bis ca. 100.000,00 € sollten Sie 4 bis 5 % der Projektsumme als Anwaltshonorar kalkulieren. Mit zunehmender Projektsumme verringert sich der Prozentsatz. Ein solches Budget steht meist nicht im Verhältnis zu den hohen Kosten, die bei einer Schieflage oder bei Abbruch eines Projekts entstehen können.

> Bitte beachten Sie: wenn Sie keinen Beratungsvertrag abgeschlossen haben, richten sich die Kosten für den Anwalt nach den gesetzlich Gebühren. Dies kann dann weitaus mehr sein.

6.6 Schwerpunkte bei ASP- und Outsourcing-Verträgen

Man muss nicht alles selber machen. Hier kommen die Begriffe Outsourcing und Application Service Providing (ASP), neuerdings auch Software as a Service genannt, ins Spiel.

„Outsourcing" bezeichnet per Definition die Ausgliederung von Unternehmensfunktionen und -prozessen an externe Dienstleister mit dem Ziel, bessere Leistungsbilder für weniger Geld zu erhalten.

„ASP" stellt hingegen einen besonderen Vertriebsweg von Software dar, bei dem der Anwender vom Provider nichts anderes als eine Berechtigung erhält, auf die auf dem Server des Providers befindliche Software über Fernleitung oder Internet zuzugreifen und diese zu nutzen. Hierbei erhält er die Software selbst gar nicht mehr ausgehändigt, sondern teilt sogar die auf dem Server installierte Version eventuell mit vielen anderen Nutzern. Soweit mit der Nutzung der Software im ASP-Betrieb auch die Auslagerung von Geschäftsprozessen verbunden ist, entsteht eine Schnittmenge von ASP mit Outsourcing, denn durch das ASP-Modell können beim Anwender aufwändige IT-Infrastrukturen eingespart werden, da diese Aufgaben an den Provider ausgelagert werden.

Die rechtliche Bewertung von ASP ist nicht ausdrücklich im Gesetz geregelt und sie ist aufgrund der technischen Komplexität und der Neuheit dieses Modells auch nicht einfach. Das besondere Schuldrecht des Bürgerlichen Gesetzbuchs regelt zwar eine Vielzahl von Vertragstypen, trifft jedoch keine passenden Regelungen für die hochkomplexen und unterschiedlichen Leistungsbilder, die durch ASP-Leistungen entstehen können.

Man geht daher davon aus, dass aufgrund der Vielzahl von unterschiedlichen Pflichten im Rahmen einer ASP-Leistungsbeziehung ein gemischter Vertrag zustande kommt, welcher in der Regel ein ganzes Bündel von Leistungen enthält. Für jede Leistung gilt dann das Recht, was der konkreten Pflicht am nächsten kommt. Bei ASP und generell Rechenzentrumsverträgen kommt hierbei vor allem Miet-, Werk- oder Dienstrecht in Betracht.

Warum ist diese Differenzierung überhaupt wichtig? Weil je nach vertraglichem Grundtyp die gesetzlichen Rechtsfolgen unterschiedlich sind (s.o.).

So ähnelt die Online-Überlassung von Software auf Zeit bei ASP einem Mietverhältnis. Zwar wird die Software nicht per Datenträger übergeben, dies schadet aber für eine mietrechtliche Beurteilung ebenso wenig wie der Umstand, dass mehrere Nutzer als „Mitmieter" dieselbe Softwareversion auf dem Server des Providers nutzen. Auch die regelmäßig als Nebenleistung zum ASP vereinbarte Überlassung von Speicherplatz auf Zeit stellt nichts anderes dar, als die Vermietung einer Festplatte.

Aus der Anwendbarkeit des Mietrechts ergibt sich, dass der Provider verpflichtet ist, dem Nutzer den Zugang zur Software während der gesamten Vertragslaufzeit zu ermöglichen und zu erhalten. In diesem Kontext ist insbesondere die Frage der Serververfügbarkeit von entscheidender Bedeutung. Problembereich kann hier sein, dass der Server regelmäßiger Wartungen bedarf, weshalb ein Softwarezugriff nicht immer sichergestellt werden kann. Kann der Nutzer jedoch auf das System nicht zugreifen, drohen Minderung, außerordentliche Kündigung und sogar Schadensersatzansprüche. Üblicherweise werden daher in ASP-Verträgen genau definierte Wartungszeitfenster aus der versprochenen Leistung ausgenommen. Darüber hinaus wird durch Verfügbarkeitsklausel von 95 bis 99,9 % versucht, eine immer währende Serverbereitschaft auszuschließen. Die vertraglich sichere Gestaltung entsprechender Klauseln ist hierbei schwierig, da der Bundesgerichtshof für den klauselmäßigen Haftungsausschluss sehr enge Grenzen setzt.

Für bereits zu Vertragsbeginn vorhandene Mängel der Software haftet der Provider nach dem Gesetz sogar grundsätzlich verschuldensunabhängig, dies kann aber vertraglich ausgeschlossen werden. Ein klauselmäßiger Ausschluss für Vorsatz und grobe Fahrlässigkeit und für Hauptleistungspflichten ist dagegen nie möglich.

Nicht mietrechtlich beurteilt werden hingegen eine Reihe von Nebenleistungen wie die Datenstrukturierung im Rahmen von Datawarehousing, Customizing, Datensicherung oder besondere Support-Vereinbarungen. Diese Leistungen werden regelmäßig je nach konkreter Ausgestaltung der Leistungspflicht nach dem Werk- oder Dienstrecht beurteilt.

Auch urheberrechtliche Fragen haben im Umfeld von ASP Bedeutung. Hier ist der Provider stets Lizenzgeber und muss, soweit er nicht der Hersteller der Software ist, auch eine besondere ASP-Lizenz vorweisen können. Urheberrechtlich stellt das Angebot der Software im ASP-Betrieb eine Nutzungsart dar, die einer besonderen Rechtseinräumung bedarf.

Zudem ist das Thema Datenschutz groß zu schreiben. Soweit der Nutzer personenbezogene Daten an den Server übermittelt, ist er verpflichtet, die Eignung des Auftraggebers zur Datenverarbeitung zu überprüfen. Ein betrieblicher Datenschutzbeauftragter ist beim ASP-Provider daher Pflicht!

Der Outsourcing-Vertrag ist in der Regel um vieles komplexer als ein ASP-Vertrag. Auch das Outsourcing entspricht nicht einem bestimmten gesetzlichen Vertragstyp. Die Auslagerung von Betriebsteilen, Know-how und Arbeit kann unterschiedliche Vertragselemente wie Kauf, Werkvertrag, Auftrag und Miete enthalten. Das Wichtigste ist aber, dass der Outsourcing-Vertrag als ein relativ langfristiger Vertrag angelegt ist.

Langfristigkeit braucht Vertrauen. Ein Vertrag kann dieses Vertrauen nicht geben, er sollte aber die Grundlagen des Vertrauens beschreiben. Seine Bedeutung liegt daher in der Durchsetzung und Beurteilung der einzelnen Umsetzungsschritte und klaren Definition zur Vermeidung von Unklarheiten, die zu Streitigkeiten führen.

Die wesentlichen Elemente eines Outsourcing-Vertrags sind Rahmenvereinbarungen über die Grundsätze der Zusammenarbeit und vor allem detaillierte Leistungsbeschreibungen. Es handelt sich somit weitgehend um einen Vertrag, mit hoher „Techniklastigkeit". Die Verhandlungsführung sollte erfahrenen IT-Persönlichkeiten mit juristischer Unterstützung übertragen werden.

Besonders wichtig ist, dass die Begriffe und Leistungsinhalte einvernehmlich, klar und umfassend definiert werden. Ein kritischer Punkt in jedem Outsourcing-Vertrag sind die Regelungen zum Scheitern oder zur Beendigung des Projektes. Die Regelungen sind nach der jeweiligen Situation zu beurteilen. Die Vereinbarung eines Schiedsgerichtes scheint zweckmäßig.[5]

> Hinweis: Es muss an dieser Stelle darauf hingewiesen werden, dass die vorstehenden Ausführungen die weiten Themenfelder ASP und Outsourcing nur anreißen können. Für die Vertiefung gibt es inzwischen eine ganze Reihe guter Literatur zu diesem Thema.

6.7 Offshoring

Offshoring ist ein Trend mit weit reichenden Folgen für deutsche Unternehmen ebenso wie für den Standort Deutschland. Die IT ist in Deutschland merklich einem steigenden Kostendruck ausgesetzt. Viele Leistungsbilder, die mit Software abgebildet werden können, sind inzwischen standardisiert und eignen sich damit ideal für eine Fremdvergabe. Die immer noch erheblichen Lohnkostenunterschiede zwischen den Offshore-Ländern und den westlichen Märkten und immer niedrigere Barrieren des Handels und der Zusammenarbeit machen Offshoring für die Softwareentwicklung attraktiv. Hinzu kommt, dass heute Werkzeuge für die Zusammenarbeit entwickelt wurden, die es erlauben quasi in Echtzeit auch über Zeitzonen hinweg zusammen zu arbeiten. Dabei haben sich nicht nur geografisch entfernt liegende Länder wie Indien, sondern auch die nahe gelegenen osteuropäischen Länder als Offshore-Länder etabliert. Die Qua-

---
[5] Teich I, Kolbenschlag W, Reiners W (2004) S 176.

lität der in Offshore-Ländern programmierten Software ist überwiegend hervorragend. Hierzu kommen die erheblichen Preisvorteile.

Während das Offshoring zunächst nur als eine Kosteneinsparungsmöglichkeit für Konzerne angesehen wurde, entstehen hier inzwischen auch Möglichkeiten für den Mittelstand. Aber auch hier lohnen sich Projekte erst ab einer gewissen Größenordnung. Je kleiner das Projekt, je weniger ist es für Offshoring geeignet, weil auch der Einrichtungsprozess im Ausland Kosten verursacht, die umgelegt werden müssen. Die Frage ist, müssen Sie sich ihren Offshore-Partner in Indien, Russland etc. selber suchen? Sie können es, müssen es aber nicht. Drei Modelle sind bereits inzwischen etabliert. Sie unterscheiden sich durch den Grad ihrer Sicherheit für den Auftraggeber.

Im ersten Modell, müssen Sie sich Ihren Partner im Ausland selbst suchen. Das scheint zunächst das günstigste Modell zu sein, was ist aber, wenn die Sache schief geht? Dann ist häufig das Geld weg und die Klage muss im fernen Ausland eingebracht werden.

Im zweiten Modell bringt Ihnen der Partner zusätzlich eine Art Ausfallsicherheit.

Im dritten Modell nehmen Sie sich einen inländischen Partner, bei dem es sich um eine Art inländischen Brückenkopf des Offshore-Unternehmens handelt. Bei sämtlichen Projektarbeiten müssen Sie auch daran denken, dass ein Projekt schief gehen kann. In diesem Fall ist der inländische Partner für Sie am leichtesten zu erreichen und gegebenenfalls auch gerichtlich zu belangen. Dafür sind seine Kosten etwas höher, aber immer noch geringer als bei einer vollständigen Durchführung im Inland.

Insgesamt steigt somit das rechtliche Risiko, je mehr Sie offshoren. Im gleichen Umfang nehmen aber auch die Kosten ab und machen das Projekt wirtschaftlich attraktiver. Aus unseren Erfahrungen heraus, scheut der Mittelstand Offshoreprojekte bei der Softwareentwicklung. Besser erscheint es ihm auf Standards zurückzugreifen und diese von einem nearby Partner anpassen zu lassen.[6]

Beim Offshoring ist die Mentalität der anderen Länder mit in Betracht zu ziehen. Ein Beispiel: Für ein in Deutschland suchendes Unternehmen wurde eine hervorragende Lösung in Indien gefunden, Verträge geschlossen, alles vereinbart. Dann liefert der indische Hersteller nicht vereinbarungsgemäß. Doch anstatt Lösungen anzubieten, lehnt sich das dortige Management zurück und versprach immer wieder, dass etwas passiert. Weder von der Sache her noch von der Zeit her wurden die Vereinbarungen eingehalten. Es sollte von vorn herein berücksichtigt werden, dass in

---

[6] Teich I, Kolbenschlag W, Reiners W (2004) S 178 ff.

derartigen Projekten die Einflussmöglichkeiten erheblich geringer sind als bei Einsatz eines europäischen Unternehmens. Im europäischen Umfeld ist üblich, dass etwas, das gesagt wird auch so gemeint ist. Das ist in anderen Gegenden der Erde nicht immer so.

Sind die Verträge geschlossen und ist geklärt, ob mit einem europäischen oder einem Offshore-Unternehmen gearbeitet wird, kommt auf das Unternehmen das nächste Projekt zu: Die Einführung.

7 Das Einführungsprojekt

Das Projekt „Softwareeinführung" nimmt ebenso stark Einfluss auf den Unternehmenserfolg wie die Auswahl der geeigneten Software. Hier entscheidet sich, wie produktiv Ihre Investition später tatsächlich eingesetzt wird.

In diesem Kapitel geht es darum, wie ein Projektmanagement so installiert wird, dass das Projekt innerhalb des vorgesehenen Zeit- und Kostenrahmens abgeschlossen wird, wie eine prozessbezogene Testphase den Start kalkulierbar macht und wie die Mitarbeiter so in das Projekt eingebunden werden, dass diese am Ende höher motiviert sind, kundenorientiert und effizient zu arbeiten. Dazu zählt auch, wie Schulungen vorzubereiten sind. Außerdem wird beschreiben, wie mit einem unternehmensindividuellen Anwenderhandbuch Bearbeitungssicherheit erzielt wird, weil jeder weiß, was er wie zu tun hat.

7.1 Projektphasen der Systemeinführung

Die Zahl der Softwareanbieter mit einer professionellen Einführungsunterstützung steigt ständig. Zumindest werden Checklisten bereitgestellt. Immer öfter wird jedoch gut vorbereitete Softwareunterstützung für das Projektmanagement dieses Vorhabens angeboten.

Steht im einführenden Unternehmen niemand mit echter Erfahrung in Projektleitung bei der Softwareeinführung zur Verfügung, lohnt sich die Investition in einen neutralen, unabhängigen Projektleiter. So werden die Interessen des Unternehmens gegenüber dem Softwarehaus gewahrt. Gleichzeitig sorgt er dafür, dass die Umsetzung zeitlich und von den Kosten her im Rahmen bleibt. Der große Vorteil des Außenstehenden ist hier, dass er mit einer eigenen Checkliste und seinen Erfahrungen die Projektschritte hinterfragen kann. Durch seine Unabhängigkeit fällt es ihm leichter, Maßnahmen gegen Verzögerungen einzuleiten.

Die Methode ePAVOS bietet ein Einführungs-Modell, in dem die in den meisten Fällen notwendigen Schritte beschrieben werden. Davon ausgehend prüft der Softwareeinführungsberater den vorgeschlagenen Fahrplan. Die letzte Entscheidung über das Vorgehen liegt bei demjenigen, der die Verantwortung für die Einhaltung der Kosten- und Zeitvorgaben übernimmt.

Das Modell umfasst folgende Phasen:

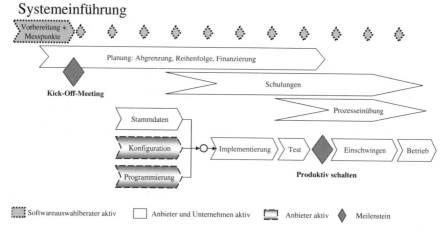

Abb. 7-1. Phasen der Systemeinführung

Der Entwurf ist sehr genau abzustimmen:

- mit den Entscheidern und den betroffenen Mitarbeitern im einführenden Unternehmen sowie mit deren Vorbildung in Prozessen und EDV-Einsatz,
- mit dem Projektleiter des Softwareanbieters und dessen Vorgaben sowie dessen Mitarbeitern
- und nicht zuletzt mit den Erfahrungen des unabhängigen Beraters.

Das Ziel ist jetzt, die Software auf eine Weise einzuführen, die zu möglichst hoher Produktivität aller Beteiligten beiträgt. Dabei geht es nicht nur um technische Belange, worauf üblicherweise der größte Augenmerk gelegt wird. Die Motivation der Mitarbeiter sowie die Umsetzung der vorgesehenen Prozesse beziehungsweise deren Anpassung an die Gegebenheiten zur optimalen Gestaltung sind mindestens ebenso wichtig.

Das Modell ist so allgemein gehalten, dass sich auch Methoden von Herstellern leicht darin einordnen lassen. So greift der Vorteil, den Anbieter mit einem guten Vorbereitungsgrad mitbringen, auch hier durch. Das erleichtert die Einführung für alle Seiten erheblich.

Der erste Schritt der Vorbereitung ist, noch einmal mit allen Beteiligten gemeinsam das Ergebnis genau zu definieren. Je klarer die Vorstellung dessen ist, was am Ende umgesetzt sein soll, desto zielorientierter werden die Handlungen auf dem Weg dahin. Das spart Kosten und den Mitarbeitern Energie.

Wie der Einstieg verläuft, hängt stark davon ab, welche Vorgehensweise bei der Auswahl durchgeführt worden ist. Wurde die Entscheidung ohne Aufwand getroffen, fällt die Arbeit der Geschäftsprozesserhebung jetzt an.

Sind dagegen die Mitarbeiter im Unternehmen durch die Geschäftsprozessoptimierung und die Auswahlaudits gut vorbereitet, zahlt sich das jetzt aus. Die Vorarbeit kann direkt einbezogen werden. Dennoch ist es wichtig, an dieser Stelle das Ergebnis noch einmal auszuarbeiten. Die Vorarbeit sorgt dafür, dass dies jetzt in kurzer Zeit erledigt ist.

Aufgabe der Geschäftsleitung im einführenden Unternehmen ist es, die notwendigen Entscheidungen zu treffen. Dafür ist ausreichend Zeit einzuplanen und Verfügbarkeit sicher zu stellen. Als erstes ist das generelle Einführungsvorgehen festzulegen. In der Praxis finden sich folgende Einführungsvorgehensweisen:

Tabelle 7-1. Einführungsvorgehensweisen

Einführungsvorgehen	Beschreibung	Auswirkungen
Big Bang	Alles wird gleichzeitig gestartet und das alte System außer Betrieb gesetzt. Das ist zum Beispiel geeignet für ein mittelständisches Unternehmen mit bis zu 50 Mitarbeitern, die tatsächlich täglich mit dem System arbeiten. Insbesondere, falls keine Software vorhanden ist, die echte Unterstützung bietet.	Alle Führungskräfte und alle Mitarbeiter müssen ausreichend vorbereitet sein. Hohe Motivation und der Wille, schnellstmöglich in Normalbetrieb zu kommen, sind vorhanden. Günstig ist, wenn es eine ruhige Zeit im Jahr gibt, die Umstellung hierhin zu legen.

Tabelle 7-1. Einführungsvorgehensweisen (Fortsetzung)

Einführungs-vorgehen	Beschreibung	Auswirkungen
Pilotbereich und Ausrollen	Zuerst wird eine Abteilung oder ein Standort umgestellt. Mit den dort gewonnenen Erfahrungen wird es nach und nach in anderen Bereichen eingesetzt („Rollout"). Als Pilotbereich ist derjenige geeignet, bei dem ein deutlicher Effekt zu erwarten ist, weil entweder die derzeitige Software nicht gut funktioniert oder die Veränderung deutlich positive Effekte haben wird.	Nach und nach ist immer wieder ein Standort oder eine Abteilung stark gefordert. Neid und Missgunst sind bei den noch nicht Betroffenen vorab zu vermeiden. Die Veränderungsreife der Standorte ist bei der Reihenfolgeplanung zu berücksichtigen und diplomatisch zu begründen.
Sukzessives Anschalten	Eine Funktions- bzw. Prozessbereich nach dem anderen wird umgestellt. Insbesondere verhältnismäßig unabhängige Bereiche wie Lohnbuchhaltung oder Rechnungswesen, der Vertrieb oder der Einkauf eignen sich dafür.	Zeiten starker Belastung sind bei der Planung zu berücksichtigen; auch hier ist Neid und Missgunst bei den noch nicht Betroffenen vorzubeugen.

Von dieser Entscheidung hängt selbstverständlich die weitere Planung ganz wesentlich ab. Deswegen ist dies eine der ersten, die zu treffen sind. Dabei ist in jedem Fall zu berücksichtigen, wie wichtig es ist, bereits nach kurzer Zeit zu ersten Erfolgen zu gelangen. Das motiviert andere, nachzuziehen.

Als Nächstes ist die Projektleitung zu überdenken. Konnte bereits zu Beginn des Auswahlprojekts ein interner Projektleiter bestimmt werden, der über den gesamten Zeitraum alles begleitet, liegt der Idealfall vor. Er hat gegebenenfalls zusammen mit dem Projektansprechpartner der begleitenden externen Beratung alle Informationen, Argumentationen und Begründungen parat. Dazu stößt jetzt ein Projektleiter vom Softwareanbieter, der die Koordination mit dem eigenen Haus übernimmt. Für das Controlling bewährt sich regelmäßig, zusätzlich einen externen neutralen Softwareeinführungsberater hinzu zu ziehen. Kein anderer kann sich so unvoreingenommen auf das Wesentliche konzentrieren.

Aufgabe des Softwareeinführungsberaters ist, ein Projektcontrolling durchzuführen. Er begutachtet die Pläne, verfolgt die Fortschritte und schlägt bei Abweichungen Steuerungsmaßnahmen vor, die notwendig sind.

Der sofortige Nutzen: Der Softwareeinführungsberater arbeitet sich auf seine spezielle Weise in das gesamte Projekt ein. Das bietet allen Beteiligten ebenfalls die Chance, das auf sie zu kommende Projekt zu überdenken. Für den Erfolg des Projekts trägt erheblich bei, wenn sich die Geschäftsleitung persönlich die Zeit nimmt, den Schritt des Erarbeitens der Ergebnisvorstellung mit dem Externen gemeinsam durchzuführen. Erhalten zusätzlich einige Mitarbeiter Gelegenheit mitzuwirken, verstärkt sich der positive Effekt noch. Jeder im Unternehmen wird stark davon profitieren, weil das Wissen sich so schneller verbreitet. Der persönliche Einsatz der Top-Führungskräfte setzt ein deutliches Signal, wie wichtig das Thema zu nehmen ist.

7.2 Investitionswirkungen beim Einführungsprojekt

Jeder Schritt, der hier im Zusammenspiel mit dem Anbieter umgesetzt wird, bestimmt die später regelmäßig anfallenden Betriebskosten. Insbesondere die kaum beachteten Kosten pro Geschäftsvorgang (Transaktion) werden jetzt festgelegt. Neben der reinen Analyse, was die Software wie umsetzt, ist in dieser Phase auch darauf zu achten, wie lange die Bearbeitung später dauert. In jeder Phase des Einführungsprojekts, siehe Abbildung 7-2, gibt es besondere Themen, die zu Aufwand und Kosten führen:

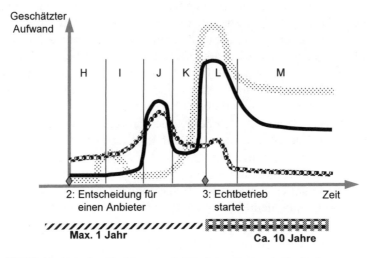

▒▒▒ Marktstudien-Verfahren nach Kriterium: „Geringste Kosten"
▒▒▒ Nach einem strukturierten Verfahren (Phase D – G zum Festpreis)
■■■ Durchschnittlicher Normalverlauf bei Geschäftsprozess-Orientiertem Verfahren

Abb. 7-2. Aufwand pro Einführungsphase. Quelle: Dr. Irene Teich GmbH

Phase H – Planung: In der Methode ePAVOS stehen Planungshilfen zur Verfügung, in die viele Erfahrungen eingeflossen sind. Außerdem sind die Prozesse bereits erfasst. Sie müssen überarbeitet werden. Dieser Schritt ist jedoch besser planbar als eine Neuerfassung. Eine gute Kick-Off-Veranstaltung unterstützt das Projekt erheblich und hilft später, Abstimmaufwand zu vermeiden.

Phase I – Vorbereitung: Um später unnötige Arbeitszeiten zu vermeiden sind spätestens jetzt die Stammdaten einer Revision zu unterziehen. Je weniger Fehler ins neue System übernommen werden, desto leichter fällt das Arbeiten damit. Wird hier gespart, dann entsteht nach der Übernahme ein Aufwandberg wie beim 80/20-Unternehmen aufgezeigt. Auch für diesen Schritt bietet ePAVOS Unterstützung.

Phase J – Installation und Schulung: Die Hardware- und Software-Installation übernehmen Spezialisten. Dann steht quasi der Rohbau, bei dem die Inneneinrichtung noch vorzunehmen ist. Parallel dazu kann die Schulung beginnen. Sie haben einen Anbieter ausgesucht, der die Schulung so organisiert, wie Ihre Mitarbeiter es benötigen.

Phase K – Software-Einrichtung und Test: Hier zeigt sich, wie gut die Vorbereitung war. Kommen Überstunden, Feuerwehraktionen und Panikattacken häufig vor, dann wurde vorher nicht das Notwendige beachtet. Doch auch mit Vorbereitung sind wenige Mitarbeiter vollauf beschäftigt. Allerdings haben alle Betroffenen Zeit, sich jetzt mit den wirklich wichtigen Dingen und den wenigen neu auftretenden Problemen zu befassen.

Die Phase L – Einschwingen: Wird eine neue Software eingesetzt, sinkt zu Beginn immer die Produktivität ab. Immer wieder müssen Bedien- und Eingabe-Fehler behoben werden, bis die Übung im Umgang mit dem Neuen ausreichend vorhanden ist. Über einzelne Tätigkeiten muss mehr nachgedacht werden oder Rückfragen sind notwendig und so weiter. Das wird hier als Steigerung der Kosten dargestellt - zumindest durch Überstunden wird das auch eintreten. Sind alle betroffenen Mitarbeiter gut ausgebildet und motiviert, wird diese Phase kurz sein. Je weniger Rücksicht auf die Betroffenen genommen wurde, desto länger dauert diese Phase. Im Extremfall erkennt der erfahrene Berater noch nach Jahren Elemente der Einschwingphase im Betrieb.

Die wenig motivierten Mitarbeiter nutzen in der Regel nur einen Bruchteil der Möglichkeiten des eigentlichen Produkts. Für ihre vermeintlichen Spezialanforderungen lassen sie sich (nach der Einführung!) weitere Teile programmieren und einarbeiten. So entstehen über die gesamte Betriebszeit hohe Kosten für unkontrollierten Ausbau und unproduktiven Einsatz des Vorhandenen.

Phase M – Betrieb: Jetzt zeigt sich wirklich, wie gut die Investition entschieden und umgesetzt wurde. Jetzt kann die Erfolgskontrolle erfolgen.

7.3 Kick-Off

Sobald feststeht, in welche Richtung das Projekt gehen soll, sind alle Betroffenen zu informieren. Dazu eignet sich am besten eine Kombination aus einem Intranet-Plattform und dem persönlichen Gespräch in einer Kick-Off-Veranstaltung. Im Meeting wird noch einmal bewusst gemacht, dass jetzt ein neues Projekt beginnt. Jeder übernimmt Aufgaben in diesem Projekt. Die Informations- und Kommunikationswege werden mit dem neuen Team noch einmal festgelegt.

Auch erfolgt an dieser Stelle die Bekanntgabe der Teilprojekte und die Beschreibung der Teams hierfür. Ein deutliches Aufzeigen von Schnittstellen und Abhängigkeiten vermittelt besonders wichtige Informationen für die Arbeit.

Dieser Anlass bietet eine gute Möglichkeit, alle mit dem Teil der Projektmanagementsoftware vertraut zu machen, der sie betrifft – also zumindest der Zeiterfassung.
Dann beginnt die Feinplanung.

7.4 Projektplanung

Der Projektplan dient gleichzeitig als zentrales Steuerungsinstrument des Projekts.

Jeder Teilprojektleiter ist zusammen mit seinem Team jetzt gefordert, eine detaillierte Projektplanung für seinen Bereich zu erstellen.

Besonders wichtig ist dabei, folgendes zusammenzustellen:

- Ziel des Teilprojekts und Einbindung in das Gesamtprojekt,

- Aufgaben mit Zuordnung auf die Projektbeteiligten und Bearbeitungsdauer,

- Ressourcenbedarf,

- Angabe verbindlicher Termine und Meilensteine für das Teilprojekt.

Die Ergebnisse werden vom Gesamtprojektleiter zusammengefasst und mit den anderen abgeglichen. Nach verschiedenen Abstimmungen über Ressourcennutzung, zeitliche Einordnung einzelner Aufgaben, etc. steht der Gesamtprojektplan.

Diese Entwicklung von unten nach oben erfordert mehr Zeit, als eine Vorgabe von der Leitung. Diese wird jedoch schnell wieder hereingeholt durch den Wissensvorsprung, den sich Projektmitarbeiter und Teilprojektleiter erarbeiten. Diesen Vorteil effizienten Arbeitens sollte sich das einführende Unternehmen nicht entgehen lassen.

Wesentliches Element für das Softwareeinführungsprojekt ist die Vorgangsliste (Abbildung 7-3).

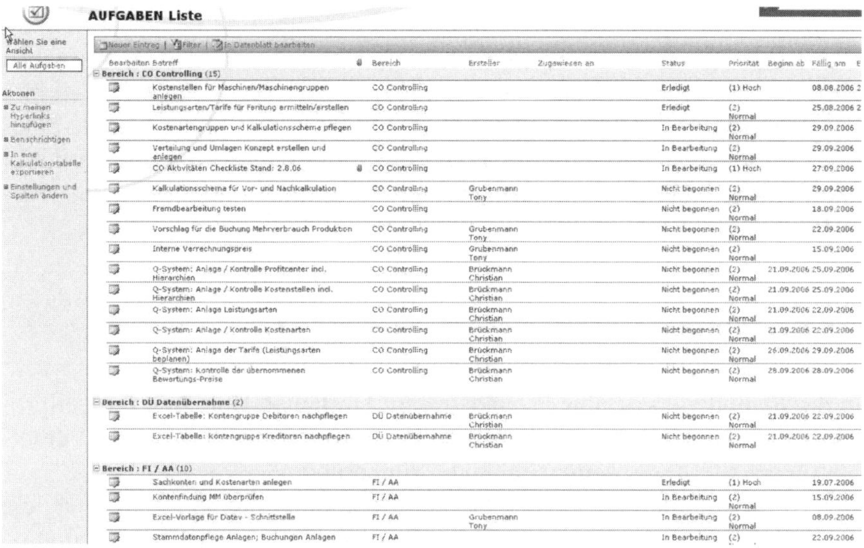

7.4 Projektplanung

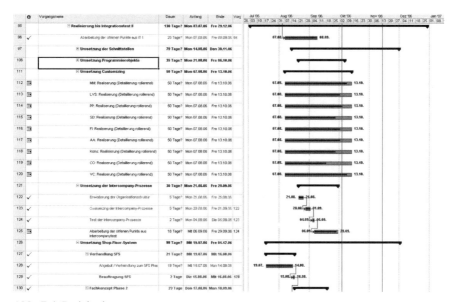

Abb. 7-3. Aufgabenliste

Aus der Aufgabenliste wird rasch auch der eigentliche Projektplan.

Abb. 7-4. Projektplan

Der Gesamtprojektplan wird vom Leitungsgremium verabschiedet. Dieses setzt sich zusammen aus allen internen und externen Haupt-Projektleitern und den Entscheidern des einführenden Unternehmens.

Gleichzeitig bildet der Gesamtprojektplan einen Bestandteil der Dokumentation für die Zusammenarbeit mit dem Anbieter, dessen Aufgaben ebenfalls in Form von Teilprojekten mit zu berücksichtigen sind. Weil hier viele Betroffene Änderungen akzeptieren müssen, bringt der Einsatz eines externen Projektleiters große Vorteile mit sich: Seine Erfahrung wird von allen Seiten leichter akzeptiert. Für die Steuerung werden weitere Übersichten eingesetzt.

7.5 Projektsteuerung und -management

In der Planung wurde eine Projektstruktur erarbeitet. Dort sind die Teilprojekte ersichtlich. Jedem Teilprojekt ist wiederum eine Person als Verantwortlicher für dieses Aufgabenbündel zugeordnet.

Eine rollierende Planung zeigt in der Methode ePAVOS auf einen Blick, wer was wann zu tun hat.

Abb. 7-5. Rollierende Planung

Dieses Werkzeug hilft, die vielen Detailtermine im Griff zu halten.

Nach der Zusammenfassung steht eine Projektübersicht bereit.

Gesamtprojekt

	Termine	Budget	Qualität	Verfügbarkeit Personal	Risiken
Grün	X	X		X	
Gelb			X		X
Rot					
Trend	⇨	⇨	⇨	⇨	⤴

Gesamtprojekt
- ERP
- ReWe / Controlling
- IT

Abb. 7-6. Projektübersicht

Parallel zur Planung ist von Anfang an ein Risikomanagement zu betreiben. Die folgende Abbildung zeigt das Ergebnis einer Berechnung zu einer erneuten Bewertung an einem Meilenstein.

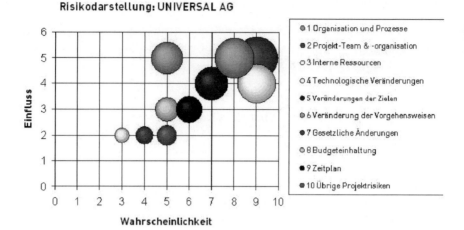

Abb. 7-7. Risikomanagement-Matrix. Quelle: UBK GmbH.

Die Größe der Kreise zeigt die Gesamtbewertung an. Die Schattierung verbindet die Punkte mit den 10 für dieses Projekt identifizierten Risiken (rechts aufgelistet). Vor allem interessieren diejenigen, die rechts oben sitzen, also einen hohen Einfluss auf den Erfolg und eine hohe Eintrittswahrscheinlichkeit haben. Hierfür sind geeignete Sicherheitsmaßnahmen vorzusehen.

Erheblich erleichtert wird die Arbeit außerdem durch ein Projektmanagementhandbuch und ein Workflow-System. Jeder Teilprojektleiter kann so auf vorbereitete Formulare und unterstützende Dokumente zugreifen. Sobald er seinen Part zusammen mit seinem Team bearbeitet hat, reicht er es ein und der Workflow sorgt dafür, dass seine Informationen zeitnah weiterverarbeitet werden.

Solche Systeme sind in der Praxis bereits erfolgreich im Einsatz. Die Dekabank setzte sich im Jahr 2000 das Ziel, die Transparenz und die Verfolgbarkeit von IT-Projekten zu erhöhen. Zu Beginn des Jahres 2000 legte das Unternehmen mit Hilfe einer Beratung Projektstandards fest. Diese wurden anschließend in Form der Abteilung Konzern-Projekt-Portfolio-Service (KPPS) weiterentwickelt. Nur wenn im 14-seitigen Fragebogen überzeugende Argumente genannt werden, fällt eine Entscheidung zu Gunsten eines Projekts. Der Projektleiter muss sich also gut vorbereiten.

Bei der Kostenplanung werden die Zeiten interner Mitarbeiter mit realistischen Sätzen bewertet. Eine Aufgabenliste mit Zeitangaben dient dazu, über die gesamte Projektdauer hinweg immer wieder rückzufragen. Das erfolgt mit automatisierter Unterstützung durch ein Workflow-System. Die

Investition belief sich auf 2,4 Millionen Euro. Das Geld war bereits 2004 wieder hereingeholt.[1]

Bei Parallelbetrieb, sollten kritisch erscheinende Prozesse so früh wie möglich starten. Dadurch kommt rechtzeitig eine Rückmeldung, ob etwas geändert werden muss. Soll alles gleichzeitig umgestellt werden, also ein Big Bang, dann ist die Testphase erheblich ausführlicher zu gestalten.

Gleichzeitig ist die Testphase ist ein guter Zeitpunkt, um die bereits während der Erstellung des Pflichtenhefts vorbereitete Abnahmecheckliste zu überprüfen und anzupassen.

Am Ende der Tests stehen die Abnahme und danach die Inbetriebnahme.

Die Dokumentation der Systemabnahme erfolgt zum Beispiel mit Hilfe einer Prozess- und Modulmatrix für die sich der Einsatz von EXCEL anbietet. Ist ein Audit-Tool verfügbar, dann bietet dieses eine gute Hilfe.

> Tipp: Die Testphase lässt sich nutzen, um dokumentierte interne Audits für das Qualitätsmanagement durchzuführen. So wird eine Mehrfachbelastung der betroffenen Mitarbeiter vermieden und das einführende Unternehmen ist für das nächste Überprüfungsaudit gut gerüstet.

7.6 Datenübernahme

Über den Umgang mit den bisher vorgehaltenen Daten ist noch eine Entscheidung zu treffen. Einige Unternehmen halten das Altsystem abgeschaltet vor, um gegebenenfalls dort auf die Vergangenheit zurückgreifen zu können. Einiges ist bis zu 10 Jahren vorzuhalten. Nur selten ist es sinnvoll, alle Vergangenheits-Daten zu übernehmen.

Wird zu wenig übernommen, müssen die Mitarbeiter mehr Aufwand betreiben, um auf ältere Vorgänge zuzugreifen. Wird zu viel übernommen, steigt der Aufwand in der täglichen Arbeit. Nicht selten wird durch große Datenmengen das System langsamer. Auch stören Fehler in den Datensätzen die Verarbeitung. Hier gilt es, genau das richtige Maß für die Situation des Unternehmens herauszufinden.

Der erste Schritt ist die Bestandsaufnahme. Falls eine Prozessaufnahme, erfolgte, kann ein großer Teil der notwendigen Daten aus dem alten System daraus abgeleitet werden.

---

[1] Lixenfeld C (2003) S 30f.

Wenn fest steht, was notwendig ist, lohnt es sich, in eine rigorose Überarbeitung der Stammdaten zu investieren:

- Welche Daten werden wirklich in Zukunft benötigt?
- Welche Daten müssen Zukunft gepflegt werden? Wie werden die fehlenden Informationen bei den Alt-Daten nachgearbeitet?
- Wo stecken Fehler in den Daten? Bei Datenbanken gibt es häufig Sortierroutinen, die erste Hinweise liefern – so können Datensätze mit leeren Feldern angezeigt werden. Ist zum Beispiel in einer Adresse das Postleitzahlfeld leer, lohnt sich ein Blick darauf.
- Mit Daten aus welchem Zeitraum arbeiten die Mitarbeiter ständig?

Es gibt Experten, die sich ausschließlich mit Datenbereinigung befassen. Zum Teil haben sie vorbereitete Routinen, um den Bestand durchzuprüfen und offene Fragen anschließend mit den Mitarbeitern vor Ort zu prüfen.

Andererseits ist es oft wichtig, das Datenbereinigungs-Know-how in der EDV-Abteilung des Unternehmens vorhanden zu haben. Datenbestände neigen immer dazu, Fehler zu tolerieren. Wurde das Wissen im Haus aufgebaut, kann ein Mitarbeiter in Zukunft anhand der erfolgten Planung, jährlich oder bei Bedarf die Datenprüfung durchführen. Es lohnt sich also, hier eine umfassende Aufgabenliste mit den durchführenden Abteilungen anzulegen und diese zusätzlich zu pflegen.

> Tipp: Anstelle einer großen Aktion, wie sie vor einer Datenübernahme notwendig ist, bietet es sich im Tagesgeschäft an, regelmäßig kleine Einheiten zu verbessern: zum Beispiel die Adressen mit einer Buchstabengruppe durchzugehen. Der Einsatz eines Prüfenden spart vielen anderen Mitarbeitern sehr viel Zeit für Rückfragen, selbst initiierte Suche, etc. Ein Prüfender kann zusätzlich systematisch mit externen Informationsquellen arbeiten. Alternativ sollte langfristig mit einem externen Dienstleister zusammengearbeitet werden.

7.7 Realisierung/Umsetzung

Bevor das System produktiv werden kann, muss eine weitere Voraussetzung geschaffene sein: Alle Funktionen müssen bereitstehen.

Das bedeutet, dass die neu zu programmierenden bzw. anzupassenden Teile der Software fertig bereitstehen müssen. Dies ist nicht immer so genau planbar. Die Entwickler geben Schätzungen ab, die auf ihren Erfahrungen beruhen. Erst während des Programmierens wird dann deutlich, ob das Ergebnis innerhalb dieser Schätzung erzielbar ist. Je genauer die Bedarfe vorgegeben sind, desto zutreffender kann die Schätzung ausfallen. Ansonsten sind noch eine oder mehrere Überarbeitungsrunden einzuschieben.

Ist der Zeitplan zur Einführung eng gesetzt, führt das schnell zu einem Problem. Deswegen sollte bei geringem Zeitbudget Software eingesetzt werden, bei der alle oder die meisten Funktionalitäten standardmäßig bereitstehen.

Kommt es doch zum Verzug, können die Tests zunächst ohne die fehlende Funktionalität durchgeführt werden. Alternativ wird das Projekt bis zur Realisierung gestoppt. Bei dieser Variante sind die zusätzlich anfallenden Kosten für den Wiedereinstieg in das Projekt zu berücksichtigen. Was sinnvoll ist, wird der Projektleiter im Einzelfall entscheiden.

7.8 Testinstallation der Systeme

Bei den meisten Produkten wird eine Testumgebung eingerichtet. Auf ihr laufen alle Schulungen ebenso wie spätere Systemtests. Günstig ist, wenn die betroffenen Mitarbeiter direkt von ihrem Arbeitsplatz auf dieses System zugreifen können. Dadurch lassen sich Zeitverluste vermeiden.

Jetzt kommt der Testplan zum Einsatz: Die einzelnen Geschäftsprozesse werden gemeinsam vom Projektteam und dem Anwender im Testsystem mit allen Varianten und Ausprägungen durchgearbeitet. Dabei erfassen die Beteiligten auftretende Fehler oder fehlende Funktionalitäten ebenso, wie veränderte Anforderungen, die sich aus neuen Verbesserungsideen ergeben. Außerdem wird der im Handbuch beschriebene Prozessablauf angepasst, so dass Handbuch und Umsetzung übereinstimmen.

Sind die Prozesse nicht in einem Tool aufgenommen, in dem Schwachstellen und Maßnahmen erfasst werden können, bietet sich als gutes Hilfsmittel für die Protokollierung eine MindMap-Software[2] an. Die Fehler und Anforderungen lassen sich zu jedem einzelnen Punkt detailliert beschreiben und können bei Bedarf in eine Textverarbeitung exportiert und versendet werden.

---

[2] Zum Beispiel OpenMind von Matchware oder MindManager von MindJet.

7.9 Prozessablaufbezogenes Anwenderhandbuch

Falls die Prozesse vorab erhoben und bei der Detailausarbeitung angepasst wurden, bietet das Software-Tool an, direkt ein Handbuch zu erstellen. Dabei können den Funktionen und Arbeitsschritten direkt die entsprechenden Bildschirmmasken zugeordnet und die Felder der Masken detailliert beschrieben werden.

Automatisch wird der Inhalt der Datenbank in ein intranetfähiges Webseiten-Handbuch umgesetzt. Darauf erhält jeder Mitarbeiter auf die Bereiche Zugriff, die ihn betreffen, und auf die, die ihm zugänglich sein sollen.

Steht eine Geschäftsprozess-Darstellungssoftware mit Berichtsfunktion nicht zur Verfügung, kann ein solches Handbuch in jedem gängigen Textverarbeitungsprogramm extra verfasst werden. Das ist dann allerdings mit erheblich mehr Aufwand verbunden.

Dieses Handbuch ist ein wichtiger Baustein für die Schulung der Mitarbeiter.

7.10 Schulung der Mitarbeiter

Eine Kombination aus dem prozessablaufbezogenen Anwenderhandbuch und gemischtem Schulungsangebot aus Selbstlern-Komponenten per Intranet und Präsenzschulungen mit einem Tutor (Blended Learning[A]) ist der erwiesenermaßen günstigste Weg der Schulung. Gleichzeitig steht damit auch für spätere Nachschulungen alles bereit. Diese Vorgehensweise ersetzt reine Präsenzschulungen ebenso wie in der Praxis nicht akzeptierte reine E-Learning-Angebote. Beides verursacht insgesamt auch höhere Kosten.

Die Einführung einer umfangreichen neuen Software ist gleichzeitig eine hervorragende Gelegenheit, über ein Blended Assessment[A3] herauszufinden, welcher Mitarbeiter mit seiner inzwischen erworbenen Erfahrung an welcher Position am besten eingesetzt wird. Beim Blended Assessment kommt eine Kombination aus Bewertung von Aufgabendurchführungen durch geschulte Beobachter und Software-gestützten Tests zum Einsatz. Dabei wird gegebenenfalls auch erkannt, welche Schulung der Einzelne, abgesehen von der neuen Software, sonst benötigt. In der Gesamtinvestition wird dies nur einen kleinen Teil ausmachen. Die Effekte an Motivation und die durch den richtigen Einsatz mögliche Produktivitätssteigerung amortisieren den Betrag rasch.

---

[3] Schmitt-Planert A., Teich I. (2007).

8 Erfolgskontrolle beim Softwareeinsatz

Ist das System in Echtbetrieb[A] genommen, beginnt dieser mit der Einschwingphase. Die Produktivität sinkt kurz sehr stark ab und steigt dann an. Nachdem sie meist den späteren „Normalwert" kurz übertroffen hat, nimmt sie noch einmal ab. Sie bewegt sich hin und her bis sich schließlich der längerfristig stabile Normalwert eingestellt hat. Dieser Wert ist bei jedem Unternehmen anders. Auch ändert er sich über die Zeit immer wieder. Es gibt keine Software, die eine Produktivität von x% herstellt. Das tun die Mitarbeiter. Die einzigartige Zusammenstellung von Menschen, Maschinen und Software in Ihrem Unternehmen machen es als Ganzes aus, wie hoch dieser Wert ist. Er lässt sich jedoch durch die Vorgehensweisen beeinflussen:

Wie umfangreich die Einschwingphase ausfällt, hängt von der Vorbereitung sowie von Qualifikation und Motivation der Mitarbeiter ab. Wenn das System produktiv geschaltet ist, lässt sich zunächst kaum noch etwas verändern.

Während der Einschwingphase sollten nur die allernotwendigsten Anpassungen vorgenommen werden. Wurde das Projekt durch eine gute Geschäftsprozessoptimierung eingeleitet, ist das jetzt auch nicht notwendig.

In diesem Kapitel um die Bedeutung von Erfolgskontrolle in diesem Zusammenhang und darum, wie Erfolg kontrolliert werden kann. Auch wie Sie weiteren Handlungsbedarf erkennen und die passende Vorgehensweise ableiten können, erfahren Sie.

8.1 Erfolg messen

Immer, wenn Mitarbeiter den Arbeitsablauf ändern, brauchen sie Zeit, bis durch ausreichend Übung Routine da ist. Das gilt insbesondere für Software. In dieser Phase, die als Einschwingen bezeichnet wird, werden in der Regel einige Ungereimtheiten und Fehler erkannt. In enger Zusammenarbeit mit dem Softwareanbieter sind diese zu beheben. Dabei kann ein neutraler, externer Projektleiter oder ein hervorragender interner Mitarbeiter wertvolle Unterstützung bieten:

- Er achtet darauf, ob eine Änderung wirklich notwendig ist.
- Er prüft, ob es nicht andere, einfachere Wege gibt, das Ergebnis zu erzielen – zum Beispiel das Ändern einer Einstellung in der Software.
- Er achtet gegebenenfalls auf die anschließend notwendige ergänzende Schulung der betroffenen Mitarbeiter.
- Er beobachtet über die Zeit die Entwicklung der Produktivität und der Kosten auch in dieser Phase. Gegebenenfalls greift er ein, um diese wieder auf einen vertretbaren Kurs zu steuern.
- Er hält das Gesamtprojekt unter Kontrolle, auch wenn einzelne Details sich als besonders wichtig hervorheben. Das gelingt Externen meist besser, da sie den notwendigen emotionalen Abstand leichter wahren.

Erst wenn diese Phase abgeschlossen ist, ist die Software wirklich in Betrieb gegangen. Jetzt zeigt sich, was die Geschäftsprozessoptimierung bewirkt hat. Des Weiteren ist jetzt ablesbar, wie gut die Einführung vorgenommen worden ist.

Sind alle Mitarbeiter motiviert und holen von sich aus das Beste aus dem System heraus, dann liefert das gut verlaufene Projekt einen wesentlichen Beitrag zum Unternehmenserfolg. Die Anwender führen ihre tägliche Arbeit gerne durch. Aufwand und Verluste an Zeit oder Kosten sind gering.

Um das zu messen sind folgende Erhebungen notwendig:

- Eine Motivationsmessung bei den Mitarbeitern. Das kann eine Fragebogenaktion sein. Das kann aber auch eine direkte Befragung einer relevanten Stichprobe sein. Letzteres hat mit hoher Wahrscheinlichkeit einen guten Einfluss auf den Einsatz der neuen Software.
- Eine Gegenüberstellung bestimmter Kennzahlen. Ändert sich etwas in den Deckungsbeiträgen? Woran liegt das? Wie entwickelt sich die Produktivität in der Verwaltung? Wie in den anderen Abteilungen?
- Ein Prozesskostenvergleich. Wurden die Prozesszeiten vorab erfasst, können nun auch die neuen mit diesen verglichen werden. Diese Möglichkeit besteht eher selten, weil die Erhebung der Ist-Werte vor dem Start relativ teuer ist dafür, dass sie nur für diesen einen Vergleich dient. Daher sollte bei der Ist-Erhebung bereits ein Kompromiss durchgeführt werden: Nur grobe Zusammenfassungen von Kosten werden berücksichtigt. Diese groben Zusammenfassungen werden jetzt so gut wie möglich nachgestellt, um Vergleichswerte zu erhalten.

8.2 Handlungsbedarf erkennen

Häufig werden bereits während des Systemstarts erste Optimierungsmöglichkeiten entdeckt. Zu diesem Zeitpunkt ist gut abzuwägen, wie schnell diese umgesetzt werden sollten. Ein Verantwortlicher sollte jedoch eine Liste führen und die Ideen festhalten. Während des Betriebs gibt es immer wieder Gelegenheiten, bei denen sich ein kritischer Blick auf den Einsatz der Software lohnt. So wächst die Liste mit der Zeit.

Solche Gelegenheiten sind insbesondere:

- Bei internen Audits ist nun insbesondere mit zu berücksichtigen, inwieweit die Software den Geschäftsprozess noch besser unterstützen kann.
- Wenn Fehler auftreten, die in einem Verbesserungssystem erfasst werden, ist beim Entwickeln von Maßnahmen auch zu berücksichtigen, inwieweit die Software etwas beitragen kann, den Fehler in Zukunft zu vermeiden.
- Erscheint ein Vorgang umständlich, ist gemeinsam mit dem Anbieter eine bessere Lösung auszuarbeiten, im Handbuch zu dokumentieren und dann umzusetzen.
- Entscheidungen über Verbesserungen oder Ergänzungen sind immer unter Berücksichtigung des Aufwandes für die Softwareanpassung zu treffen.

Um Lösungen für derartige Aufgabenstellungen zu entwickeln, ist erforderlich, dass mehrere Mitarbeiter im Unternehmen oder ein eng zusammenarbeitender Freiberufler sich sehr gut mit der Software und ihren Möglichkeiten auskennen.

Speziell mit Anpassungen ist hier behutsam vorzugehen: „Wir müssen uns darüber klar werden, dass wir immer noch kein spontanes Gefühl, keine Intuition für die Statik unserer Systeme entwickelt haben. Im Auto- oder Hausbau ist das vorhanden. Jeder weiß, dass man bei einem Haus nicht die tragenden Wände entfernen kann, ohne dass es einstürzt. Wir wissen, dass wir mit einem Rennwagen nicht über einen Acker fahren können.

In der Software ist das anders. Selbst Fachleute können manchmal nur sehr schwer erkennen, wie sich Änderungen auf das Funktionieren des Systems auswirken. Da hängen wir oft noch dem Glauben an, dass ein Rennwagen, nur weil er einen starken Motor hat, ganz ausgezeichnet querfeldein fahren müsste." Die Statik eines IT-Systems weise immer wieder ganz andere Stärken und Schwächen auf, als erwartet. Eine solche Fehleinschätzung führt vor allem auf Anwenderseite dazu, dass Erwartungen an

Flexibilität, Bequemlichkeit und Veränderungsfähigkeit von Software enttäuscht werden. „Die Statik unserer heutigen Systeme erlaubt das einfach nicht. Die Anwender verstehen nicht, warum in Excel etwas leicht zu ändern ist, aber die Abaps nicht mal eben neu geschrieben werden oder die Struktur der Datenbank komplett verändert werden kann. Gleichzeitig hegen wir ganz hohe Ansprüche in Sachen Integration. Die macht die Systeme natürlich noch komplexer und noch unflexibler."[1]

Gegebenenfalls kann auch der Geschäftsprozessberater oder der Einführungsberater zur Ideengenerierung mit eingeladen werden. Diese brauchen sich nicht einzuarbeiten – sie kennen viele Details aus den Projekten. Mit diesem Wissen können sie viel zu einer gelungenen, aber nicht neue Probleme bereitenden Lösung mit überzogenen Erwartungen beitragen.

> Die Software ist nur so nützlich, wie sie täglich eingesetzt wird.

Setzen Sie die Software umfassend für die Information der Geschäftsleitung ein. Dazu optimieren Sie das Reportwesen zu Beginn so lange, bis die Entscheider begeistert sind. Wenn das Top-Management diese Begeisterung dann in Reden oder Gesprächen verbreitet, wird auch die Mannschaft sich mehr mit der Software auseinandersetzen. Je mehr Ehrgeiz entwickelt wird, wirklich das Beste herauszuholen, desto effizienter gestaltet sich der Einsatz. Das verkürzt die Amortisationszeit erheblich.

In der Praxis finden sich sehr selten Beispiele, in denen dies umgesetzt wird. Häufiger ist, dass die Mitarbeiter das System nur halbherzig bedienen, dem Alten nachtrauern und sich so gut wie nicht mit den Möglichkeiten auseinandersetzten. Stattdessen konzentrieren Sie sich ausschließlich auf alles, was tatsächlich oder vermeintlich nicht geht. Dann entsteht eine Beschwerdeliste anstelle einer Verbesserungsliste.

Dass ein System tatsächlich nicht mehr optimal für die Organisation geeignet ist, kann aus einer Reihe von Indizien abgelesen werden:

- lange Liste mit Verbesserungsvorschlägen,
- lange Wartezeiten, bis die Mitarbeiter nach einer Aktion wieder weiter arbeiten können,
- Fehlen notwendiger Funktionen,
- Auffinden fehlerhafter Daten,

---

[1] Witte 2007 S 2.

- zunehmende Schwierigkeiten in der IT-Landschaft durch Kompatibilitätsprobleme,
- steigende Wartungskosten,
- und vieles mehr.

Besteht im Unternehmen kein ausreichendes IT-Know-how, bietet sich ein Technologie-Check durch einen externen Experten an. Er führt eine Grobanalyse durch und stellt dann wichtige Ansatzpunkte zusammen.
Aus den gefundenen Ansätzen wird der Handlungsbedarf abgeleitet. Er besteht in der Regel in

- Der Verbesserung des Bestehenden: Tuning
- Der Erweiterung eigener Software: Evolution
- Der grundlegenden Überarbeitung der IT-Landschaft: Sanierung oder
- Dem Austausch des Bestehenden: Softwareauswahl

Die ersten drei werden im Folgenden dargestellt. Die Softwareauswahl ist in den Kapiteln 3 -7 beschrieben.

8.3 Software-Tuning

Beim Software-Tuning geht es um die Optimierung des bestehenden Systems. Die meisten Angebote umfassen eine Verringerung der Anzahl der Symbole auf dem Standardbildschirm, Maßnahmen zur Beschleunigung der Verarbeitungsleistung insbesondere Reduzierung der Speicherbelegung etc. Es geht um Folgendes:

- Die optische Verbesserung der Benutzeroberfläche. Dateneingabefelder sind leichter zu erreichen und schneller zu wechseln etc.
- Die Beschleunigung der Datenbankzugriffe durch Nutzen aller bekannten Tricks wie Datenbank-Komprimierungen, Datenpflege, Archivierung von Daten und Ähnlichem.
- Die Verringerung der Systembelastung durch geeignete Maßnahmen. Die Sparkassen Informatik konnte mit einer Vielzahl kleiner Maßnahmen eine deutliche Verbesserung erzielen.[2]

---

[2] Schmidt D (2006).

Sowohl für einzelne PCs wie für ganze Netzwerke gibt es hier vielfältige Unterstützung. Für ERP-Systeme wird es mindestens alle zwei Jahre empfohlen. Über die regelmäßige Pflege hinaus werden dann systematisch alle bekannten Schwachstellen angegangen und nach den neuesten Erkenntnissen optimiert. Dabei hilft meist der Anbieter, manchmal der Hersteller direkt. Für einzelne Produkte gibt es sogar spezialisierte Anbieter.

Ein weiteres Einsatzgebiet bilden heterogene IT-Landschaften älterer Systeme (5 – 8 Jahre), die weiterhin im Einsatz bleiben, aber ergänzt werden sollen. Hier bietet es sich häufig an, sie durch eine einheitliche Oberfläche für die Anwender leichter bedienbar zu machen. In diesem Fall fällt das SOA-Projekt unter Tuning.

8.4 Software-Evolution

Der Begriff „Software-Evolution" steht in diesem Zusammenhang für die Weiterentwicklung selbst programmierter Software.

Einige Unternehmen verfügen über hervorragende intern programmierte Lösungen. Diese bilden oft insbesondere Prozesse ab, die zu den Unternehmensgeheimnissen gehören, wie zum Beispiel die Rezeptur bei einem Lebensmittelhersteller. Niemand möchte eine solche Lösung auch nur mit einem Berater durchsprechen.[3]

Doch unterliegen auch gerade diese Programme den Nachteilen einer Eigenprogrammierung. Insbesondere gibt es häufig nur einen Programmierer, der sich auskennt. Fällt dieser aus, kann nichts mehr verändert werden. Oder sie passen nicht mehr in die IT-Landschaft, wenn andere Systeme bereits auf neuerer Technologie beruhen.

Ein Projekt, diese Software abzulösen, wird häufig deswegen nicht ins Auge gefasst, weil es unmöglich erscheint, es wirtschaftlich durchzuführen und gleichzeitig alle Funktionen zu erhalten.

Seit kurzem ist eine Technologie auf dem Markt, die diese Nachteile überwinden hilft: Ein Team interner Mitarbeiter beschäftigt sich mit dem Softwareentwicklungstool und setzt die alte Software darin selbst um. Die Unterstützung ermöglicht, dass dies wirtschaftlich abgeschlossen werden kann. Diese Softwareentwicklungs-Plattform neuester Technologie stellt gleichzeitig eine permanente Dokumentation aller Entwicklungsschritte sowie eine Versionisierung der Programmteile bereit.

Dadurch werden Risiken ehemaliger Programmiervorgehensweisen vermieden. Für spätere Eingriffe steht eine Dokumentation bereit. Ein Team kennt sich aus.

---

[3] Mit freundlicher Genehmigung von Manfred Schnellbügel, GVZL GmbH, Lauf.

Diese Technologie unterstützt außerdem dabei, sicher zu stellen, dass alle bisherigen, funktionalen Leistungskriterien im entstehenden System verfügbar sind. Grundlage hierfür ist wiederum eine Geschäftsprozess-Erhebung. Sie wird in diesem Fall von geschulten Mitarbeitern des Unternehmens selbst durchgeführt. Es bietet sich an, ein Softwarewerkzeug zur Geschäftsprozessaufnahme einzusetzen. Es ist darauf zu achten, dass ein aufwandfreier Übergang in das Programmumsetzungswerkzeug möglich ist. Hierfür gibt es nur wenige Angebote, wie zum Beispiel die Kombination aus AENEIS pro Verwaltung und Xpert.ivy.

Zu Beginn des Projekts wird entschieden, ob die Alt-Software 1:1 abgebildet werden soll, oder ob zuerst eine Prozessoptimierung erfolgen soll. Bei der 1:1-Abbildung gehen Sie folgendermaßen vor:

Während Leistungsbeschreibungen zur Auswahl von Standardsoftware meist eine funktionale Beschreibung der Anforderungen zum Schwerpunkt haben, liegt bei der Erstellung von Leistungsbeschreibungen für Individualsoftware das Hauptaugenmerk neben den prozessualen Arbeitsabläufen auf dem Daten-Modell und den Rollenkonzepten.

Basierend auf den beschriebenen Prozessen, Aufgaben und Arbeitsschritten lassen sich die einzelnen Masken und deren Datenfelder grafisch skizzieren. Dabei geht es nicht um das Masken-Layout oder die Software-Ergonomie, sondern um die vollständige Beschreibung benötigter DV-Masken-Inhalte.

Das Besondere dabei ist, dass jedes Datenfeld inklusive Datenfeldbezeichnung, das in eine Skizze für eine Maske eingesetzt werden soll, bereits in einem provisorischen Datenmodell angelegt wird. An dieser Stelle kann auch bereits die technische Beschreibung des einzelnen Datenfeldes unter Angabe

- des Datenfeld-Typs,
- benötigter Businessregeln und
- der Beschreibung der Funktionalitäten

erfolgen. Schnittstellen zu anderer Software werden ebenfalls konsequent in AENEIS pro Verwaltung erfasst, so dass genau nachvollziehbar ist, bei welchen Arbeitsschritten Daten aus einem anderen System benötigt oder in ein anderes System übergeben werden müssen.

Zuerst werden diejenigen Datenfelder erfasst, die für die EDV-Masken erforderlich sind. Eine Strukturierung in Datenklassen ist per Maus einfach möglich. Außerdem können ihnen technische Datenfeld-Typen (z.B. Zeichenkette, Datum usw.) oder grafische Elemente zugeordnet werden.

So entstehen zwangsläufig eine vollständige Beschreibung von DV-Masken und gleichzeitig eines Datenmodells, das Anbietern nicht nur ein

Mengengerüst für die Kalkulation zur Verfügung stellt, sondern auch zuverlässig Auskunft gibt über die Komplexität einer zu erstellenden Software. Zudem lässt sich die Anzahl der Überarbeitungs-Runden bis zur endgültigen Fertigstellung dieser Software deutlich reduzieren.

Dieses Vorgehen der Erfassung bringt dem Unternehmen eine Reihe von Vorteilen:

- Die Akzeptanz bei den Anwendern für die neue Lösung ist sehr hoch. Das liegt daran, dass die Anwender ohne überzogenen Aufwand bereits in der Analysephase integriert werden. Sie können aktiv mit entscheiden, welche Informationen an welcher Stelle eines Prozesses abgerufen, erfasst oder geprüft werden können.

- Ohne es zu merken, denken sich die Anwender bereits jetzt in die zukünftige Arbeit mit der Software ein. Die Folge: Das reduziert den Schulungsaufwand ganz erheblich.

- Gleichzeitig entsteht eine klare und eindeutige Beschreibung der in Zukunft eingesetzten Software.

- Die Programmierung erfolgt mit ganz wenigen Rückfragen an die Anwender. Das spart viel Zeit und Geld.

- In vielen Fällen können die umsetzenden Programmierer das Datenmodell per XML-Export direkt in ihre eigene Entwicklungsumgebung importieren. So werden weitere Kosten und Zeiten gespart.

- Auf Basis der strukturierten Beschreibung ist eine aussagefähige Projektvorkalkulation ebenso möglich wie eine Projektsteuerung.

Im Anschluss an die Erfassung werden die abzubildenden Funktionalitäten hinsichtlich ihrer Komplexität analysiert und entschieden, welche der folgenden Alternativen die wirtschaftlichste, sicherste und somit sinnvollste ist:

- Nachbildung des gesamten Alt-Systems in Xpert.Ivy,

- Nachbildung des Alt-Systems in Xpert.Ivy kombiniert mit Modulen einer neuen Anwendungssoftware und

- Ablösung des Alt-Systems durch eine neue Anwendungssoftware.

Eine Entscheidung darüber, welcher Weg beschritten werden soll, muss nicht zwingend vor Beginn des Projektes getroffen werden. Die zu erstellende Leistungsbeschreibung kann jederzeit entweder zur Ausschreibung von Standardsoftware oder zur Erstellung von Individualsoftware herangezogen werden.

Die in AENEIS pro Verwaltung aufgenommenen Informationen werden in das System Xpert.Ivy importiert. Dort entsteht die neue Software, die anschließend in der Testumgebung vervollständigt wird.

Nun wird das neue System ausgiebig parallel zum Betrieb des Alt-Systems getestet. Dabei fließen gefundene Änderungen und/oder Ergänzungen jeweils sofort ein. Bereits während der Entwicklung ist es möglich, einzelne Prozessschritte mit Testdaten aus dem Unternehmen zu checken.

Dabei kann – wie auch später im Betrieb – die Anwendung im Web-Browser auf einem Bildschirm mit dem Workflow abgeglichen werden. Das zeigt Abbildung 8-1.

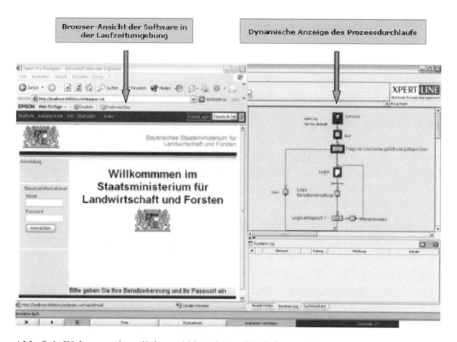

Abb. 8-1. Webanwendung links und hinterlegter Workflow rechts

Was auf der Webseite aktiv ist, wird farbig markiert, sobald rechts im Workflow der Prozessschritt angeklickt wird. Ebenso wird der Prozessschritt sichtbar, sobald in der Webseite eine Funktion angewählt wird.

Mit dem Maskenscribbler (Erstellungshilfe für Web-Masken, Abbildung 8-2) können direkt beim Erfassen der Prozesse die Inhalte von Webseiten festgelegt werden.

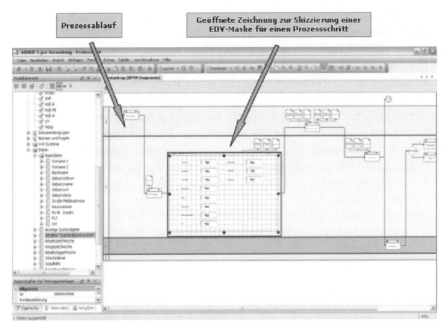

Abb. 8-2. Maskenscribbler

Das beschleunigt das Fertigstellen einer funktions- und anwendergerechten Oberfläche ganz erheblich. Das Ergebnis bleibt flexibel: Jeder Schritt kann auch während des Betriebs an neue Gegebenheiten sofort angepasst werden.

Sind die ersten Tests positiv verlaufen, werden die vorhandenen Alt-Daten vollständig in die Testumgebung des neuen Systems übernommen. Der höchste Wirkungsgrad lässt sich hierbei erzielen, wenn ein Datenbank-Spezialist den Vorgang unterstützt.

Erst wenn sämtliche Tests, auch im Umgang mit den Alt-Daten, erfolgreich verlaufen sind und die zukünftigen Anwender keine Änderungswünsche mehr haben, wird das neue System zum Arbeiten bereitgestellt.

Die Software hat nun einen Schritt in der Evolution genommen. Dieselbe Grundidee wurde – gegebenenfalls verbessert – in aktuelle Technologie übertragen und passt sich in die Bearbeitungswelt des Unternehmens nahtlos ein.

8.5 Software-Sanierung

Nach ca. 6 – 10 Jahren lohnt es sich, die Software durchzutesten und gegebenenfalls eine Sanierung einzuleiten. Damit können in der Regel für die verbleibende Laufzeit erhebliche Einsparungen vor allem in der Bedienung realisiert werden. Jahrzehntelange Erfahrung aus solchen Software-Sanierungsprojekten zeigt eindeutig: fehlende, mangelhafte oder unvollständige Pflichtenhefte sind auch nach Inbetriebnahmen noch die Ursache für Kostenüberschreitungen, Rechtsstreitigkeiten und EDV-Ruinen.[4]

Das führt nicht selten dazu, dass eine Sanierung bereits verhältnismäßig kurz nach der Einführung erforderlich ist - in einem Beispiel 2 Monate nach Produktivschaltung, häufig 9 – 16 Monate danach.

Der Misserfolg eines Projektes in der Informationstechnologie hat weit reichende unternehmerische Konsequenzen: Er verursacht finanziellen Schaden und Vertrauensverlust bei kaufenden Unternehmen wie beim Softwareanbieter. Auch in der Bewertung von Geldgebern kann er negativ zu Buche schlagen.

Nicht immer werden einvernehmliche Lösungen gefunden; gerade in wirtschaftlich schwierigeren Zeiten steigt die Konfliktbereitschaft. Doch erhöhen Streit- und Prozesskosten die Verluste zusätzlich, ohne zur raschen Lösung beizutragen.

In der Praxis lassen sich folgende Gründe für ein Scheitern immer wieder feststellen:

- Zugesicherte Eigenschaften sind nicht klar definiert.
- Das Pflichtenheft ist mangelhaft oder fehlt.
- Verantwortung für verschiedenste Aufgaben sind nicht klar definiert.
- Realisierungszeiten werden überschritten oder unrealistisch geplant.
- Änderungen werden unkontrolliert beauftragt.
- Der Vertrieb arbeitet mit übertriebenen Zusagen.
- Die Kalkulation des Lieferanten war fehlerhaft.
- Es gibt unklare Abnahmemodalitäten von beiden Seiten.
- Neue Rahmenbedingungen des Kunden ergeben sich.
- Personelle Engpässe des Kunden entstehen.
- Systeme werden mit Gewalt an Prozesse angepasst.

---

[4] Mit freundlicher Genehmigung des Mitautors Herrn Kolbenschlag.

Letztendlich lassen sich die Gründe in drei Kriterien zusammenfassen, siehe Abbildung 8-3.

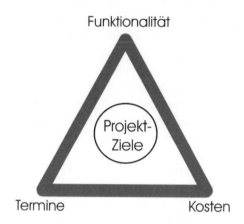

Abb. 8-3. Das Dreieck des Scheiterns

Die „Position" der Betroffenen unterscheidet sich erheblich. Für das einführende Unternehmen ist die Realisierung von IT-Projekten ein einmaliges, seltenes Ereignis, das neben dem Hauptgeschäft abgewickelt wird. Für den Softwareanbieter stellen die Projekte gerade das Hauptgeschäft dar.

Einige Softwareanbieter neigen dazu, vorzuschlagen, auf Formalitäten zu verzichten, um vermeintlich Zeit und Kosten zu sparen. Die Aufmerksamkeit des Anbieters fällt bezüglich der Projektumsetzung relativ schnell ab, während sie beim einführenden Unternehmen mit Fortschreiten des Projekts ständig ansteigt.

Lassen Sie sich nicht in diese Aufmerksamkeits-Schere einbinden! Im Unternehmen sollte es mindestens einen geben, der von Anfang an sehr hohe Aufmerksamkeit auf das Projekt lenkt. – Den internen Projektleiter.

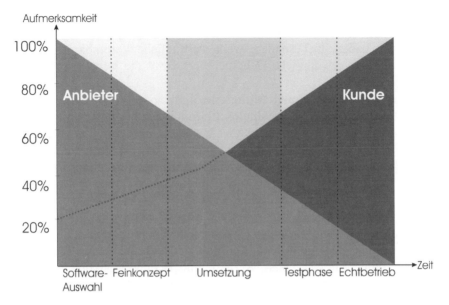

Abb. 8-4. Verteilung der Aufmerksamkeit über die Zeit

Dieses Sinken der Aufmerksamkeit beim Anbieter wirkt sich bei den einführenden Unternehmen mitunter verheerend aus.

Ein Praxisfall als Beispiel:
Ein Unternehmer saß bei der Auftragsvergabe zur Sanierung zitternd da und rief aus: „Es kann nicht sein, dass ein 100jähriges Unternehmen durch ein renommiertes Softwarehaus in den Konkurs getrieben wird, nur weil es seit einem dreiviertel Jahr die Fertigungssteuerung nicht zum Laufen bringt. Nur ein Mitarbeiter des Unternehmens ist in der Lage, die Fertigung per EXCEL zu steuern. Fällt dieser aus, ist die Katastrophe vorprogrammiert – und eine Krankheit oder ein Unfall kommen schnell." Innerhalb von sechs Wochen konnte ein hochspezialisierter, externer Fachberater das Problem zur vollsten Zufriedenheit aller Seiten lösen.

Das einführende Unternehmen wird häufig zunehmend unter Druck gesetzt. Und der Druck kommt aus einer Vielzahl von Richtungen:

- Kostendruck
- Druck vom IT-Anbieter
- Druck durch Fehlen von Ressourcen
- Druck durch fehlerhaftes oder fehlendes Projektmanagement

Gerade bei der Beurteilung des Projektstatus ist es für externe Sachverständige wesentlich, von welchen rechtlichen Ausgangssachverhalten sie auszugehen haben. Insbesondere wenn vertragliche Vereinbarungen fehlen, müssen der gewöhnliche Gebrauch und damit die Verkehrsüblichkeit bestimmt werden.

Außerdem ist ein neutraler Dritter erheblich besser in der Lage, die Betroffenen ihre Zeit anstatt mit sinnlosen Streitereien auf unterschiedlichem Niveau in konstruktive Gespräche über Lösungen zu investieren lassen.

IT Projekte werden professionell anhand der Arbeitsergebnisse oder der Projektdokumente bewertet. Relevant sind vorvertragliche und vertragliche Dokumente im frühen und späten Projektstadium, wie zum Beispiel Lastenhefte, Pflichtenhefte, Verträge, Fachkonzepte und allgemeine Zusicherungen.

Außerdem werden Dokumente, die im späteren Projektverlauf von ausschlaggebender Bedeutung sind, beurteilt und gegebenenfalls verbessert. Darunter fallen Entwicklungs-, System- und Benutzer-Dokumentationen, Schulungsunterlagen sowie Abnahmedokumentationen.

Mit Hilfe des speziellen Sanierungstools der ePAVOS Werkzeugfamilie kann in einem detaillierten Lastenheft bei Sanierungsbeginn festgelegt werden, was im Projekt erreicht werden soll. Dies schafft im weiteren Verlauf eine solide und klare Arbeitsgrundlage.

Unter Beachtung der im Lastenheft definierten Ziele des einführenden Unternehmens wird ein Fachkonzept erstellt. Dieses ist realisierbar und rechnet sich betriebswirtschaftlich. Die im frühen Projektstadium erstellten Projektpläne, Testspezifikationen oder Änderungsanforderungen werden kritisch gewürdigt und aktualisiert.

Ein wesentlicher Aspekt stellt die Beherrschung der Risiken dar, die für den Software-Einführenden und den Softwareanbieter bestehen.

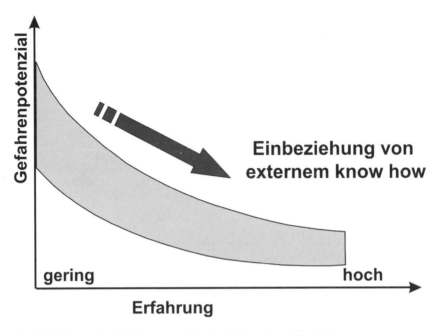

Abb. 8-5. Senkung des Gefahrenpotentials durch Know-how-Einarbeitung

Jede Schwachstelle wird einzeln im Detail im Tool erfasst zusammen mit Informationen dazu wie zum Beispiel: Fehlerarten, Lösungsalternativen mit verabschiedeten Maßnahmen, Festlegung der Priorität, Benennung des Verantwortlichen, Abstimmung des Fertigstellungstermins sowie einer Kosten- und Ratio-Schätzung.

Bei der Sanierungsplanung und -steuerung sind alle relevanten Themen mit einzubeziehen, also:

- Projektmanagement
- Expertise
- Risiko-Analyse
- Qualitätsmanagement

Sanierungsmöglichkeiten und Handlungsalternativen (z.B. Schiedsvereinbarungen über strittige Vertragspunkte) müssen erarbeitet werden. Vor- und Nachteile sind für beide Vertragsseiten abzuwägen. Ziel ist es immer, eine für beide Seiten tragbare Lösung zu präsentieren.

Kommt es zu einem Überarbeitungsprojekt übernimmt der externe Projektleiter sogar die Verantwortung für die Umsetzung. Parallel läuft ständig eine Wirtschaftlichkeitsbetrachtung mit. Eine einfache Planung mit Zeitübersicht und Fortschrittsanzeige, wie in Abbildung 8-6, leistet einen erheblichen Beitrag dazu, das Projekt auf dem Weg zu halten.

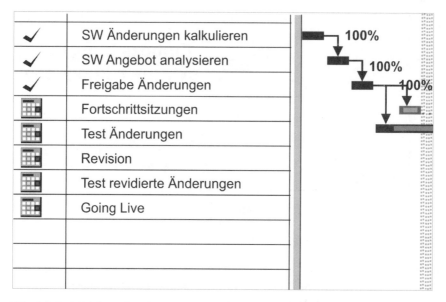

Abb. 8-6. Projektleitung für die vereinbarten Maßnahmen

Damit erreicht das Unternehmen in vielen Fällen schließlich den Zustand, der beabsichtigt war. Eine erfolgreiche Sanierung gefährdeter Vorhaben kann durch Austausch von Projektleitern oder Einsatz von externen Spezialisten erfolgen.

Der Software-Anbieter darf diesbezüglich die eigene Projektverantwortung nie aus den Augen verlieren und soll ferner beachten, dass das Kunden-Unternehmen üblicherweise nicht über eigene, ausgeprägte EDV-Kenntnisse verfügt. Er muss darüber hinaus bedenken, dass den ihm zuliefernden Software-Hersteller möglicherweise Mitwirkungspflichten treffen.

Gemeinsam werden die Beteiligten – Software anwendendes Unternehmen, Software-Anbieter, externer, neutraler Fachberater und Software-Hersteller – eine für alle vertretbare, gute Lösung erarbeiten. Gelingt das, kann das Unternehmen die bestehende Software länger effektiv einsetzen.

Ist dies nicht möglich, bleibt nur die Auswahl einer neuen Software. Damit schließt sich der Kreis zu Kapitel 3 dieses Buches.

9 Trends im IT-Einsatz

Entscheider haben nun wahrscheinlich schon wesentlich dazu beigetragen, den Erfolg des Unternehmens nachhaltig zu sichern. Jetzt können sie sich voll den kommenden Aufgaben widmen: Risiken abschätzen, Zukunftsmärkte finden und Forschungs- und Entwicklungsvorhaben planen.

Die neue Software ist über längere Zeit in Betrieb. Doch steht die Softwareentwicklung niemals still. Softwareverantwortliche, aber auch Entscheider und in eingeschränktem Maß Anwender sollten nicht versäumen, sich über Entwicklungen auf dem Laufenden zu halten. Sonst werden gute Möglichkeiten zu Einsparungen verpasst. Hierfür ist ein Informationsdienst eine gute Unterstützung.[1] Im Folgenden wird auf langfristige Trends hingewiesen:

9.1 Trends der IT-Treiber

Seit den ersten Computern in den 40er Jahren des letzten Jahrhunderts erlebt die Softwareentwicklung immer wieder radikale Veränderungen. Das schlägt sich jeweils in den Angeboten der Softwaresystemhersteller nieder.

Die Entwicklung begann in den 70er Jahren des vergangenen Jahrhunderts mit der Datenverarbeitung. Problembereich war die Speicherung und Verarbeitung großer Datenmengen. Großrechner bewältigten die Flut an kleinsten Informationseinheiten.

In den 80er Jahren folgte dann die Informationstechnologie. Hier ging es um Anwendungen für Mitarbeiter, die eigenständig Informationen verwalten. Diese wurden besonders häufig auf mittlerer Datentechnik wie der AS400 umgesetzt.

Es folgte die Informations- und Kommunikationstechnologie. Damit arbeiten heute die meisten Anwender noch. Kernthema ist hier die Integration der Daten in funktionsorientierten Anwendungen.

---

[1] Zum Beispiel unter www.richtige-software.de.

Nachdem Individuallösungen sowohl in der Erstellung aber vor allem auch im Unterhalt unbezahlbar wurden, war der Hype um Standardsoftware in den 90er Jahren besonders groß. Egal ob branchenspezifisch in der Tiefe oder horizontal über eine Aufgabenstellung – viele Softwarehersteller wollten ihren Marktanteil durch möglichst viele Standardfunktionen sichern. Parallel setzte sich Windows und die Netzwerktechnik durch, wofür keine so großen Recheneinheiten wie vorher notwendig sind.

Doch bei diesem Rennen um die am meisten integrierte und umfassende Lösung passierten zwei Dinge:

- Erstens: Während sich Produktmanager mit neuen Funktionen übertrafen, blieb die technologische Basis der Softwareprodukte starr. Ihre Technologie entsprach nicht mehr dem Stand der Technik.
- Zweitens: Im Softwarevertrieb ist es wie in der Politik. Charme und Verständlichkeit sind oftmals wichtiger als schwer verdauliche Fachkompetenz.

Ergebnis dieser Entwicklung ist heute ein stark IT-getriebenes Bild, wie bereits in Abb. 1-1 aufgezeigt. Jede erkannte Best-Practice führt zu einer Funktionserweiterung und diese wird von allen anderen dann schnellstmöglich ebenfalls angeboten. Für jede Unternehmensdisziplin existiert deswegen eine große Zahl an nahezu vergleichbaren Standardprodukten. Diese Systeme verfügen über eine enorme Anzahl an Funktionen, ein technologisch veraltetes Fundament und geringe Anwenderfreundlichkeit. Das bedeutet konkret für die Unternehmen, die mit dieser Software arbeiten:

- Wettbewerbsvorteile durch optimierte Prozesse lassen sich nur schwer und vor allem langsam realisieren.
- Trotz der Systemvielfalt passt leider kein System zu 100 Prozent, weshalb zeit- und kostenaufwändige Anpassungen nicht zu vermeiden sind.
- Ein Systemanwender hat ohne ausführliche Schulung keine Möglichkeit, die für ihn wichtigen Funktionen einfach zu bedienen.
- Die Integration von Systemen und Daten wird durch ausgediente IT-Fundamente zunehmend kompliziert und dadurch teuer.

Den nächsten Schritt brachte etwa seit dem Jahr 2000 das zunehmende Einbeziehen des Internet. Electronic Business ermöglichte standortunabhängigen Systemzugriff – auch auf bestehende Standardsoftware.

Die Richtung der künftigen Softwareentwicklung ergibt sich derzeit insbesondere aus dem Erkennen von Fehlentwicklungen in der Vergangenheit. Jahrelang haben Softwarehersteller ihre Anwendungen mit hunderten von Funktionen erweitert - und dabei die Benutzer, und manchmal auch sich selber überfordert. Laut einer Studie von Accenture investierten über 80% der Unternehmen in den letzten 5 Jahren vor allem in die vorhandene IT-Landschaft.[2] Updates, Upgrades, Fehlerbehebung und Anpassungen an neue Gegebenheiten erforderten hohe Beträge, die hierfür auch eingesetzt wurden. Dieser Trend erfährt Anfang 2007 eine entscheidende Richtungsänderung.

Aktuell geht die Entwicklung hin zur Prozess-Technologie. Die Optimierung relevanter Prozesse in Unternehmen beziehungsweise über die Supply Chain hinweg wird hiermit in Angriff genommen.

Erste Anbieter setzten bereits auf die neue Stufe der Technologie-Treiber[3]:

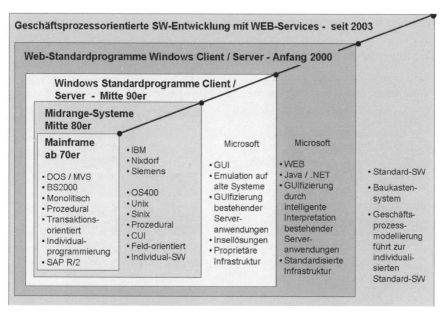

Abb. 9-1. Entwicklung der Software-System-Treiber von den 70er Jahren bis heute

Geschäftsprozessoptimierung etabliert sich seit wenigen Jahren als neuer Treiber für betriebliche Softwareanwendungen. Das bedeutet für die Softwarebranche ein radikales Umdenken!

Der Mehrwert einer Softwarelösung ergibt sich nicht aus deren „Funktionsanzahl". Der Anwender möchte die richtige Funktion zur richtigen Zeit

---

[2] Brainconn (2007) S 16.
[3] Kolbenschlag W (2006).

am richtigen Ort vorfinden. Deshalb sind neue Konzepte gefordert, die den individuellen Ansprüchen der einsetzenden Unternehmen gerecht werden. Best-Practice hat klar ausgedient – Individualität ist wieder gefragt. Weder Sie als Anwender einer Lösung noch die Hersteller können es sich leisten, die Kopie des Wettbewerbs zu sein. Wer nicht ein einzigartiges Profil zeigt, fällt aus dem Rennen.

Individualität ist ein Erfolgsfaktor der Zukunft – besser sein als die Mitbewerber. Doch dieser Erfolg stellt sich erst dann ein, wenn sich Softwarelösungen nach dem Anwender richten und nicht umgekehrt.

Das spiegelt sich wider in dem Paradigmenwechsel der Softwareplattform. Bis heute wird mit drei Ebenen gearbeitet: Der Oberfläche (Visualisierung), den Programmen. In der Zukunft wird zwischen die Visualisierung und die Programme noch eine Schicht eingefügt: Die Prozessebene in Form eines Workflow-Systems. Diese schafft eine Flexibilität für das Unternehmen, die heute nicht vorhanden ist.

Die folgende Abbildung[4] zeigt den entscheidenden Schritt:

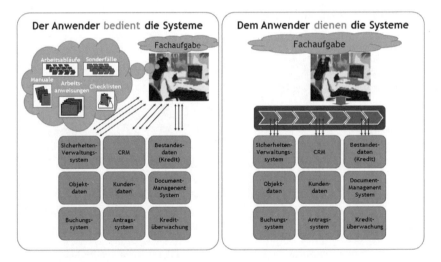

Abb. 9-2. Paradigmenwechsel in der Ausprägung von IT-Systemen

Die funktionalen Visionen der Softwareentwickler spielen dann nur eine untergeordnete Rolle. Viel wichtiger ist, dass der Anwender diejenigen Funktionen bekommt, die er braucht und dies genau zum richtigen Zeitpunkt. Der Erfolg einer Lösung wird sich also künftig daran festmachen,

---

[4] Schnellbügel M (2007).

ob sie sich an das Unternehmen und seine Marktprozesse sowie an den einzelnen Anwender und seine Fachaufgabe anpassen kann.

Die derzeit verfügbare Standardanwendungssoftware kann der Veränderungsherausforderung nicht gerecht werden. Die Anwender müssen in die Lage versetzt werden, ihre organisierten Prozesse rasch abzubilden und an Veränderungen anzupassen.

Die Systemanbieter arbeiten mit Hochdruck an der Umsetzung dieses Trends. Ein paar Beispiele zeigen das Engagement:

Microsoft stellt mit seinem „BizTalk-Server" ein Paket bereit, um mit Visio dokumentierte Prozesse über XML-Schnittstellen systemübergreifend zu vernetzen.

SAP fokussiert sich unter dem Marketing-Begriff „Netweaver" derzeit vehement auf die prozessorientierte Zusammenführung ihrer bestehenden Module unter Einsatz von Aris zur Prozessgestaltung und einer neuen Exchange Infrastructure (XI) zum systemübergreifenden Datenaustausch.

Die **Software AG** bietet als Spezialist im Bereich XMLTechnologien mit ihrem „crossvision" Paket inzwischen ein vollständiges, ausgereiftes und plattformunabhängiges Produkt zum Business Process Management an.

Gleichzeitig entwickelt sich die Programmierung weiter. Bevor begonnen wird, ist zuerst eine Architektur aufzustellen. Diese ruht auf drei Säulen:[5]

- Dem Projekt-Design – hier wird ein Modell der Projektumgebung geschaffen, in der die Entwicklung abläuft einschließlich Projektplanung, Versionskontrolle etc.

- Dem Business-Design – der Modellierung der Geschäftsprozesse für die das System entwickelt wird. Hierzu setzen die Architekten die UML (Unified Modelling Language)[6] ein. Dieser umfassendere Standard enthält BPMN und erfordert weitere Ansichten wie die Rollendefinition, die Schnittstellensicht und andere.

- Dem System-Design – Einer zur vorhandenen Technologie konvergenten Übersicht über die Geschäftsmodelle.

Je stärker sich Geschäftsabbildung für das Arbeitshandbuch und für die Programmierung annähern, desto besser verstehen die Programmierer, was die Anwender benötigen. Und je besser sie das verstehen, desto näher kommt das, was die Software tut, dem, was die Anwender sich wünschen.

---

[5] Hubert (2002) S 56.
[6] Eine gute Darstellung finden Sie bei OOSE (2007).

Doch bleibt ein Punkt, der einen oft erstaunt. Von all den technischen und technologischen Möglichkeiten, die bislang entwickelt wurden, wird immer noch nur ein Bruchteil eingesetzt. Hier ist ein offener Punkt, der in der Zukunft stärker als bisher zu beachten ist: Das, was sich die Anwender wünschen, beruht auf dem, was sie wissen. Ihr Wissen haben sie in der Vergangenheit erworben. Wenn es gelingt, die aktuell und in absehbarer Zukunft verfügbare Technologie in die Prozesse hinein zu arbeiten, können auch bei bearbeiteten Prozessen noch deutliche Verbesserungen erzielt werden. Dafür sind die Anforderungen richtig zu formulieren.

9.2 Zukunft der Anforderungen

Die Entwicklung auf den Märkten und die Entwicklung in den Organisationen lassen heute beinahe keine Alternative mehr zu, als in Prozessen zu denken und sich entsprechend zu strukturieren.

Gemeint sind hier vor allem die Gestaltung und die Organisation von Prozessen. Dies reicht aber noch nicht ganz. Damit die Potenziale gehoben werden, braucht es vor allem kompetentes Prozessmanagement.

Wirksam sind nur richtig und gut geführte Prozesse. Voraussetzung dafür ist, dass sich Prozessmanagement an Resultaten ausrichtet.

Die meisten Menschen überlassen ihre Arbeitsmethodik dem Zufallsprinzip. Man muss ein wenig herumprobieren, um das eigene Arbeiten wirksam zu machen. Wirklich gutes Prozessmanagement beginnt mit der Frage nach der richtigen Arbeitsmethodik. Es gibt eine unendliche Anzahl von Werkzeugen, mit denen Prozesse neu gestaltet werden können. Hier gilt es, sich für die richtigen zu entscheiden.

Seit Ende der achtziger Jahre diskutieren Wirtschaftswelt und Non-Profit-Organisationen über Prozessmanagement. Die verschiedenen Vehikel dieser Diskussion waren BPR (Business Process Reengineering), KVP (Kontinuierlicher Verbesserungsprozess), Lean Management, TQM (Total Quality Management), JIT (Just in time), SCM (Supply Chain Management), Sourcing (In- bzw. Outsourcing), zahlreiche «Ableger» der e-Debatte bis hin zu CRM (Customer Relationship Management).

Eine so prominente Liste von Themen und Ansätzen ist beeindruckend, macht aber zugleich skeptisch:

- Verändert sich die Welt wirklich alle paar Jahre so grundlegend, dass permanent neue Ansätze und Denkweisen notwendig sind?

- Haben diese Themen auch wirklich Substanz und Neues im Sinn von echtem Fortschritt gebracht?

Braiconn hat in einer Studie[7] folgende Tendenzen in Unternehmen herausgearbeitet:

- Das kundenorientierte Unternehmen rückt wieder mehr in den Vordergrund. Das erfordert Individualität.
- Dem Wettbewerb wird mit kundenzentrierten Prozessen Paroli geboten. Unverwechselbare Positionierung und servicebezogene Differenzierung sind wesentliche Bausteine zum Unternehmenserfolg. Umgesetzt wird das durch alles, was ein Kontakterlebnis aus Sicht des Kunden bemerkenswert werden lässt.
- Eine Rückbesinnung auf das Wesentliche erfolgt: Einfacher, schneller und integrierter. Alle neuen Technologien werden eingesetzt, um das umzusetzen.
- Der Kunde wird aktiviert und zum Prozessbeteiligten gemacht. Er übernimmt bestimmte Funktionen – das beginnt zum Beispiel mit dem Erfassen seiner Adresse im Internet.
- IT als Engpass: Die notwendigen Veränderungen scheitern an fehlender Unterstützung. Die vorhandene IT-Landschaft bietet sie nicht und in der langfristigen Planung der IT-Architektur sind sie nicht vorgesehen. Deswegen befassen sich Unternehmen mit prozessunterstützenden flexiblen Lösungen, die die vorhandene IT-Landschaft einbinden und gleichzeitig die notwendigen Erweiterungen bieten.

9.3 Zukunft der Anwendungssysteme

Noch vor wenigen Jahren waren jedoch die IT-Systeme noch nicht bereit, diese seit langem bekannten Erkenntnisse auch umzusetzen. Dies ist heute anders! Moderne prozessorientierte Anwendungen lassen sich rasch und einfach den sich ändernden Abläufen (Prozessen) anpassen und führen den Anwender schrittweise durch seine Fachaufgabe. Serviceorientierte Architekturen (SOA) bilden dabei die Grundlage oder den Baukasten. Die Releasefähigkeit dieser Objekte ist durch modernste Technik sichergestellt.

Sie setzen diese Bausteine innerhalb ihrer Prozesse einfach in die richtige Reihenfolge und das war es schon.

Mit der SOA-Technologie wird nicht das Ziel verfolgt, das Kerngeschäft der klassischen Standard-Software wie die ERP-Systeme zu verändern, oder gar zu ersetzen. Diese werden als stabile funktionale Basis ein-

---

[7] Braiconn (2007) S 13 – 16.

gesetzt. So ist es möglich, die gesamte bestehende IT-Infrastruktur zu flexibilisieren, ohne dabei getätigte Investitionen über Bord zu werfen.

Als fester Bestandteil der ERP-Lösung legt die prozessoptimierte Vorgehensweise ein Netz aus individuellen Abläufen über die betriebswirtschaftliche Anwendung der Standard-Software. Nun gilt es die individuellen Bedürfnisse so zu integrieren, dass die Nachteile der Standardsoftware abgefangen werden.

Moderne BPM Lösungen sind heute in der Lage, den grafischen Prozessfahrplan auf Knopfdruck in eine Web-Anwendung zu verwandeln, mit der die Anwender nun täglich arbeiten. Die eigentlichen Softwaresysteme bleiben ihm künftig verborgen. Anstatt, dass der Anwender die Systeme bedient, dienen diese plötzlich dem Benutzer!

Damit die neue prozessoptimierte Anwendung für jeden Arbeitsgang die richtigen Funktionen und Informationen zur richtigen Zeit bereitstellen kann, enthalten die einzelnen Prozessschritte mittels so genannter Wizards ihre spezifischen Informationen. Die Funktions- und Anwendungsobjekte von heute vorhandenen Lösungen werden in der jeweils benötigten Reihenfolge zusammengesteckt. Die Funktionsvielfalt der ERP-Anwendung verschmilzt nahtlos mit der Ablaufsteuerung der Geschäftsprozesse. Alles ganz nach dem Motto: Die Zukunft ist einfach!

Beispiel: Müssen gemäß der Prozessdefinition bei der Auftragserfassung Bonitätsdaten überprüft werden, so weist das System darauf hin und zeigt auch gleich die aktuell vorhandenen Informationen.

Üblicherweise sind aktuelle Softwarelösungen in einem 3-Schicht-Modell aufgebaut.

1. Visualisierung (GUI) – die Oberfläche des Nutzers,

2. Funktionsebene – die Bereitstellung von Ein- und Ausgaben, sowie

3. Datenbankebene – die Verfügbarhaltung der Daten.

Neu wird zwischen den Funktionen und der Bildschirmdarstellung eine weitere Ebene eingeschoben.

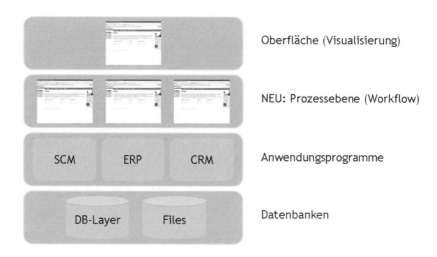

Abb. 9-3. 4 Ebenen als Aufbau des Anwendungssystems

Diese vierte Ebene – die Prozessebene – erlaubt es, rasch Anpassungen an Abläufen vorzunehmen, ohne die unterliegende Software verändern zu müssen. Modernste BPM Plattformen erstellen dabei auch das GUI (Grafisches Benutzerinterface), da dieses prozessspezifisch ist.

Künftig hält der Anwender seine Prozesse nur noch grafisch fest. Daraus konfiguriert sich ‚seine' Lösung automatisch und wird endlich zu dem Hilfsmittel, das sich das Unternehmen eigentlich wünscht. Voraussetzung hierfür ist, eine geeignete Business Process Management Plattform wie beispielsweise Xpert.ivy[8] oder andere einzusetzen.

---

[8] Eine Zusammenstellung finden Sie unter www.richtige-software.de.

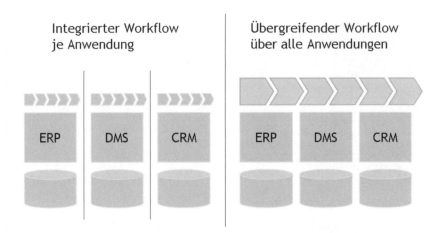

Abb. 9-4. Anwendungsübergreifender Workflow bringt die Vorteile

Durch den Einsatz dieser Business Process Management Plattform gelingt es zum Beispiel den Stadtwerken München, ihre Kunden in hervorragender Qualität und effizient zu betreuen. Dies wird durch folgende Vergleichszahlen untermauert (Quelle: Stadtwerke München):

- Kostenreduktion: 40%
- Produktivitätssteigerung im Service: 23%
- Qualitätsverbesserung im Kundenmanagement: 15%
- Reduktion der Kundenbeschwerden: 10%

Die hier vorgestellte Lösung repräsentiert einen modernen BPM- Ansatz mit einer Serviceoriented Architecture (SOA) und verbindet bestehende ERP-Systeme im Sinne einer echten Lösungsintegration.

Das Ergebnis besticht durch die Modularität, Flexibilität und die niedrigen Kosten. Sie ist gleichermaßen für umfangreichen Einsatz wie für den Betrieb kleinerer Service-Center geeignet. Für den Energieversorger Stadtwerke München ist dieser Ansatz unter anderem auch prädestiniert für die Trennung von Netz und Vertrieb.

9.4 Ausblick

Die Geschäftsprozesse Ihres Unternehmens sind in Zukunft wichtiger als die Software selbst. Werden Sie Eigentümer Ihrer Geschäftsprozesse. Nur dann haben Sie eine Chance, zukunftsweisende Technologie im Unternehmen einzuführen und damit die notwendige Flexibilität zu erreichen.

Diese Eigentümerschaft ist ein wesentlicher Baustein für Sie, mit der Sie

- ein wirksames Pflichtenheft als Grundlage erstellen,
- einen Compliance-Ansatz für Ihre Geschäftsführung finden, der mit wenig Aufwand die Anforderungen hieraus abdeckt und
- eine nachhaltige Erfolgskontrolle für den Softwareeinsatz durchführen können.

Nur mit einer flexiblen Organisation (Prozess- und Informationsflexibilität) kann Ihr Unternehmen auf dynamische Marktveränderungen angemessen reagieren.

Damit wird bestätigt:

> Eine Softwareauswahl und –einführung führt beim Unternehmen zum Erfolg,
> wenn die Geschäftsprozesse die Software bestimmen!

Literatur

ARAG-Garmenbeck-Entscheidung des BGH, Urteil vom 21. April 1997, Az: II ZR 175/95

Bayer M (2007) ERP II – die nächste Generation klopft an Computerwoche 12.05.

Berlak J (2003) Methodik zur strukturierten Auswahl von Auftragsabwicklungssystemen, Utz, München. Zugleich Dissertation am Lehrstuhl für Montagesystemtechnik und Betriebswissenschaften der Technischen Universität München, Prof. Zäh

BITKOM (2007) www.aspomat.de

Bloech J, Ihde GB (Hrsg) (1997) Vahlens Großes Logistik Lexikon. Vahlen, München S 71 „Beschaffungslogistik": Logistik-Kette (Quelle: Siemens)

Braiconn Deutschland – Competence Network (2007) Kundengeschäftsprozesse auf dem Prüfstand: Die neue Ära der Kundenorientierung. Als *.pdf auf www.braiconn.de

Buschermöhle R, Eekhoff H, Bernhard J (2006) SUCCESS – Erfolgs- und Misserfolgsfaktoren bei der Durchführung von Hard- und Softwareentwicklungsprojekten in Deutschland. Report VSEK/55/D Version 1.1 vom 28.09.2006

Dattling, W. (2002): EAI oder die Sehnsucht nach einer heilen Welt, in: Netzguide "Enterprise Application Integration", Oktober 2002, S. 7.

DAVIT (2007) Arbeitsgemeinschaft Informationstechnologie im Deutschen Anwaltverein www.davit.de

DGRI (2007) Deutsche Gesellschaft für Recht und Informatik e.V. www.dgri.de

Drucker P F (1995): Die ideale Führungskraft – Die hohe Schule des Managers, ECON: Düsseldorf; Neuausgabe des Originals „The effective executive" Harper & Row, New York 1966

Farell D (2004) Die wahre New Economy. Harvard Business Manager 1: 81 – 90

Gemini Consulting (Hrsg.) (1996) Business Leader's Experience with SAP Implementation. Gemini Consulting (Eigenverlag), Hamburg

Gronau N (2001) Industrielle Standardsoftware – Auswahl und Einführung. Oldenbourg, München/Wien

Hammer M (1996) Beyond Reengineering – How the Process-centered Organization is Changing our Work and our Lives. Harper Business, New York

Hammer M, Champy J (1994) Business Reengineering. Die Radikalkur für das Unternehmen. Campus, Frankfurt Main

Hau M (2002) Computergestützte Auswahl komponentenbasierter betrieblicher Anwendungssysteme unter besonderer Berücksichtigung der Selektion durch steuerliche Berater. dissertation.de - Verlag im Internet GmbH, Sonderausgabe des Werkes mit der ISBN: 3-89825-367-8. Die Studie wurde für die DATEV e.V. durchgeführt.

Hubert R (2002) Convergent Architecture – Building Model-Driven J2EE Systems with UML John Wiley & Sons, New York

Joergensen, J (2006) BPM und SOA: Zusammen unschlagbar. http://www.bea.com/news-letters/it2it/06aug/de/bpmsoa.jsp

Koenig D (2001) Der persönliche Organisationsberater. Magazin März/April 2001.

Kolb H-J (2006) Interview für Die Organisation verändern! am 26.04.2006 in Uttenreuth

Kolbenschlag W (2006) Unternehmensbroschüre der UBK, www.ubkit.de

Kolbenschlag W, Seefried W, Teich I (2007) Das richtige Software-Auswahlverfahren gibt es nicht. Midrange Magazin 02 S 18 – 19 (ausführlich online)

Landgericht München v. 21.07.1994 CR 1995,33

Lixenfeld C (2003) Nur was passt, wird gemacht in: CIO 4 S 30 – 34

Madauss B (2000) Handbuch Projektmanagement Schäffer-Poeschel, Stuttgart

Malik F (2006) Prozessmanagement II. in: m.o.m.®-Letter 07

McAfee A (2003) When Too Much IT Knowledge Is a Dangerous Thing. MIT Sloan Management Review Winter Vol 44 No 2 REPRINT NUBER 44211

Moore G A (1999) Inside the Tornado. Harper, New York

Müller A (2002) Geschäftsprozesse definieren die IT-Strukturen und nicht umgekehrt. Computerwoche, München. Vortrag am 27. November 2002 bei „Strategien für die Zukunft" – 4. IT meets Business Kongress.

OMG (2007) www.omg.org

OOSE (2007) www.oose.de

oV (2002) Software-Lizenzen treiben die IT-Kosten in die Höhe – Große Unternehmen setzen wieder verstärkt auf Eigenentwicklungen. Computer Zeitung Nr. 40 30.09.: 4

oV (2003) Am Rande des Abgrunds. CIO 5: 28 – 31

Ross JW, Weill P (2003) Die sechs wichtigsten IT-Entscheidungen. Harvard Business Manager 09: 76 – 85

Schmidt D (2006) Schnellere Programme, niedrigere Kosten in: InformationWeek 09. www.informationweek.de/services/showArticle.jhtml?articleID=193002967&pgno=1

Schmitt-Planert A, Teich I (2007) Assessment für Logistik-Unternehmen – Nutzen und Investitionen in: Pradel U-H, Süßenguth W (Hrsg.) Praxishandbuch Logistik Deutscher Wirtschaftsdienst, Köln Kapitel 14.2.4

Schneider J (2002) Handbuch des EDV-Rechts. Schmidt, Köln

Schnellbügel M (2007) www.gzvl.de

Stöger R (2006) Prozessmanagement II Gestaltung, Organisation, Prozessführung. in: m.o.m.®-Letter 07 s 103 – 119

Teich I (2007) www.richtige-software.de

Teich I, Kolb H-J, Kolb A (2007) Die Organisation verändern! Aktiv zum projektfraktalen Unternehmen. WIGA, München

Teich I, Kolbenschlag W, Reiners W (2004) Die richtige Software für Ihr Unternehmen – Sicherheit durch Geschäftsprozesse. MiTP, Bonn

Witte C (2007) „Software als Produkt ist extrem unreif" Interview mit Andreas Resch, CIO Bayer AG Computerwoche 19.07.

WPg (1998) S. 1066 ff Heft-Nr. 23-24/1998 vom 25.06.1999

WPg (2002) S. 1167 ff Heft-Nr. 21/2002 vom 24.09.2002

Stichwortverzeichnis

A

AENEIS 76, 213, 215
Anbietern
  ausgewählte 95
Änderungswunsch 175
Anforderungen
  rechtliche 4
Angaben
  wahre 143
Angebote
  Anzahl 97
Antwortmöglichkeiten 126
Anwendung 3
Anwendungsfachberater 100
ASP 185
Ausschreibung 120
Auswahlkriterien 143
Auswahlverfahren 57, 103

B

Beispielprozess 63
Bewertung
  Verfahren 162
Big Bang 193
Blended Assessment 206
Branchenexperten 72
Branchenfachberater 101

C

Change Request 175
Compliance 12, 233
Corporate Governance 12

D

Daten
  Aktualität 98
  unstrukturierte 11
Datenübernahme 203
Dienstvertrag 168
Dokumentenhoheit 165
Dreh- und Angelpunkt 34, 92

E

Einsparungspotentiale 68
E-Learning 160
Entscheidungsmatrix 157
ePAVOS 4, 40, 41, 42, 43, 44, 76, 103, 106, 119, 192, 196, 200, 220
Erfolgskontrolle 233
Erfüllungsgrad 123
ERP 31, 65, 74, 99, 166, 176, 212, 229, 230, 232
Eskalationsmanagement 159
Evolution 211

F

Fertigung 69
Fragenkatalog 124
  Angebotsbewertung 162
  UBK 88
Funktionsabdeckung 148
Funktionsexperte 100

G

Garantie 144
Geschäftsprozess 36, 48, 76, 119, 120, 209, 213
  Erhebung 83
Geschäftsprozess-Darstellungssoftware 206
Geschäftsprozesserhebung 193
Geschäftsprozessoptimierung 62, 67, 82
Geschäftsprozess-Software 76, 93
Gesetzgebung 9
Gewichtung 83
GPO 41, 58, 86
Größe
  Anbieter 160
Gutachten 166
Gutschriftverfahren 70

H

Hochregallager
  automatisches 69

I

Individualsoftware 1, 3
Informationstechnologie 223
Investition
  Nutzen 68
IT-Landschaft 84
IT-Recht 168
IT-Rechtsanwalt 167
IT-Vertrag 165

K

K.O.-Kriterien
  Nicht erfüllte 157
Kaufvertrag 168
Know-how 68
Kostenvergleich
  Einführung 155
  Gesamtkosten 152
  Lizenzen 151
  Projekt 149
  Tagessätze 154
  Wartung 156

Kriterien
  Anbieterauswahl 158
  Gesamtentscheidung 158
  K.O. 157
  Produktauswahl 158
  weiche 158
Kugelschreiber
  elektronischer 72

L

Lastenheft XVI, 42, 45, 55, 56, 84, 97, 103, 108, 164, 171, 220
  automatisiert 120
Leistungsscheine 173, 174
Lieferschein 70

M

Management-Matrix 157
Markt
  Standardsoftware 4
Marktanalyse 35, 103, 108, 114, 119
Marktstudie 97
  zweistufige 123
Maskenscribbler 215
MindMap 32
MindMap-Software 205
Mitarbeiter
  Mitentscheidung 161
Module 120, 125
Motivation 22
Muster-Rahmenvertrag 177

O

Offshoring 187
Optimierung
  Erfassungsbogen 72
Optimum 62
Outsourcing 185, 186

P

Paradigmenwechsel 2
Pflichtenheft 43, 55, 56, 103, 140, 164, 168, 170, 171, 172, 178, 217, 233
Pilotbereich 194

Präsentation 35, 43, 101, 103, 108, 127, 143, 150, 157, 161
Programmergänzungen 204
Projektcontrolling 195
Projektleitung 34, 41, 52, 96, 104, 107, 109, 191, 194, 222
Projektmanagement
  rechtsbezogenes 183
Projektprofil
  Unternehmen 121
Projektvertragswerk 169
Provisionen 95
Prozesserfassung 73

Q

Qualifikation
  Berater 96
Qualitätsmanagement 73
Qualitätsprüfung 120

R

Rahmenvertrag 174
Rationalisierung 69
Rechtsfolgen 166
Reifegrad 97
Releasefähigkeit 229
Rollout 194
Rückmeldung 95
  beantworten 95

S

Sanierung 211, 217, 219, 222
Schadensersatzansprüche 9
Schieflage 100, 184
Schnittstelle 120
Schulung
  Grundverständnis 160
Service Orientierte Architektur 2
Situation
  des Suchenden 159
SOA 2, 105, 158, 212, 229
Software
  falsche 9
Softwareanbieter
  Beurteilung 143
  Markt 4
Softwareauswahl 211, 233
  Anbieter 94
  Verfahren 62

Software-Auswahl 23, 33
Softwareauswahlberater
  neutraler 96
Softwareauswahl-Berater 106
Softwareauswahl-Experte 94, 101
Soll-Prozess 83
Standard
  Projektmanagement 4
Standard-Anwendungssystem 3
Standardsoftware 1, 3, 224
Sukzessives Anschalten 194
SYCAT 66, 76, 77

T

Tagessätze 141
Teilnehmer
  Anzahl 145
Termin
  Auswertung 146
Tuning 211

U

UBK 98, 108, 126

V

Veränderung 71
Vergleich
  Anbieterorganisation 153
Vertrag, Arten 168
Vertragsgegenstand 179
Vertragsprüfung 43, 109
Vertragswerk
  gemischtes 168
Vertraulichkeitserklärung 144
Vorbild
  Geschäftsleitung 24

W

Wartungsgebühren 139
Werkvertrag 168
Wissensdatenbank 73
Workflow 2, 26, 84, 158, 159, 160, 202, 215, 226, 232
Workshop 163
  Anwendungsprüfung 109

Z

Zeit
  sparen 120
Ziele
  strategische 33
Zukunft
  des Unternehmens 23
  IT-Landschaft 24
Zukunftsorientierung
  Software 159